一 个 人 ， 遇 见 一 本 书

TopBook
鑒书客

TopBook
饕书客

叶舒宪学术文集

《老子》与神话

LAOZI YU SHENHUA

叶舒宪
著

陕西新华出版传媒集团
陕 西 人 民 出 版 社

图书在版编目（CIP）数据

《老子》与神话 / 叶舒宪著 . —西安：陕西人民出版社，2018

（文化人类学文丛）

ISBN 978-7-224-12813-0

Ⅰ.①老… Ⅱ.①叶… Ⅲ.①道家②《道德经》—研究③神话—研究—中国 Ⅳ.① B223.15 ② B932.2

中国版本图书馆 CIP 数据核字（2018）第 151896 号

出 品 人 | 宋亚萍
出版统筹 | 韩　琳 关　宁
策划编辑 | 王　倩 王　凌
责任编辑 | 张启阳 安　怡
整体设计 | 开朗文化

饕书客

微信扫一扫，关注饕书客

《老子》与神话

作　　者	叶舒宪
出版发行	陕西新华出版传媒集团　陕西人民出版社 （西安北大街 147 号　邮编：710003）
印　　刷	中煤地西安地图制印有限公司
开　　本	787mm × 1092mm　1/16
印　　张	18
字　　数	235 千字
版　　次	2020 年 9 月第 1 版
印　　次	2020 年 9 月第 1 次印刷
书　　号	ISBN 978-7-224-12813-0
定　　价	88.00 元

如有印装质量问题，请与本社联系调换。电话：029-87205094

叶舒宪

北京人，文学博士。

现任上海交通大学资深教授。

曾任中国社会科学院比较文学中心主任、研究员。

兼任中国民间文艺家协会副主席、文学人类学研究会会长、中国比较文学学会副会长。

1999—2000 年美国耶鲁大学客座教授；

2001 年英国学术院、剑桥大学访问教授；

2003 年、2010 年荷兰皇家学院访问教授；

2009 年台湾中兴大学客座教授。

著作有《玉石神话信仰与华夏精神》《图说中华文明发生史》等 50 种，译著 7 种。

丛书总序
GENERAL PREFACE

1966年夏，我挥泪作别生活了12个年头的首都北京，独自登上绿皮火车，观望着“西去列车的窗口”，转学来到陕西西安。这便是个人命运中与陕西这个省份结缘的开端。当时根本无法预料的是，1971年从西安市第四十一中学毕业时，本应随应届毕业生去安康修三线铁路，但因为体重不足80斤，没有去成安康，阴差阳错地被分配到昆仑机械厂当工人。1977年侥幸通过十年空缺后刚恢复的高考，1978年春季步入大雁塔南侧高校；1982年毕业留校任教。直到1993年“自我流放”海南岛，我连续在陕西生活了27个年头，其间只有一年在北京师范大学学习，半年在北京语言大学修英语，还有半年在澳大利亚访学。

这里的个人学术文集，是我早年写的十部书汇总，其中多为学术著作，有六部在上世纪90年代出过第一版，2005年由陕西人民出版社再版，作为“新世纪学术文存”的个人著作选粹。当时再版的六部书是：

1.《英雄与太阳：中国上古史诗原型重构》，上海：上海社会科学院出版社，1991年。

2.《中国神话哲学》，北京：中国社会科学出版社，1992年。第二版，社会科学文库版，1997年。

3.《诗经的文化阐释——中国诗歌发生研究》，武汉：湖北人民出版社，1994年。

4.《高唐神女与维纳斯——中西文化中的爱与美主题》，北京：中国社会科学出版社，1997年。

5.《〈庄子〉的文化解析——前古典与后现代的视界融合》，武汉：湖北人民出版社，1997年。

6.《〈老子〉的文化解读》，与萧兵合著，武汉：湖北人民出版社，1994年。

以上六书，除了合著的《老子的文化解读》一书，将本人单独写的部分提取出来，改名《老子与神话》再版之外，其他五部书都是原样再版的。此次承蒙陕西人民出版社的厚意，再度给我的学术著作结集出版，并在以上六书之外，又增加了21世纪初出版的四部书：

7.《两种旅行的足迹》，上海：上海文艺出版社，2000年。

8.《耶鲁笔记》，厦门：鹭江出版社，2002年。

9.《千面女神——性别神话的象征史》，上海：上海社会科学院出版社，2004年。

10.《现代性危机与文化寻根》，济南：山东教育出版社，2008年。

其中两部是学术随笔：《两种旅行的足迹》是讲述20世纪90年代访学澳大利亚、加拿大和美国的见闻和札记。这次再版又补充了21世纪初年访学英伦的若干则笔记。《耶鲁笔记》是1999年笔者调入中国社会科学院后在美国耶鲁大学短期任教时的学术随笔集。另外两部则是学术专题著作：《千面女神——性别神话的象征史》，是笔者第一次尝试出版的图文并茂之书，根据在耶鲁大学期间收集到的资料，用数百幅彩图呈现世界各地女神的风采，并从学术上描述当代风起云涌的女神复兴运动。《现代性危机与文化寻根》则是我从海南大学调入中国社会科学院后，与文学研究所所长杨义先生共同主持的第一个院重大项目中，由本人撰写的当代文化理论专题著作。

这十部书，从1980年代最早写出的《英雄与太阳》和《中国神话哲学》，到2008年的《现代性危机与文化寻根》，前后历时约20年，总体上可以呈现出个人所经历的学术成长之路：从早年学习马克思主义原著（本人在1983年发表的学士学位论文是《马克思主义人学初探》），转向全面关注和译介当代西方文学理论，曾经特别关注的三大文学理论流派是神话—原型批评、结构主义、精神分析。本人早年的学术起步期，除了马克思、恩格斯的原著之外，也深受这三大理论流派的影响。如《英雄与太阳》和《中国神话哲学》两书，表现出神话—原型理论和结构主义理论相互融合的深刻印记；而《高唐神女与维纳斯》《〈诗经〉的文化阐释》等，则带有浓重的精神分析理论的色彩。直到同时期或稍后写的《太阳女神的沉浮——日本文学中的女性原型》《阉割与狂狷》，以及在海南大学时主编的《文学与治疗》《性别诗学》等，仍然透露出相当强烈的精神分析、女性主义或性别研究加文化分析的治学倾向。

正是由于常年沉浸在多种理论与方法思路的训练和运用实践中，因此个人在问学道路上能有某种博采众长的经验积累，给后来的文学人类学一派跨学科研究，并努力创建中国版的文化理论体系，带来某种必要的前提条件。如今回头看，要总结归纳出以上十部书的共同旨趣，那就是为2009年正式提出“神话中国”理论命题，做出的前期铺垫和理论准备。从新兴交叉学科的意义看，则是给具有中国本土特色的人文新学科——文学人类学——的问世，所做的问题探索和个案研究尝试。

2010年夏，笔者在上海交通大学创建文学人类学研究中心。2017年冬，在文学人类学研究中心基础上，又组建起神话学研究院。2019年4月，神话学研究院协同中国社会科学院比较文学研究中心主办的学术专刊《神话中国》在北京的三联书店问世。其宗旨是拓展并完善文学人类学派独家倡导的“神话中国”理论：神话并不是归属于文学的一个子类；神话是文史哲、宗教、政治、艺术等意识形态的共同源头。神话讲述活动大大早于文字的起源，它先是伴随着人类语言叙述能力的口传文化传统，在文字起源后衍生为书面记录的最早的重要内容。驱动神话发生发展的是初民的信仰观念和想象。

“神话中国”论旨在突显中国文化的上古时期并没有经历类似古希腊文明的哲学—科学突破为标志的“轴心时代”，中国文化的特征是自古及今都被神话思维、神话观念和神话信仰所笼罩，包括“中”的神话地理观和“国”的神话政治观。主体民族“汉”的命名则起源于“天汉”的神话天文观。如果说中国有哲学，那一定是某种大大有别于西方哲学形而上思维传统的“神话哲学”；中国的正史则是一部名副其实的不断延续的“神话历史”。“神话中国”的第一神山昆仑，充分体现着华夏文明独有的万年玉石神话信仰驱动的国家级的资源依赖现象，其原型是盛产全球最优质透闪石玉即和田玉的新疆南疆“于阗南山”。从于阗南山即昆仑地区向中原文明输送和田玉的历史，便成为一部“玉成华夏”的4000年国史，其运输路径则成为德国人命名的“丝路”之中国本土原型。

回到对“丝路”的学术认知方面，正是在30年前陕西西安举办的一次学术会议（1989年6月，陕西师范大学中外文化研究交流中心举办的“长安、东亚、环太平洋国际学术研讨会”）上，笔者提交的论文《文化研究中的模式构拟方法——以传统思维定向模式为例》，基于对传统思维“东向而望”的定向模式的反思与超越意识，倡导一种向中国西部开放的反潮流新理念，并正式提出“重开丝绸之路”的理论设想。就连精神分析学的顶级释梦专家也不会预料到，30年前一个西部书生的斗胆梦想，竟然变成如今举世瞩目的现实景观。

如果说“神话中国”论要开启对中国文化的深度认知新境界，那么这种深度认知的模型，一定是始于30多年译介神话—原型理论和结构主义方法时摸索出的“模式构拟”研究范式。所不同的是，如今的“模式构拟”已经完全依据本土文化传统的现实，升格为前文字时代“大传统”与文字书写时代“小传统”对接的文化理论体系。

以上对这十部书的来龙去脉的简要回顾，或已引出某种学术发展的前瞻意识。窃以为，在如今这个文化变迁速率大大超常的时代，治学者十分需要的就是这种基于学术史自觉的前瞻能力。

是为序。

作　者

2019 年 4 月 25 日于上海

目录
CONTENTS

THE FIRST PART
第一章　老子与神话思维

一、用神话眼光看老子　003

二、神话思维作为理论命题的由来　012

三、从神话思维看老子的类比推理　022

四、从比喻论证到寓言　034

THE SECOND PART
第二章　“道”的抽象

一、“道”与“易”的抽象　047

二、最高范畴的跨文化比较　055

三、道的特性与神话　066

四、道与水的互喻　081

五、小结：由“道”到“永恒回归”　087

THE THIRD PART
第三章　永恒回归

一、老子的“返”与“归”　091

二、永恒回归的神话模式　096

三、退化历史观及四时代循环模式　107

四、混沌之恋与初始之完美　119

五、玄同大同：中国的“复乐园”神话 129
六、“和”与“同”之争：宇宙创生论与宇宙衰亡论 137
七、馄饨与鸡卵：新年礼俗的破译 142

THE FOURTH PART
第四章 祭司王与大母神

一、祭司王：儒道同源 151
二、大母神：远古女神宗教 158
三、大母神与混沌：老子的性别政治 173
四、母神乌托邦的意识形态作用 179

THE FIFTH PART
第五章 无名与有名

一、无名之“妙”与有名之“皦” 186
二、“泰初有言”与“得意忘言” 191
三、语言、创世、存在 196
四、老子对语言创世观的解构 204
五、思维、符号与文化 207

APPENDICES
附 录

“女神文明”及其现代复兴 213
道家伦理与后现代精神 234
中国神话学百年回眸 251

THE FIRST PART

第一章

老子与神话思维

- 用神话眼光看老子
- 神话思维作为理论命题的由来
- 从神话思维看老子的类比推理
- 从比喻论证到寓言

一、用神话眼光看老子

老子是中国古代最早的大思想家和举世公认的大哲学家，把他同“神话思维”这一概念联系在一起，这个做法似乎有失恭敬，也许还会有人觉得不伦不类。

的确，在常人心目中，哲学与神话、理性与非理性如果不是南辕北辙、背道而驰的，至少也是泾渭分明、风马牛不相及的事物。形成这种传统见解的原因主要在于两种思维方式上的差异：哲学是以抽象思维方式展开逻辑推理的，而神话则是以具象的幻想编织和叙述故事的。二者在本质上似乎隔着一条不可逾越的鸿沟。

然而诚如老子的辩证法所昭示的，对立的事物又是相互统一的，相反相成而又相互转化的。所谓“鸿沟”完全是人为的结果。神话与哲学之间本来并不存在这样一条界限分明的断裂带，而是具有渊源与承递关系的。考察从神话到哲学的演进过程，也就是考察神话思维如何向哲学思维转化的过程。在这里，我们不仅可以看到哲学中抽象的概念范畴的由来和形成，而且可以找到这些抽象概念的具象原型，从而可望使对某些长期争论不休的重要哲学范畴的理解达到溯本求源的澄明状态。

老子哲学是以玄奥难解的内容和质朴无华的表达形成而著称于世的。之所以玄奥难解，争议颇多，一个主要原因就在于把老子哲学看成与神话截然对立的产物，用纯抽象的观照方式去定义和拘束老子从神话思维中获取的、有其具象原型的思想范畴，使本来可以在前后联系中看到分明透彻的东西，变成了失却根源的抽象枯槁的干巴巴的教条和义理。这种把老子哲学同古代宗教与神话观念截然对立的态度可以说自古有之，到了接受过西方哲学思想影响的现代学者们那里，就更为普遍流行了。理由是，西方哲学家从一开始就把神话与诗视为哲学的对立面。于是，老子的思想也被解说为同宗教与神话的彻底决裂。《老子》一书也就脱离了它的原始背景，距离神话思维越来越遥远了。

例如章太炎先生说："老子并不相信天帝鬼神，和占验的话。孔子也受了老子的学说，所以不相信鬼神，只不敢打扫干净；老子就打扫干净。"[1]

徐复观先生说："由宗教的坠落，而使天成为一自然的存在，这与人智觉醒后的一般常识相符。在《诗经》《春秋》时代中，已露出了自然之天的端倪。老子思想最大贡献之一，在于对自然性的天的生成、创造，提供了新的、有系统的解释。在这一解释之下，才把古代原始宗教的残渣，涤荡得一干二净，中国才出现了由合理思维所构成的形而上学的宇宙论。"[2]

陈鼓应先生说："老子关于宇宙创生的说法，在思想史上也是具有重大意义的。'道'的预设，破除了神造之说，他说'道'为'象帝之先'，他不给'上帝'留下地盘；他说'天法道，道法自然'，人格神的观念在他哲学的园地上销声匿迹；他说'天地不仁，以万物为刍狗'，他这种自然放任的思想，把人从古代宗教迷信桎梏下彻底地解放出来。"[3]

所有这些看法强调老子在形而上方面的建树本来是对的，但同时都忘却了老子与形而下方面的血缘关联，在强调"打扫干净""涤荡得一干二净"或"彻底地解放出来"的同时走向了极端，完全彻底地忽略了神话思维对于老子哲学构成的基础和源泉作用，使之成了孤立的、绝对的、片面的东西，成了无源之水，无本之木，这和老子一再强调的探索事物本源的思考方式显然是正相抵牾的。经过现代理性主义解释家们的多次"打扫"和"涤荡"，老子哲学中核心范畴的神话原型也就隐而不彰，最后乃被清除得干干净净了。

---

[1] 章炳麟：《演讲录》；参见《章太炎先生国学讲演录》，南京大学中文系、《南京大学学报》编印，1981 年，第 168 页。

[2] 徐复观：《中国人性论史》，先秦篇，东海大学，1963 年，台中。

[3] 陈鼓应：《老子哲学系统的形成》，见《老子注译及评介》，中华书局，1984 年，第 43—44 页。

诸家之中，倒是郭沫若的一篇旧文触及了《老子》“道”的观念与神话式思维的隐秘联系。他说：

“道”这个东西，被认为是唯一的，它自己本身恒久不变，然却演化而为天地万物，天地万物是有存亡生死盛衰消涨的。但即使天地万物消散了，而“道”还是存在，也就如戏演完了，而演员还是存在的那样。这种观念其实是很幼稚的，它只是把从前的人格神还原为浑沌而已。要说春秋末年不能有这样的思想，那是把这种思想看得太超越了。[1]

这段话中包含着十分可贵的认识，只可惜仅仅点到为止，未能就此深入下去。

我们以为中国哲学的重要特点之一便在于神话思维方式的延续，而《周易》和《老子》正是最能体现这种神话思维特质的典型文献。因而，从神话思维的运演罗辑出发考察这些原始性文献，将使我们从实质上把握中国哲学起源方面及其与西方哲学迥异之处，进而理解中国哲学的独特贡献与价值所在。中国的文明社会与氏族社会的组织仍有千丝万缕的联系，血缘纽带没有被彻底割断，到处残存着原始性的社会构造、风习和观念，神话性思维仍在发挥它的效力和影响[2]。笔者在《探索非理性的世界：原型批评的理论与方法》一书中曾提出：

……作为中国哲学第一本体论范畴的“道”，其原型乃是以原始混沌大水为起点和终点的太阳循环运行之道。据此还可以理解，老庄哲学为什么以道之“返”即重归混沌状态为最高价值目标，以归真返朴为其社会理想。原

[1] 郭沫若：《十批判书·稷下黄老学派的批判》，科学出版社，1956 年，第 180 页。
[2] 参见萧兵：《神话是人类与自然斗争的原始性幻想故事》，《民间文学论坛》1985 年第 2 期。

来道家的基本思想是从神话循环观念中引申出来的，其主旨同前引第四首祭祀歌（指西汉郊庙歌辞《玄冥》）中所谓“兆民反本，抱素怀朴”息息相通，可以说是一种以北方、黑色、冬天、藏伏为旨归的玄冥哲学，同以春天、生命、东方为原型的儒家乐生文化适成对照。[1]

后来，《中国神话哲学》一书导言又提出：

如果说西方哲学的思维模式是在扬弃了神话思维模式之后发展起来的，那么可以说中国哲学的思维模式是直接承袭神话思维模式发展起来的。原因之一是，中国汉字的象形特征使直观的神话思维表象得到最大限度的保留，而语言文字作为思维的符号和文化的载体，必然会对中国人的思维方式、文化心理结构产生潜在的铸塑作用。早期的中国哲学家如老子、庄子等在很大程度上表现出神话思维的特征，而中国哲学中的基本范畴，如太极、道、阴阳、五行、变、易等等，几乎无一不是从神话思维的具体表象中抽象出来的。……从这一层意义上看，本书尝试从上古神话、礼仪、风俗、文字、建筑乃至考古文物中发掘哲学宇宙观的蕴含，可以说是一种追溯中国哲学史前史的努力。[2]

在同一书中，还提出运用文化人类学的跨文化视野和材料，特别是模式构拟方法去考察中国神话与中国哲学之关系的设想，并做了初步尝试。同样的，用类似的观念与方法，我们也不难发现，中国的古典美学也主要采取“高级的直观”和具象的、经验的形态，而很少构成概念、范畴和判断的抽象系

[1] 叶舒宪：《探索非理性的世界》，四川人民出版社，1988 年，第 164—165 页。
[2] 叶舒宪：《中国神话哲学》，中国社会科学出版社，1992 年，第 2—3 页。

统，是所谓“潜美学”[1]。试用这办法释读《老子》的潜美学，也会有所收获。基于同一宗旨，我们希望在本书中继续运用人类学的比较方法去释读老子哲学和美学的范畴和体系，揭示老子处于神话思维向理论思维、原始观念向哲学抽象的过渡阶段的独特地位，从而确认道家思想脱胎于神话观念的轨迹和过程。

应当指出的是，把老子和以老庄为代表的道家哲学同神话联系起来进行比较研究，海外学者已经先行了一步，做出了一些成绩。美国学者爱德华·赫伯特于1960年发表的《道教笔记》（*A Taoist Notebook*）一书，就曾把老子书中的“道”概念同西方神话学和宗教史学中的“大母神”（the Great Mother）概念相沟通，认为“道”是原始母神的一种隐喻表达。[2]不过，赫伯特对这个问题只是点到为止，未能展开深入论证。

20世纪70年代以来，这方面的研究获得较大进展，出现了一些专题著作。其中较为引人注目的有两种，一是台湾学者杜而未于1976年发表的《老子的月神宗教》，另一是美国学者吉拉道特（N.T.Girardot）于1983年推出的英文著作《早期道家的神话与意义》（*Myth and Meaning in Early Taoism*）。杜而未的著作开篇序言便以颇为自信的口吻说：

> 中外学者研究老子者很多，多少都有些成绩，但他们对于老子内容的底蕴，似乎都不太明白。
>
> 既然用传统方法解释，不能明白老子的底蕴，那么，就当在解释上打破传统，无需客气。[3]

[1] 参见萧兵：《中国的潜美学》，《读书》1984年第11期；《中西艺术美学比较》，湖北人民出版社，1986年。

[2]〔美〕赫伯特（Edward Herbert）：《道教笔记》，丛林出版公司，1960年，纽约，第11—12页。

[3] 杜而未：《老子的月神宗教》，台湾学生书局，1984年（再版），第1页。

杜先生所提出的打破传统的新解释方法便是神话学的方法，因为他充分意识到中国哲学与古代宗教与神话的有机联系："中国古代的形而上学，是从自然神学脱胎的，不但可以为神学服务，还可以作自然宗教的孝女。如果欲发扬中国式的形而上学，不可忘记它和古代宗教相关的意义，因为它是在宗教演化中兴起的。"[1] 基于此种认识，杜而未提出《老子》一书的作者是战国时期的"一位神话学家"[2]。这一论点可谓石破天惊：中国古代思想史上开风气之先的一代大哲人，原来竟是位神话学家！

用神话的眼光看老子，杜而未先生确实找到了一条行之有效的新途径。不过，他在这条正确的途径上没有走出多远，因为他在神话的大千世界中唯独对月亮神话情有所钟，对其他的神话反倒视而不见，终于走入了"月亮神话学派"的死胡同。在他眼中，中国古代宗教从根本上说就是一种月神宗教，上古流传下来的典籍也大都是月亮神话的扩展和引申。透过月亮神话这副有色眼镜，杜先生曾先后写出了《山海经神话系统》《中国古代宗教系统》《易经原义的发明》《庄子神话解释》等多种论著，认为《山海经》是全面记述远古月神宗教的经典，"《山海经》中一切的神灵和神话描写，都以一位月神和月山为根据"[3]。这位月神便是中国宗教中唯一的一位"崇高的至上神"。他后来不但演变出许多其他面孔，如黄帝、帝喾、帝尧、帝舜、伏羲、祝融、颛顼、后土、社等等，其实都是月神的变容，而且还发展出太一、太极、道、易等抽象范畴。古代礼制中的明堂、高禖和封禅祭典等也都是祭月神的宗教礼仪[4]。居于儒家六经之首的《周易》也是一部月神宗教的书，"但《易经》偏重月亮的阳面，重视发扬的人生哲学，而《老子》则偏重月亮的阴面，使

[1] 杜而未：《老子的月神宗教》，台湾学生书局，1984 年（再版），第 153 页。
[2] 杜而未：《老子的月神宗教》，台湾学生书局，1984 年（再版），第 132 页。
[3] 杜而未：《山海经神话系统》，台湾学生书局，1984 年版，第 153 页。
[4] 杜而未：《中国古代宗教系统》，学生书局，1977 年，台北，第 108—119、129 页。

人务本求实，谦虚自强。”[1] 与《老子》相呼应的另一部道家经典《庄子》也大抵是从月亮神话演变而成。杜氏写道：

以前学者，未能解释《庄子》神话，即因缺少解释方法；中国古书中与原始传说相关而尚未得到解释的部分不少，若用神话方法，往往即可迎刃而解。月形多变化，为演绎神话最为合适，所以在人类原始神话中，月亮神话占大多数，此已为许多神话学者之公意。[2]

从这段话中可以看出杜而未学术偏颇的原因：他留学德国期间深受自然神话学派中“泛太阴月神话派”理论的影响，完全接受了那种以月神话为一切神话之主体和根源的观点，再将此种观点套用在中国古文献的研究中。杜氏引以为理论根据的“泛太阴神话论”其实并非“许多神话学者之公意”，而是早已受到多数神话学家的批评的一种学说，甚至被讥为“泛月主义”（Panlunarism）[3]。与泛月主义的见木不见林式的神话观相对，著名宗教史学家艾利亚德虽然也高度重视月亮原型在神话和象征系统方面的地位，但却只把它列为多种主要的宗教与神话模式之中的一种[4]。由此看来，杜而未虽然在倡导用神话眼光重新解读先秦古文献方面独树一帜，预示出一个大有可为的跨学科研究方向，但毕竟未能超出“泛月主义”的作茧自缚，使本来正确的方法受到了歪曲，走到了极端。像马林诺夫斯基所挖苦的那样，“有些极端的月亮派神话学家……决不承认除了地球的夜间卫星——月亮以外，还

[1] 杜而未：《老子的月神宗教》，学生书局，1984 年，台北，第Ⅱ页。

[2] 杜而未：《庄子神话解释》，台湾大学《文史哲学报》第三十二期，1981 年 12 月；参见杜而未：《庄子宗教与神话》，学生书局，1985 年，台北，第 2 页。

[3] 参见〔日〕松村武雄：《神话学原论》，第十一章，东京，培风馆，1930 年（昭和十五年）版；又参见王孝廉：《中国的神话与传说·关于杜而未博士的中国神话》，联经公司，台北，1981 年，第 301 页。

[4] 参见〔美〕艾利亚德（Mircea Eliade）：《比较宗教学模式》（*Patterns in Comparative Religion*），英译本，希德与沃德出版公司，1958 年，第 4 章“月亮及其神秘”。

能有任何其他现象能成为一出原始的游唱诗的表演题材”[1]。即使如此，他著作中的部分材料和某些局部的观点，也还可为老子哲学的神话解读所吸收和利用。

吉拉道特是莱海特（Lehight）大学宗教研究系主任，他以职业宗教学家与神话学家的眼光考察《老子》《庄子》《淮南子》和《列子》，从中找到一种以神话为基础的连贯的结构和统一主题，由此构成道教的宗教教义。他的《早期道家的神话与意义》一书试图借用西方神话学家已经归纳出的神话框架模式去重构道家神话的体系，揭示出有别于西方宇宙论的中国式的宇宙论传统的根源及其神话编码的内在逻辑。吉拉道特认为，由于早期道教缺少一种完整的自我意识的派别团体，也没有统一组织的社会运动作为基础，所以道教作为一种人为宗教，其传统在历史上难以确定。最初的道家书面文献如《老子》等书，并未提供完整的神话故事，但却反复重申着一个原型性的神话主题——混沌主题。围绕这一主题，《老子》《庄子》《淮南子》等多种著作共同叙述着关于创世、堕落和救世性复归混沌的道教神话。围绕这一主题，早期的思想家们运用和创制出一系列具有多重意义的象征性意象。所有这些意象作为中国文化的深层象征又反复出现在后起的神话乃至少数民族的神话传说中。《早期道家的神话与意义》第6章题为《卵、葫芦与洪水：朝向混沌主题的类型学》，作者在此将对道

图1 混沌：帝江
（清吴任臣《山海经广注》插图）帝江是“混沌”或“原气”的一种物化形式，一种“人格化”和“神气化”的嬗变。有人认为它也是“太阳”的一种“异说”。“帝江”就是“帝鸿”，是“黄帝”的一种异称；而黄土纷飞、黄气旋舞正是黄帝形象的一个自然依据

[1] 引见〔德〕卡西尔：《人论》，甘阳译，上海译文出版社，1986年，第95页。

教思想的原型研究同中国神话的比较研究完全融为一体，把盘古神话、宇宙卵、葫芦神话和典型的中国式洪水神话的起源都分别追溯到原始道教的混沌创世神话[1]。这有点像前引郭沫若说的“道”是人格神向“浑沌”的“还原”。所以本书也有讨论《老子》的道跟“混沌与气”的关系的章节。

与杜而未的研究相比，吉拉道特的著作眼界更为开阔，材料的占有更为充分，对作品本文的分析也更为深入和具体。他所发掘出的道教混沌神话体系比之“月神宗教”显然更具有系统性，因而也有较强的说服力。这部西方汉学研究的力作对于我们从神话思维角度重新审视《老子》等先秦古籍，提供了方法论上的有益启示。

美籍华裔学者成中英先生曾运用怀特海的“象征指涉”理论（theory of symbolic reference）来论述《老子》书里论道的“意象群”。他说：

> 《老子》全书是用一大串的意象来叙述道。这些意象构成道的终极实体的“象征指涉”系统。因此，它动态地产生具体感应的统一场，赋予道的概念以生动深刻的意义。道的概念和意象的感应之统一，阐释了道的概念的深刻意义：各种道的思想系统由此建立。换句话说，我们可以用不同的观念去解释道的概念，因为借助于道的意象和感应，以及意义的领域，又是提供了发展这些观念的丰富的基础和来源。[2]

下文中可以看到，这种“意象”和“抽象”的对立统一，确实是《老子》“诗—哲学”的重要特征。

---

[1]〔美〕吉拉道特（N.T.Girardot）：《早期道家的神话与意义》，美国加利福尼亚大学出版社，1983 年，第 169—207 页。

[2]〔美〕成中英：《世纪之交的抉择——论东西方哲学的会通与融合》，知识出版社，1981年，第244—245页。

二、神话思维作为理论命题的由来

中国上古时代曾经有过一个极为辉煌的神话思维时代，这一点从散见在古代典籍里的有关神与英雄的片断记载和日渐积累起来的考古发现中都可以得到证实。但由于中国古代理性文化的早熟，在儒家“不语怪力乱神”的正统观念影响下，大部分古代神话不是被当成荒诞不经的无稽之谈而遭排斥，就是被加以理性化的解释而过早地“传说化”并最终转化成历史，其结果是神话体系的隐没、消失、散佚，更谈不上对神话和神话思维的正式探讨与研究了。这样，在回溯神话思维问题由来的时候，着眼点不得不放在西方的神话学方面。

西方的神话学尽管可以溯源于古典时代，但作为一门独立的人文学科却是在近代才产生的。在古希腊的理性时代到来之际，如同在中国一样，哲学家们一致倾向于否定自己的过去，把刚刚被取代的神话思维看成是非理性的、幻想的、虚假的，并应加以嘲笑、批判和摈弃的东西。于是人们看到，一方面是对宇宙现象的自然原因的解释的兴起，另一方面是对“神话式解释”的攻击。那些在很大程度上保持着神话思维方式的解释者，如诗人荷马和赫西俄德在早期哲学家赫拉克利特那里，在克塞诺芬尼那里，在苏格拉底和柏拉图那里都受到严肃的批评和指责，甚至被控应受到“鞭笞”[1]，赶出“理想国”。柏拉图在《理想国》卷二卷三提出诗的禁令，攻击荷马，决定不准诗人进理想国；同书卷十又历数诗的罪状，实际上就是控诉神话思维违背理性和真理的罪过。[2]然而，对神话的指责并不妨碍哲学家们从理性和实用的立场出发对神话做出“寓意”的解释或穿凿。神话被当成了寓言，在柏拉图的著作中，借助神话寓言论证抽象的道理获得了很大成功。随着古典哲学的衰落，基督

[1] 北京大学哲学系编：《古希腊罗马哲学》，商务印书馆，1961 年，第 22 页。
[2] 参看《柏拉图文艺对话集》，朱光潜译，人民文学出版社，1959 年。

教统治的确立，古希腊的神话遗产被视为异端邪说，遭到排斥，而另一个东方民族——希伯来人的神话却被"宗教化"并奉为神圣经典，神话发展为神学。这种情形持续了1000多年，除了片面发展的寓意的解释以外，也还谈不上对神话的真正认识。

近代神话学的先驱人物是18世纪意大利哲学家维柯。他于1725年写成的《新科学》一书提出了前所未有的历史哲学观，把各民族从野蛮到文明的不同进程看作是人类文化发生发展的共同的规律过程的体现。在此基础上，维柯运用历史比较方法重新发现了被忽视和埋没已久的神话的价值，把神话思维方式首次确定为人类思维发展的一个必经的初级阶段。

在维柯生活的那个时代的意大利，盛行笛卡儿的理性主义哲学。笛卡儿在其《默想录》和《方法论》中竭力抬高形而上学、物理学和数学的方法，贬低修辞学、诗学和语文学，把文学说成是"阿拉伯人的智慧"。维柯在《自传》中说，当时，"对一位哲学家的最高称赞曾是：他懂得笛卡儿的《默想录》"[1]。维柯不满意笛卡儿的做法，他反其道而行之，要在诗和神话中去探访古人的智慧和理性，从语言和文字的起源着手考察理性的发生过程。"根据他自己所找出的那些诗的原则，他就建立起一种唯一可靠的神话原则，来证明希腊的神话故事对最早的希腊政治制度提供了历史凭证。维柯就借助于这种历史凭证，来说明全部古代英雄时期政治体制的寓言史。"[2]在《新科学》第二卷中，维柯针对笛卡儿的理性形而上学而提出"诗的形而上学"的概念，对神话诗的起源做出了与众不同的阐释。

所谓"诗的形而上学"又称作"诗的智慧"，是原始人通过感觉和想象能力所达到的认知水平，它虽然同哲学、科学的抽象理智水平有别，却又是它们的基础和来源：

[1]〔意〕维柯：《自传》，朱光潜译，见《美·艺术·时代》，百花文艺出版社，1984年，第200页。
[2]〔意〕维柯：《自传》，朱光潜译，见《美·艺术·时代》，百花文艺出版社，1984年，第212页。

人最初有感受而不能知觉，接着用一种被搅动的不安的心灵去知觉，最后才用清晰的理智去思索。

这条公理是诗的语句的原则，这和用思索与推理所造成的哲学的语句迥不相同。哲学的语句愈上升到一般，就愈接近真理；而诗的语句则愈掌握住个别，就愈切实。[1]

按照思维方式发展的特征，维柯将人类历史划分为三个相互连接的时代：神的时代、英雄的时代和人的时代。在前两个时代中，人类就像儿童一样，“还没有推理力，浑身都是强旺的感觉力和生动的想象力”[2]，人人都是天生的诗人，因为人们当时都是以诗的即神话的逻辑进行思维的。这种神话思维的产品分别是关于神的诗（神话）和关于英雄的诗（史诗）。早期社会的宗教、道德、法律等都是以未分化的形式汇合在神话中的。神话既不是错误的叙述，也不是寓意体作品，它们表达了特定时代的人类集体智力。只是到了第三个时代即人的时代，抽象推理思维才发展起来，于是，哲学取代了神话，诗的智慧让位于科学的智慧。

此外，维柯还具体阐述了神话起源、神话逻辑的两种模式（即拟人化的隐喻和“想象性的类概念”）以及神话思维同语词的起源之关系等理论问题，从而建立起一个完整的神话哲学体系。不过，维柯的神话理论连同他的历史哲学思想并没有直接影响他的后继者，直到 20 世纪他的神话学遗产才得到真正的认识和评价。卡西尔便将维柯推崇为西方人文科学的奠基者，认为他首次把逻辑学从数学与自然科学的局限中解放出来，为神话、语言、诗歌和

[1]〔意〕维柯：《新科学》，朱光潜译，见《西方文论选》，上海译文出版社，1979 年，上卷，第 538 页。
[2]〔意〕维柯：《新科学》，朱光潜译，见《西方文论选》，上海译文出版社，1979 年，上卷，第 538 页。

历史找到了统一的“人文科学的逻辑”。[1]

整个19世纪，是神话学作为独立学科而繁荣发展的时期，从德国语言学家马科斯·缪勒的《比较神话学》起，对神话进行语言学、历史学、民族学、民俗学和人类学等多种角度的研究成为神话学的主流，出现了众多的神话学家和不同的理论学派。不过，他们大都把着眼点放在神话的起源、流传和演变，神话的功能，神话在原始社会中的地位，神话同宗教、迷信、巫术的关系等微观的或局部的问题上，而没有侧重于由维柯所开辟的从特殊的思维方式角度研究神话的理论方向。倒是两位不属于神话学家行列的德国哲学家，从精神上继承了维柯的宏观历史哲学思路。他们是谢林和黑格尔。

谢林哲学的认识论基础是所谓“理智直观”说，他认为人类认识真理的过程在诗（艺术）中开始，经过哲学和科学最后又回到诗，在“理智直观”中恢复主体与客体之间的原始统一性。而神话恰恰是科学复归于诗的中间环节，神话思维甚至代表着人类的方向：

新的神话并不是个别诗人的构想，而是仿佛仅仅扮演一位诗人的一代新人的构想，这种神话会如何产生倒是一个问题，它的解决唯有寄望于世界的未来命运和历史的进一步发展进程。[2]

黑格尔并没有像谢林的《神话哲学》那样阐发神话的专著，但他的《美学》和《历史哲学》等著作中有关神话的论述似乎比谢林的神话观更为重要。之所以如此，首先在于黑格尔大大发展了维柯的历史哲学模式，使这一模式更宏伟，更系统，更具有内在的逻辑联系。尽管他虚构出一种莫须有的“绝对理念”作为世界历史行程的主宰，尽管他为了附会绝对理念的运行而臆想

[1] 参看〔德〕卡西尔：《人文科学的逻辑》，中译本，联经出版公司，1986年，台北，第15页。
[2]〔德〕谢林：《先验唯心论体系》，中译本，商务印书馆，1976年，第277页。

出一部自东方向西方的人类精神发展史，因而在许多具体问题的判断上（如最早的艺术发源于东方，最初的艺术种类是建筑等）与现代考古学结论大相抵牾，但是他的论述中自始至终贯穿着深刻的历史感，他所处理的对象之间的逻辑关系始终同这些对象在历史上发生和发展的顺序相契合，这就使他的理论对后代具有不衰的魅力。

黑格尔从人类精神史的角度考察思维和艺术的发展，区分出诗的意识和散文的意识，这是明显得之于维柯的。他的最大独特之处在于，以意义和形象之间的关系作为艺术史的主线，划分出不同的艺术阶段和艺术类型，这就在实际上暗示出了思维的内容与思维的符号形式之间，信息与载体之间的对立统一是思维和艺术发展动力的深刻思想。在黑格尔著作中，并未使用神话思维的概念，思维一词也是严格限定在狭义上使用的。我们所说的广义思维黑格尔称为“意识”或“理性”。他驳斥了那种认为只有哲学思想中才有理性的传统偏见，提出神话（宗教）与哲学有共同的对象（理念），有共同的理性内容，所不同的是它们的思维形式和表现形式：神话和艺术属于“感觉、直观、表象的意识”形式[1]，而哲学则属于“思维意识的形式”[2]。这两种思维方式的对立“不仅在我们的认识里面，而且甚至构成了历史的一特定阶段”[3]，表现为保持神话思维方式的希腊民众宗教对哲学家的驱逐以及“自塞诺芬尼起始，即已猛烈地攻击民间幻想”的抽象思想的代表的出现。黑格尔接受了当时德国学者克罗伊采尔的“神话象征学”理论，认为神话不能只从故事的字面去看，而应从象征性上去看[4]。

神话是想象的产物，但不是任性的产物，虽说在这里任性也有其一定的

[1]〔德〕黑格尔：《哲学史讲演录》，贺麟等译，商务印书馆，1959 年，第一卷，第 62 页。
[2]〔德〕黑格尔：《哲学史讲演录》，贺麟等译，商务印书馆，1959 年，第一卷，第 64 页。
[3]〔德〕黑格尔：《哲学史讲演录》，贺麟等译，商务印书馆，1959 年，第一卷，第 65 页。
[4]〔德〕黑格尔：《美学》，朱光潜译，商务印书馆，1979 年，第二卷，第 16—19 页。

地位。但神话的主要内容是想象化的理性的作品，这种理性以本质作为对象，但除了凭借感性的表象方式外，尚没有别的机能去把握它；因此神灵便被想象成人的形状。神话可以为了艺术、诗歌等而被研究。但思维的精神必须寻求那潜伏在神话里面的实质内容、思想、哲学原则。……[1]

按照黑格尔著名的艺术发展三阶段模式（象征型、古典型和浪漫型），神话亦大致区分为象征型神话和古典型神话（浪漫型艺术中神话已消失了）。象征型神话以东方各国的神话为代表，其特征是意义和形象、内容和形式尚未达到完全的渗透和统一；古典型神话主要出现在古希腊，代表着"东方精神"转入"西方精神"的过渡。希腊新神族已不再是表达其他自然事物的象征，

图 2 阴阳二神（山东沂南汉墓画像石摹本）

这里出现配对的阴阳神：伏羲与女娲，东王公与西王母，还有羽人、神兽；不知道为什么，还有"蹶张"武士，"强梁"形铺首……

[1]〔德〕黑格尔：《哲学史讲演录》，贺麟等译，商务印书馆，1959 年，第一卷，第 81 页。

他们“表现出他们自己的真相”，每一个神都是一个特殊的个性[1]。在他们那里，意义的灵魂和躯体形象已经达到完全的统一，理念的内容和表现形式二者水乳交融了。

就总体而言，黑格尔对神话在人类历史上的作用的估价远不如谢林那样突出，但他的哲学影响却远非谢林所及。黑格尔同谢林一起，分别代表了浪漫主义时代德国神话观的两极，他们的宏观神话理论构成了从维柯到现代思想之间的桥梁。

伯顿·费尔德曼和罗伯特·理查逊在《现代神话学的兴起》一书中认为，自 1680—1860 年约两世纪间，西方神话学从希腊罗马神话的狭隘范围内扩展开来，世界神话视野的获得促使学者们转而思考创造神话的人类心理，寻求普遍的神话规则。“由于神话被越来越多地看成一种思维或想象的方式，而不再仅仅是一些有关古代故事的知识，神话在英国、德国、法国、美国和其他国家被浪漫主义作家们急切地加以抬高。至 19 世纪中叶，在文学、宗教、语言研究和历史研究中，浪漫主义神话概念获得了引人注目的胜利。”[2]毫无疑问，在将神话提升为一种特殊的思维方式的历史进程中，维柯、谢林和黑格尔分别做出了重要贡献。

20 世纪是神话学大发展的世纪。人类学家们从世界各地现存的原始民族中收集到大量活的神话材料，并且能实地考察神话在原始文化中的地位和功用，这就大大超越了前辈学者的眼界，在有限的古典文献方法和历史比较语言学方法之外另辟了一条研究神话的广阔途径。“人类学家不必限于不完整的文化遗痕、片断的简板、尘封的文字，或破碑残碣。他用不着用连篇累牍的但同时是猜想的疏证来填平很大的罅隙。人类学家有神话制作人在肘腋之

---

[1]〔德〕黑格尔：《历史哲学》，中译本，商务印书馆，1956 年，第 290—291 页；《美学》，第二卷，第 226 页。

[2]〔德〕费尔德曼（Burton Feldman）与理查逊（R.D.Richardson）：《现代神话学的兴起：1680—1860》，美国印第安纳大学出版社，1972 年，第XXⅡ页。

下。他不但可以记下当地存在的说法——各种说法，而彼此参证，使无疑点；他也有一群当代的注疏家，可以听取他们的批评；更在一切之上，他有神话所自产生的生活完全摆在眼前。”[1]新的研究途径提供了新的透视力，使神话同原始思维之间关系问题的重新提出成为可能。法国学者列维－布留尔和列维－斯特劳斯的著作分别代表着这一方面的新成就。不过，下面要特别提及的却是另一个为神话学史所不大注意的德国哲学家卡西尔。

恩斯特·卡西尔（Ernst Cassirer，1874—1945）同黑格尔一样，并不是从职业神话学家的立场去研究神话，而是把神话放在人类精神史的宏观背景中加以考察。卡西尔作为新康德主义的代表，从先验认识论立场出发，建立了一个系统的象征形式哲学。他强调客体在主体经验中的形式，而背弃传统哲学中旨在探求“实在”的本体论研究方向，主张对人类认识和把握客观事物的媒介进行研究。这种在洛克那里叫做“符号学”的媒介形式研究被卡西尔称为象征形式研究。在他看来，人是象征性动物，[2]人类文化世界的大厦完全是用象征的砖石建成的。语言、神话、艺术、科学等都是这种象征的砖石。卡西尔把在黑格尔那里只被当作初级符号形成的“象征”概念扩大到人类所有的符号形式，把抽象的概念语言仅视为象征表现的高级形式。黑格尔虽然承认了神话的理性内容，但却因为这种内容没有“明白表示出来”，而将神话排斥在哲学研究之外，不承认神话是思维（狭义）的产物[3]。卡西尔则将狭义的思维扩展为广义的思维，提出“神话思维”（Mythical Thought）这个概念，并用来命名他的《象征形式哲学》的第二卷，将神话作为人类最早的象征符号形式之一，放在自己新的文化哲学或哲学人类学体系中的重要位置上。卡西尔十分推崇康德的认识理论，同时认为康德理论忽略了一个重要

[1]〔英〕马林诺夫斯基：《巫术科学宗教与神话》，李安宅译，商务印书馆，1936年，第121页。

[2]〔德〕卡西尔：《论人：人类文化哲学导论》，耶鲁大学出版社，1944年，第44页。可参看甘阳中译本《人论》，上海译文出版社，1986年。

[3]〔德〕黑格尔：《哲学史讲演录》，第一卷，第81—82页。

问题——语言问题。康德给我们提供了一种知识哲学、道德哲学和艺术哲学，但却没能提供一种语言哲学。[1] 只有借助于作为人类思想主要工具的语言，我们才能完成对象化世界的建构。要了解我们语言的特性就必须了解神话思维的特性，因为语言的起源和早期发展是同神话思维密不可分的，即使在远离神话时代以后的近代语言中，仍然渗透着它所脱胎而来的神话思维的影响，如诗和隐喻。卡西尔在《语言与神话》一书中指出，艺术和审美是人类意识冲出神话的形象性世界，达到逻辑思维概念阶段以后，语言所固有的神话——隐喻的功能的一种再现[2]。换句话说，人类的抽象概念思维和形象艺术思维都植根于远古的神话思维，前者是对神话思维的超越，后者是对神话思维的保留，二者对于人类对客观世界的认识和重新建构同样不可或缺，对文化的构成同样重要：

我们必须承认，语言在某种意义上是人的所有智能活动的基础，是他的主要向导；为他展示一个通向新的概念对象世界的新途径。但是我们能否说这是唯一的途径呢？难道没有语言人就会迷失在黑暗之中，他的情感、思想、直觉就会隐蔽在朦胧和神秘之中吗？要做这样的判断我们不应忘记在语言的世界之外还存在另一个具有其自身的意义和结构的人的世界。那便是与言语的、语词符号的宇宙相对的另一个象征的宇宙——艺术的宇宙，音乐和诗歌，绘画、雕塑和建筑的宇宙。[3]

卡西尔关于神话思维的论述是迄今为止就此课题所发表的众多观念之中最有深度，也是影响最广的一家之言。由于他的美国后继者苏珊·朗格的大

[1]〔德〕卡西尔：《语言与艺术》，见《符号、神话和文化》，英译本，耶鲁大学出版社，1979 年，第 147 页。

[2]〔德〕卡西尔：《语言与神话》，苏珊·朗格英译本，1946 年，纽约，耶鲁大学出版社，1979 年，第 98—99 页。可参看于晓等的中译本，三联书店，1988 年。

[3]〔德〕卡西尔：《语言与艺术》，见《符号、神话和文化》，英译本，第 152—153 页。

力提倡和发挥，卡西尔的著述在哲学、美学、人类学、文学批评等不同领域均引起重要反响。就神话学本身而言，卡西尔的贡献也是开创性的。他以哲学家高瞻远瞩的气度来面对神话问题，使之上升为“思维—语言—认识”的哲学高度，并从文化史的宏观进程中确认神话思维的特殊地位，结合科学、逻辑、语言等具体对象探讨了神话思维的一般规律。他的这些努力使被西方哲学忽略了两千多年的神话终于在 20 世纪重新获得了应有的重视和巨大的潜力。时至今日，大多数人已经可以心领神会地附和保尔·拉法格的如下见解了：

神话既不是骗子的谎话，也不是无谓的幻想的产物，它们不如说是人类思维的朴素的和自发的形式之一。只有当我们猜中了这些神话对原始人和它们在许多世纪以来丧失掉了的那种意义的时候，我们才能理解人类的童年。

基于这种对神话的新认识，西方对哲学起源的研究已经充分考虑到与神话思维时代的不可分割之联系。20 世纪问世的两部研究著作的标题，就很能说明哲学家们眼光的转向。

一部是由亨利·法兰克福等四人合著的《哲学以前》（*Before Philosophy*），副标题为《对于派生出后世宗教与哲学的埃及和美索不达米亚的原始神话、信仰和观念的研究》[1]。这部影响甚广的著作于 1946 年由美国芝加哥大学出版社初版时名为《古代人的理智探险》。从其所研究的神话对象来看，目的并不在于神话本身，而在于追溯哲学的史前史线索。所以再版后改为现名，在正标题中突出了这种研究旨趣。

另一部为保尔·拉定所著《作为哲学家的原始人》（*Primitive Man As*

[1]〔英〕亨利·法兰克福（H. Frankfort）等：《哲学以前》，鹈鹕丛书版，1949 年。

Philosopher），初版于 1927 年。由著名哲学家杜威所撰写的该书前言第一句就称“拉定博士的著作开辟了一个几乎全新的领域”[1]。作者广泛运用了人类学家关于原始社会的大量调查材料，经过以下几个方面的归纳分析——原始的生命观、世界观、人类观、命运、性别、是非、现实、自我与人格、纯粹思辨、观念的系统化、神性、一神倾向等——试图在文明人的哲学思维与野蛮人的原始思维之间描述出一条清晰可见的纽带。

就这样，哲学的研究冲破了画地为牢的传统局限而伸向了远古乃至史前。从神话到哲学成为一条极为诱人的研究路线。值得一提的还有直接师承卡西尔的美国哲学家威尔赖特，他的《隐喻与现实》是自维柯以来从神话思维角度探讨比喻问题的最引人注目的一部书[2]。本书关于老子的比喻推理的研究便受益于这部书的启发。也正因此，我们把对于《老子》的人类学解读看作是一种“前哲学”或“原哲学”的研究。

三、从神话思维看老子的类比推理

笔者在《符号：语言与艺术》一书中，曾从发生学角度探讨神话思维的起源和发展，提出了如下论点：

> 神话思维是一种象征思维，它所遵循的基本逻辑规则是类比。[3]

从历史的和个体发生的两种角度来看，类比能力都是人类最早发展起来的一种能力，它在神话思维活动中发挥着逻辑中枢的作用。幻想和想象正是

[1]〔美〕保尔·拉定（Paul Radin）：《作为哲学家的原始人》，多佛出版公司，1957 年，纽约，第XⅦ 页。

[2] 中文节译见叶舒宪编：《神话—原型批评》，陕西师范大学出版社，1987 年，第 216—232 页。

[3] 参见俞建章、叶舒宪：《符号：语言与艺术》，第四章第一节，上海人民出版社，1988 年。

由于有了这一逻辑中枢的控制和调节，才不至于沦为随心所欲的妄想。神话思维在解释世界时，通过类比建立起本体（被解释的现象）与象征体（用做解释的现象）之间的因果关系，构成神话的内在结构。类比解释是一种意指性活动，它为无意义的事物赋予意义，根据有限的经验重新组织世界，为无限的现象找出原因，提供证明。

神话思维的类比与科学思维的类比不同。前者往往只着眼于事物表面的相似性，根据非本质的外在特征建立类比和归纳分类；后者则必须根据反映事物本质属性的相似特征，而且还要依据被类比现象中相似属性的数量。神话类比具有绝对化的武断性质，无须经过任何实际验证；科学类比的结论是或然性的，真实与否仍有待于实践验证。

当我们从神话思维的角度重读《老子》一书时，首先看到的便是那种与神话逻辑十分相近的类比推理方式。

哲学史家们早已注意到，中国哲学的主要特征之一是关注道德人伦和国家治理问题，具有浓厚的人生哲学和政治哲学的色彩，不同于西方哲学关注自然世界，突出宇宙论的倾向。老子在先秦哲学家之中的独特风貌首先就在于他表现出对宇宙论问题的极大兴趣，以及把人生哲学建立在自然哲学基础之上的立论倾向。陈鼓应先生在《老子哲学系统的形成》一文中指出：

老子的整个哲学系统的发展，可以说是由宇宙论伸展到人生论，再由人生论延伸到政治论。然而，如果我们了解老子思想形成的真正动机，我们当可知道他的形上学只是为了应合人生与政治的要求而建立的。[1]

在这段引文中我们看到了一明显的矛盾：说老子哲学系统的展开是由宇

[1] 陈鼓应：《老子注译及评介》，中华书局，1984年，第1页。

宙论到人生论和政治论，又说宇宙论是为应合人生与政治的要求而建立。那么，究竟是先有了宇宙论，后有人生论呢，还是先有了人生论，后有宇宙论呢？看来陈鼓应倾向于后一种看法。作为根据，他还引述了徐复观先生的如下见解："老学的动机与目的，并不在于宇宙论的建立，而依然是由人生的要求，逐步向上推求，推求到作为宇宙根源的处所，以作为人生安顿之地。因此，道家的宇宙论，可以说是他的人生哲学的副产物。他不仅是要在宇宙根源的地方来发现人的根源；并且是要在宇宙根源的地方来决定人生与自己根源相应的生活态度，以取得人生的安全立足点。"[1] 从这些话来判断，陈、徐二先生均认为老子的人生哲学派生出了他的宇宙论，后者是为适应人生要求而编造出的副产品。

我们认为，老子哲学中的这两大层面的对应是老子的类比思维方式所决定的。按照老子的逻辑取向，自然是先有宇宙论，之后再类推出人生论方面的行为准则。而老子的宇宙论本身直接导源于神话宇宙观，作为他类比推理的基础和出发点，比他所表达的人生要求和政治主张有着更深远的渊源和背景。关于老子的宇宙发生论与创世神话之间的承袭关系将在后文加以讨论，这里仅就老子的类比逻辑取向做一些具体说明。

纵观《老子》全书，对"道"的论述构成全部思路的核心和基础。第一章开宗明义便提出"道"的问题，并区分出"道"的两种体现方式："有名"与"无名"。

道，可道，非常道；名，可名，非常名。

无名，天地始；有名，万物母。

常无，欲观其妙；常有，欲观其徼。

[1] 徐复观：《中国人性论史》，转引自陈鼓应同上书第 48 页注一。

此两者同出而异名，同谓之玄，玄之又玄，众妙之门。[1]

以下引《老子》除注明者外，均出自此书。道作为宇宙创生的总根源（天地始），是一种无名状态，即先于创造的时间和空间而存在的原初混沌状态；道作为宇宙万物发生和运动的总规律（万物母），却又体现在万物获得语言命名的规则秩序中。世界的开辟，宇宙时空的开始，即是从“无”到“有”，从“无名”到“有名”的转化过程。从永恒的“无”中，可以观照宇宙本源的无穷奥妙；从永恒的“有”中，可以观照宇宙运动规律遍及万物的情形（参见卷首彩色图版）。这种作为宇宙本源和作为宇宙规律的道虽然在“有”和“无”的名称上有异，但实际上是同一的道，可统称为“神秘”（玄）。“玄之又玄，众妙之门。”神秘而又神秘的道，是解答世上一切奥妙现象的不二法门（详见第五章）。

就这样，《老子》在开篇一章就从宇宙发生论角度确立了观照、分析和判断宇宙间一切事物的总标准和总原则。作为“众妙之门”的玄奥之道的确定，构成老子自然哲学的基础，也成为老子逻辑推理展开的根本出发点。

从思维方式看，作为老子进行类比论证总依据和总根源的道，其实质乃是作为神话思维时代意识形态基础的创世神话的主题的抽象和引申。如果认识到创世神话在原始思维和原始世界观中的核心地位和主导作用，也就不难理解为什么是宇宙之道在老子哲学中占据着类比依据和推理基石的重要地位。

神话学家约瑟夫·坎贝尔综合分析了世界各地的神话体系后发现，关于世界被某一创世主（a creative being）所创造的神话具有相当大的——如果不是绝对的——普遍性。几乎任何一种稍具规模的神话体系中都自然包括这

[1] 引文据朱谦之：《老子校释》，中华书局，“新编诸子集成”，1984 年。

种创世神话的内容。儿童心理学家皮亚杰考察儿童智力发生过程时也发现，儿童也会自发地提出关于自己和事物由来的问题，要求对此做出某种肯定的解答。无论是文化群体中发生的宗教性的创世解释，还是个体儿童内心发生的小规模的“创世记”故事，均有一个共同之处：世界的创造者（常幻化为父神或母神——所谓“世界父母”）同时也应是世界和人类的主宰者和管理人。坎贝尔认为，也许民族性的、宗教性的创世记只是儿童式的创世问题的一种翻版，它们之间的相似性说明人类认识世界与自身的要求必然随着智力的发育或进化而出现。[1] 由此可知，创世者作为创造行为之源和宇宙万物的总监理者，在自发的原始思维中本来就具有至高无上的地位。以世界的创造为主题的创世神话实际上所要解答的问题正相当于后世哲学中的宇宙本体论课题。正像创世神话为整个神话世界的时空展开奠定基础，本体论问题的解答也为一切其他哲学问题的提出和解答奠定基础。

据我们所见，对创世神话的本体论价值做出精辟描述的是《新大英百科全书》中的《创世的神话与教义》一文。该文把创世神话定义为“特定的文化共同体解释世界由来的象征性叙述”，认为神话能够表达社会的基本价值观。创世神话在这种表达中的作用首先在于给人类在世界之中定位。这种定位可以显现人在宇宙中的地位以及他所必不可少的，同其他人、自然和整个非人世界的关系。创世神话为“文化”定下一种基调和坐标，它将决定该文化共同体中所有其他方面的价值、态度和意识结构。创世神话与哲学之间的区别主要在于，它是以象征叙述的形式解答哲学基本问题的[2]。创世神话一经产生，就在原始意识形态中发挥着价值范型的作用，不仅其他神话要以它为基准，就连非神话的表达也无意识地遵循着这一范型标准。例如在《圣经·旧

[1]〔美〕坎贝尔（Joseph Campbell）：《神之面具：原始神话学》，海盗（Viking）出版公司，1959 年，纽约，第 84 页。

[2]《新大英百科全书》，1973—1974 年英文版，第 5 卷，第 239 页。

约》中，希伯来人的每一次民族复兴都借用范本所提供的主题和相关意象，被描绘为一次次的新的“创世记”。

图 3 北斗七星：帝车

与北极星干连的北斗星也曾被认为宇宙中心，与“世界大山”的昆仑相应，后来还曾与“太一”叠合起来；但是“太一”更原始、更重要的意象却是“太阳”。

基于上述认识，重读《老子》第一章的内容，显然可以看出那是用抽象语汇重申创世神话的本体论主题，其作用正是为全书展开的哲学系统确立基准和坐标。在以后的许多篇章里，同一主题又以各种方式加以重现，使类比推理的神圣依据得到反复强调。

如第十四章说：

迎不见其首，随不见其后。

执古之道，以语今之有。

以知古始，是谓道已。

第二十五章说：

有物混成，先天地生。寂漠！

独立不改，周行不殆，可以为天下母。

吾不知其名，字之曰道，吾强为之名曰（大）。

第四十二章说：

道生一，一生二，二生三，三生万物。万物负阴而抱阳，冲气以为和。

第六十二章说：

道者，万物之奥。

第七十三章说：

天之道，不争而善胜，不言而善应，不召而自来，坦然而善谋。

所有这些对道的创生功能的回顾与描绘，除了强调本体论的范型作用之外，还起到了为类比推理强调神圣的逻辑根据的作用。在《老子》一书中，宇宙之道的存在使类比推理显得十分自如。其一贯的价值取向总是同样的，即在自然与人生之间，无机物与有机社会之间建立某种体现因果关系的类比公式。因为天地自然如何如何，所以人也应当如何如何。

天地自然的现象是宇宙之道的直接体现，所以取法自然所昭示的规则范型也就是效法宇宙之道。第二十三章说：

希言自然。飘风不终朝，骤雨不终日。孰为此？天地。天地上（尚）不能久，而况于人？故从事而道者，道德之；同于德者，德德之；同于失者，道失之。信不足，有不信。

在此，老子把飘风骤雨这种自然现象当作类比的出发点，从飘风骤雨不能持久去推论人治方面的道理：人为暴政是失道行为，不可久长，只有同于“希言”的自然之道，无为而治，才是合乎理想的治理之术。从思维方面看，把疾风暴雨类比为暴虐统治，这正是神话思维本有的在不同质的现象之中确认相似性的逻辑使然。

《老子》第四十三章再次运用此种类比逻辑：

> 天下之至柔，驰骋天下之至坚。无有入于无间，吾是以知无为之有益。不言之教，无为之益，天下希及之。

老子认为世人很少能够做到不言和无为，这是因为人们不明白无为的益处。为了论证无为胜于有为、至柔胜于至坚的抽象道理，他又搬出了那种体现自然与人事之间因素联系的类比等式，把“无有入于无间”这样一种人们司空见惯的自然现象作为依据，说明无形的力量（无有）足以穿透没有间隙的东西（如水之渗透力，便是老子喜用的至柔克至刚的例证），人们应当由此得到类比性的启发——“吾是以知无为之有益”。

在自然现象“无有”与人的行为准则“无为”之间，本来并不存在任何实质性的关联，老子利用类比逻辑使二者成为同类事物。这表明他的思维方式尚未完全脱离具有自我中心倾向的神话思维。

现代心理学表明，这样的自我中心性的类比认同现象普遍发生在精神异常的患者身上。对于精神患者来说，世界变得无秩序了，不可理解了。由此导致的惊恐和痛苦必然要求为世界重新赋予意义的解释。于是患者常常在“顿悟”中“把两件事拉到一起并且合为一体”，靠建立在相似性上的同一，重新给失去秩序的世界带来秩序。下面列举一些实例：

一位患产后精神分裂症的红头发的年轻妇女，她的一个手指感染了，末关节红肿。有一段时间她认为那指头就是她本人。她曾指着那个红肿的指头告诉医生："这是我的红色的烂脑袋。"

一位患者有两个情人，一位住在墨西哥，一位住在美国纽约。她却认为这两个男人其实是同一个人，因为他俩都弹吉他并且都爱她。

还有一位患者自认为是圣母玛利亚。问她为什么这样认为，她回答说："我是个处女，圣母玛利亚是个处女，所以我就是圣母玛利亚。"

美国心理学家阿瑞提将这类患者表现出的思维特征概括为"旧逻辑思维"。他指出："一个用旧逻辑思维来解释的世界在许多方面都与古代人的神话世界以及当今各种土著社会的文化是相一致的。18 世纪的哲学家维柯和 20 世纪的哲学家卡西尔最为出色地给我们描述了古代神话世界，那是个形状发生改变的、局部等于整体的、事物可以互相交换的世界。而且人类学家在各个时期都报道说，在某些土著文化中，旧逻辑思维比其他类型的思维占有优势。"[1]在儿童思维、精神患者思维和神话思维之间存在着类同特征，这一点已为心理学家多方证实。因而三者之间可以互相阐发。阿瑞提针对上引三例患者的情况做出了总结性的分析：采用旧逻辑思维的患者们把不相干的事物视为同类。第一位患者把自己认同为手指；第二位患者将两个情人认同为一个；第三位则自认是圣母玛利亚。"患者在两个或更多的事物或人物之间发现了至少一种共同的因素，这就足可以把它们视为同一。显然这种思维在正常人看来是荒谬的。病人注意到共同具有的因素，忽略其余的因素而不考虑在内。"[2] 这种对于相似性的高度敏感也常常发生在创造过程中。老子将无形的力量同无为的原则类比认同时大概也只着眼于二者名称上的共同因素"无"，将暴风骤雨同暴政相类比时则只着眼于二者共同的抽象特征"暴烈"吧？果真如此，老子的类比思维就其逻辑特性而

[1]〔美〕阿瑞提（S. Arieti）：《创造性：神奇的综合》，中译本名为《创造的秘密》，辽宁人民出版社，1987 年，第 91—92 页。

[2]〔美〕阿瑞提（S. Arieti）：《创造性：神奇的综合》，中译本名为《创造的秘密》，辽宁人民出版社，1987 年，第 88 页。

言显然还未彻底脱离神话思维阶段达到亚里士多德意义上的科学思维。

最先用亚里士多德的逻辑公式对精神患者的异常思维进行研究的心理学家是艾·冯·多马鲁斯（Eilhard Von Domarus）。他所提出的原则是：在正常思维中，同一性只能建立在对象完全相同的基础上；而在旧逻辑思维中，同一性可以建立在对象相同属性的基础上。像老子将中空的车轴、中空的器皿、中空的门窗与房室这三种不同事物比附在一起，用来说明“无”的作用时，见《老子》第十一章：“三十辐，共一毂，当其无，有车之用。埏埴以为器，当其无，有器之用。凿户牖以为室，当其无，有室之用。故有之以为利，无之以为用。”正是着眼于这三种不同对象所共有的中空属性的。心理学家把这种导致认同的属性叫做同一环节或同一属性。

显然这种思维并不是遵循亚里士多德的逻辑，这种逻辑认为只有相同的事物才能同一。这类事物是确定的，因此只能进行有限的推演。比如一个苹果可以和另一个苹果同一（二者都被看做属于“苹果”这一等级）。但是在旧逻辑思维里，苹果可以和一位母亲的乳房视为同一，因为乳房和苹果形状相似。乳房和苹果等同了。换句话说，在旧逻辑思维中，A 也能够成为非 A——也就是 B——如果 A 和 B 具有一种相同属性（或要素）的话。[1]

显而易见，心理学家所称的这种旧逻辑思维并非完全不合逻辑，也非无逻辑，而是遵循着自发的简单类比逻辑。它同我们从神话思维中归纳出的基本逻辑是完全相通的。在把老子的类比同这种神话的和精神病患者的类比相对照时，不难看到二者虽有相通之处，但毕竟还有程度上的微妙差异。差异之一，老子的类比总是朝向同一种价值指向的，即总是为了说明人事方面的道理而在自然

[1]〔美〕阿瑞提（S.Arieti）：《创造性：神奇的综合》，中译本《创造的秘密》，辽宁人民出版社，1987 年，第 88—89 页。

方面求得类比根据。换言之，总是以天道为基础去类推人道，如第八十一章所云："天之道，利而不害；人之道，为而不争。"差异之二，老子的类比范围已不局限于具体的事物，而是延展到抽象概念的层次上了。这就是说，就思维的抽象化程度而言，老子比一般的神话思维又高出一筹了。第二十六章云：

重为轻根，静为躁君。

是以君子终日行不离辎重。虽有荣观，燕处超然。奈何万乘之主，而以身轻天下？

轻则失根，躁则失君。

这里，老子用自然现象的抽象特征"轻与重"为类比起点，推论出国君应不轻易离开有严密保护并便于卧息的辎重之车（参见图4），处事必须稳重，"燕处超然"的行为准则。从自然事物的抽象特征"重"到人的行为准则"稳重"之间，类比转换遵循的是语词概念的本义与引申义之间的发展模式。同理，从"轻重"之"轻"到"轻率"之"轻"，类比推理遵循的是同样的语义转换模式。语言学家索绪尔早已指出，类比也是语言使用中创新的原则[1]。

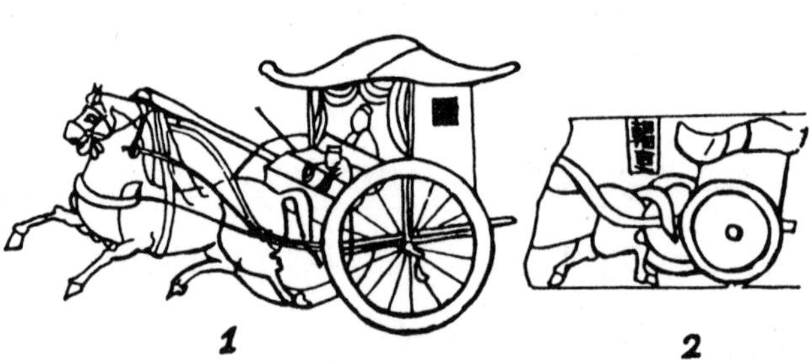

图4 辎车（采自孙机）

1. 山东福山出土汉画像石。2. 潘祖荫田藏汉画像石（榜题：辎车）。"辎车"，汉刘熙《释名》说"载辎重卧息其中之车"。《老子》说："君子终日行，不离其辎重。"皆在采其安宁静重。"辎重"作为军语，则指后勤供应，重军设备等，往往有保护。

[1] 参见〔瑞士〕索绪尔：《普通语言学教程》，中译本，商务印书馆，1979年，第232页。

从以上两种差别特征来看，老子的类比思维虽然脱胎于神话思维，但已经充分显示出向新的更为抽象的逻辑思维转化的迹象，只是尚未达到亚里士多德第一次系统阐明的那种普通形式逻辑的规则水准，因而最能代表中国式的神话哲学的思维特征。

神话思维的类比是自我中心性的，因此它也并不遵守亚里士多德规定的矛盾律。这种矛盾律认为：A 不能同时既是 A 又不是 A。在老子的类比推理中，我们看到违反矛盾律的现象虽然不如神话中那样普遍，但也还是不乏实例的。比如在第七章中，老子为了说明圣人无私心而能保全生命，用了“天长地久”作为类比依据：天地所以能够长久，是因为天地的运动不是为自己的。到了第二十三章，却又说：“天地尚不能久，而况于人乎？”这是为了形容天地所产生的疾风暴雨不能持久。前后对照，自相矛盾处甚为明显。老子主要出于论证的需要而随意取用自然现象作为类比根据，并不考虑矛盾律的规则。天地既可以是长久的样板，又可以是不能长久的样板，正所谓 A 既是 A 又不是 A。老子哲学中这种违反普通逻辑规则之处的存在，暗示研究者不能完全用严格意义上的逻辑思维去分析和推导，而只能从神话思维的角度去做灵活的把握。如威尔赖特所言：

……进入诗里的普遍概念是具体的，并且是根本含蓄在诗里的。这就是说，普遍概念和表现它的文字分不开，也不能用逻辑来解释，否则就会歪曲它的意义。因为它的普遍性只通过具体的比拟而存在，不是通过界说和定义。[1]

扩展开来的话，我们还可以说，不仅在老子、庄子的著作解读方面应该注意把握这种原则，而且在考察中国古典哲学的其他著作时也应顾及这种原

[1]〔美〕威尔赖特：《燃烧的源泉》，钱钟书、杨绛节译，见《外国理论家、作家论形象思维》，中国社会科学出版社，1979 年，第 207 页。

则。理由在于，中国哲学自始至终未能像西方哲学那样同神话思维彻底告别。通过比拟、比喻和寓言故事所进行的说理，无论如何也不同于通过概念的逻辑推演所进行的说理。在中国美学里，情况更是这样。换句话说，我们不能用亚里士多德的逻辑规则去要求老子或庄子，不能用西方哲学和美学的规范去强解中国的哲学、美学概念和理论体系。尤其值得注意的是，中国哲学中的许多概念是建立在神话思维的类比基础上的（参看第二章第一节“道”与“易”的抽象），没有经过严格的逻辑界说和定义，因而难免具有多义性和含混性，更需要进行溯源性的考察才能真正把握其本义。

四、从比喻论证到寓言

神话思维被抽象思维取代之际，那种源远流长的类比逻辑并不是随着神话的衰亡而消逝，而是以新的形式活跃在告别了神话时代的理性人类的思维世界之中。这种新的类比形式便是比喻。

修辞学把比喻划分为不同的种类：明喻、隐喻和借喻等。不过从思维学的角度去看，这些区别是不必要的，或者说只有相对的意义。因为一切比喻，不论其表现形式怎样，都是在不同的事物之间发现“相似性”的那种类比逻辑的直接产物。

比喻，尤其是隐喻，常常被看成是艺术思维——特别是诗的本质特征。从思维学的立场去看，比喻是沟通神话思维与艺术思维、神话思维与哲学思维的双层桥梁。关于神话思维向艺术思维的过渡转化，《符号：语言与艺术》一书中已做了专门探讨[1]，至于比喻如何从神话思维进入哲学思维，下文拟结合老子哲学做一初步的说明。

[1] 参看俞建章、叶舒宪：《符号：语言与艺术》，上海人民出版社，1988 年，第四章第 5 节。

尽管早期的哲学家们或是直接抨击神话和诗人，如柏拉图；或是用抽象的概念完全取代人格化的神，如老子；或是对一切非理性的怪力乱神之事充耳不闻，全然回避，如孔子。但是神话思维类比逻辑的遗产还是无意识地为他们所继承。

当孔子断言“不学诗，无以言”的时候，当柏拉图和庄子运用人格化的寓言论证哲理的时候，当老子用一连串的比喻展开他的雄辩时，他们都已将神话思维方式引入自己的理性世界，并且使之发扬光大了。而这一不朽功绩，对这些最初的哲人来说，是既没有意识到，也不可能意识到的。理由似乎已经由美国学者布莱克《隐喻》[1]中的一句话完全点明了：

要人们注意一个哲学家的隐喻，就是小看了这位哲学家。

这种偏见甚至以变相的方式重现在黑格尔的著作中：

谁把思想埋在象征中，谁就没有思想。[2]

把西方理性思维传统的这种绝对态度同中国早期哲人相比的话，明显的差异就不言自明了。在这里可以看到神话思维在中国哲学发生过程中的某种延续性和比西方更为重要的作用。

中国道家哲学的头面人物老子和庄子在继承神话遗产方面是出类拔萃的：老子以比喻论证展开他的宇宙论和人生哲学；庄子则干脆宣称自己的书中“寓言十九，重言十七”[3]，把为儒家圣人所回避的怪力乱神之事尽情发挥，

[1]〔美〕马克斯·布莱克（Marx Black）：《隐喻》，中译文见《当代美国哲学资料选辑》第三辑，商务印书馆。

[2]〔德〕黑格尔：《哲学史讲演录》，贺麟等译，商务印书馆，1959年，第一卷，第87页。

[3]王先谦：《庄子集解》，“新编诸子集成”，中华书局，1999年，第245页。

什么大至几千里的巨鲲，“其翼若垂天之云”的大鹏，都成了哲学玄思中的组成部分。尽管这种寓言式的哲学论证因其人格化的叙述故事而更接近远古神话，但就实质而言，寓言仍然不过是比喻的一种扩展的形式，它同比喻一样，都只是神话思维在理性时代中的遗留形式。

比喻在古代汉语中称做“譬”或“譬喻”，在逻辑论证或说明事理的过程中运用比喻叫做“取譬”或“引譬”。儒家的创始者孔子虽竭力反对神话幻想的内容方面的荒诞不经，对于神话遗留下来的比喻思维方式却又极为推崇。著名的“子在川上曰：逝者如斯”的妙喻，加上《论语·雍也》中所说的“能近取譬，可谓仁之方也已”，都表明了神话思维在中国早期理性主义哲人那里的遗传和更新。南北朝时期的大诗人谢灵运说：“至人善取譬。”这就把作为修辞技巧的比喻提升为做人的标准了。此话同美国哲学家布莱克的话恰恰形成鲜明的对比。

神话类比总是建立在形象的基础之上，因而它能产生出某种视觉效果。艺术思维中的比喻直接承袭着神话类比的这一特质，比喻是创造形象的一种重要方式。哲学思维中运用比喻和寓言，能使纯抽象的思辨和推理获得形象生动的间接表达，从而获至某种程度的艺术效果。正是这一点，使《庄子》的哲理本文同时又是文学作品，使《老子》五千言也赢得了“哲学诗”的美誉。

值得注意的是，老子的比喻并非后世诗人墨客所用来增加修辞效果的文学技巧，而是他得自神话类比思维的一种独特的思维方式和论证方式。对此，只有把老子的比喻思维放置在自神话语言向概念语言演进的历史过程之中，才能获得清晰的观照。

加拿大文学理论家弗莱曾把语言从具象到抽象的发展划分为三个阶段：隐喻阶段、换喻阶段和描写性叙述阶段。语言的隐喻阶段即神话阶段，这里极少有推理和抽象，语言叙述大都采取某种故事的形式。在神话故事中，人格与事件之间的联系构成推动性的线索，表现为神灵的行为，这些神灵本身便是典型的隐喻。日、月、风、雨、雷、电、火、海等主要的自然现象被神话隐喻为一些人格神的活动（参见图 5）。在语言的换喻阶段，典型的叙述形式不再是象征性的故事，而是概念性的论述。构成语言连贯性的也不再是人格与事件的平行联系，而是概念、范畴之间的逻辑联系。“在换喻语言兴起之后，故事往往成了抽象观念论证的具体说明，换言之，成了寓意作品。这同在柏拉图那里神话的作用是十分相近的。”[1] 按照弗莱划分的标准来判断，《庄子》的“寓言十九”式的语言表现风格与柏拉图一样，是神话的隐喻语言发展到换喻语言即论说阶段的典型证明。在《庄子》《墨子》《荀子》《韩非子》中，都可以看到已经转化为寓言，服务于抽象观念论说的故事。相比之下，《老子》一书中并没有出现类似的寓言故事。然而，它虽然也是以抽象论说道理为主旨的著作，却未完全超越神话的隐喻语言阶段，可以说是处在自第一阶段的隐喻语言朝向第二阶段的换喻语言过渡期间，因此从语言风格和思维模式两方面看，均比《庄子》显得更为古朴。比喻出现在《老子》之中不是作为修辞技巧，而是思维展开的方式和论证说理的原始模式。

图 5 风雨雷电云霓之神（汉武梁祠石刻画像摹本）
日、月、风、雨、雷、电……主要的自然现象被神话隐喻为一些人格神的活动。

如果我们按照顺序把《老子》各章中的比喻论证一一罗列出来，那么上

[1]〔加〕弗莱（N.Frye）：《伟大的编码：〈圣经〉与文学》（1982），中译文见叶舒宪编：《神话—原型批评》，陕西师范大学出版社，1987 年，第 389—390 页。

述认识便可得到实际的验证和说明了。

《老子》第一章论证“道”的有名状态是一切事物的发生之源，使用了“万物之母”的隐喻说法。这无疑是神话思维留传下来的一个用拟人化类比造成的隐喻：用人类母亲的生育现象类比万物的由来。所不同的是，老子所说的“万物之母”已不再是活动着的人格神，而只剩下一个隐喻称呼。第二章将一些对立的概念类比在一起：美与丑、善与恶、有与无、难与易、长与短、高与下、音与声、前与后，说明事物相反相成的辩证关系，其逻辑展开的形式仍是隐喻思维的“建立在相似上的同一”。

《老子》第四章用了一个与“万物之母”对称的隐喻“万物之宗”去说明“道”的性质；第五章把天地之间的空间状态比喻为一个大风箱，论证“守中”的处世态度；第六章搬出了原始生殖崇拜的偶像“大女阴”（玄牝）隐喻生生不息的谷神；第八章所说“上善若水”，是借明喻表达退让不争的自然依据；第九章以“金玉满堂，莫之能守”为喻，论说功遂身退的道理；第十章首次使用“婴儿”之喻论说修身境界；第十一章以车毂、器皿、房室等中空事物为喻，类推出无为的功用；第十二章标举“为腹不为目”的圣人典范，以“腹”喻简朴淡泊的生活，以“目”喻多欲奢侈的享受。此种比喻法，实已接近西方修辞学中所说的“提喻”。

《老子》第十三章一连出现了九个“若”字，但细究起来，这些比喻词在此并非用于严格意义上的比喻，似乎只是比喻思维的习惯用法在非比喻性论说中的自然流露。第十四章用视之不见的状态“夷”和听之不闻的状态“希”去比喻感官所不能直接把握的“道”的存在；第十五章中九个比喻词“若”又一连串出现，这次是用于标准的比喻：

古之善为士者，微妙玄通，深不可识。夫唯不可识，故强为之容：

豫兮若冬涉川；

犹兮若畏四邻；

俨兮其若客；

涣兮其若凌释；

敦兮其若朴；

旷兮其若谷；

混兮其若浊；

澹兮其若海；

飂兮若无止。[1]

这里的九种比喻旨在从多方面形容古之“善为道者”那微妙玄奥、深不可测的精神风貌，取譬的对象都出自自然现象和日常生活，而借比喻说明的“豫”“犹”“混”等九种特征却是抽象的观念存在，可见老子之博喻为抽象与形象找到了对应的环节，或者说老子在比喻之中完成了某些概念的抽象。与此同类，第十六章以万物归根喻“复命”之规律；第十九章用见素抱朴喻少私寡欲和绝学无忧。

第二十章用了六个比喻，其中的“食母”和“婴儿”之喻是老子一再重复的，也是最能体现老子哲学主张的。第二十一章的“父”之喻（众甫），第二十二章的“圣人抱一”之喻，第二十五章的“天地母”之喻，也都是如此。第二十三章的“飘风骤雨”之喻说明为政道理，已如前论。第二十四章用踮脚跟的人站不稳，跨步行进的人走不远比喻自见、自伐、自矜的不可取，又用剩饭赘瘤再喻之。这里用了十分具体的形象推论抽象的行为，类比的取向仍然是舍象取义的。第二十六章以轻重之轻类比轻率之轻。第二十八章以雄喻刚动、躁进，以雌喻柔静、谦下，同时重复了婴儿、溪谷和“朴”

[1] 据陈鼓应《老子注译及评介》本。

之喻。第二十七章以“善行无辙迹”喻圣人。第三十章以“物壮则老”喻不道。第三十一章以丧礼比战争。第三十二章以“川谷之于江海”喻“道”在天下的状态。第三十五章用味觉之喻“淡无味”描述“道”。第三十六章用了鱼与渊的比喻。第三十九章用了玉与石的比喻，说明虚荣与实在的差异。第四十一章再度以八个“若”字展开比喻系列，又以“大音希声”“大象无形”“大方无隅”“大器晚成”等一连串“悖论性”的博喻来比喻“大道”的无名状态。第四十三章“无有入无间”喻无为，已如前论。第四十四章以“身与货”为比、用“多藏必厚亡”喻“知足不辱，知止不殆”。第四十五章的“大成若缺”等五喻用来描绘完美人格。第四十六章的“走马以粪”和“戎马生于郊”分别作为天下有道与无道的两个征象。第四十九章第三次举出婴孩之喻形容圣人风貌。按照美国哲学家威尔赖特的看法，一个在某位作家的作品中反复出现的隐喻可以称为“个人性的象征”；一旦这种“个人性的象征”被人们普遍接受并传播到文化中去，它就又变成了原型性的象征[1]。老子常用的“玄”、“孩”（或“婴儿”）、“朴”、“母”等比喻可以说已经从个人性象征传播为道教文化的普遍原型了。在诸如“玄妙”“归真返朴”“童心”等为更多的人所熟知和使用的说法中更可看到老子比喻的生命力与渗透力。像第五十二章的“母子”之喻和“兑”“门”之喻，第六十四章的“合抱之木，生于毫末；九层之台，起于累土；千里之行，始于足下”，第七十章的“圣人被褐怀玉”，第七十三章的“天网恢恢”，第七十七章的“天之道犹张弓”等等比喻，大都已化作古今汉语中习用的成语或典型了。

《老子》中还有一些比喻显得有些冷僻，不像上举各例那样流行。如第五十五章云：

[1] 参见〔美〕威尔赖特：《隐喻和现实》，第3章。

含德之厚，比于赤子。毒虫不螫，猛兽不据，玃鸟不搏。骨弱筋柔而握固。未知牝牡之合而朘作，精之至。终日号而不嗄，和之至。

在老子看来，生命力（德）最旺盛者莫过于“赤子”。为说明赤子的超常生命力，他用近乎寓言式的描述来比喻：毒虫不能伤，猛兽不得害，鸷鸟不能伤。婴儿筋骨柔弱却能坚握拳头。他不知男女交合却能挺起生殖器。（参见图6）。他终日哭号却不伤嗓子。所有这些近似于神话的特征究竟能有多少说服力，现代的读者也许会深加怀疑的。但是它却符合原始性的神话思维原则，而且还可能有民俗神话上的依据（本书有专节讨论）。至于用生殖器（《玉篇》肉部：“朘，赤子阴也。”）的活动来比喻婴儿生命力强盛，既没有古代文献方面的可靠根据，也为后代正人君子所不取。或许这类比喻更是直接来自史前神话时代？

图6 朘怒（新疆和田丹丹乌里克废寺唐代壁画《吉祥天女》摹本）
赤子之阴偶然勃起，原因是多方面的，不一定都是性的自发冲动。他“未知牝牡之合”。

类似的例子又见于第六十一章：

大国者下流，天下之牝，天下之交也。牝常以静胜牡，以静为下。故大国以下小国，则取小国；小国以下大国，则取大国。故或以下取，或下如取。大国不过欲兼畜人，小国不过欲入事人。此两者各得其所欲，大者宜为下。[1]

老子在此为了说明他一贯主张的阴柔哲学和谦下不争的策略，竟用动物

[1] 据马王堆帛书《老子》甲本校改。

和人在交媾时雌性处下位这一现象为喻，说明雌以静处下，反而能胜牡方。这无疑反映着某种古老的神话观念：把雌雄交合视为一场永远是雌方获胜的征战。类似的用性交姿势为喻的例子似乎仅见于《战国策·韩策》所记秦宣太后谈政略一段[1]，可知此种神话观念在先秦理性主义兴起之际已转化为论说政治策略的典型比喻，但在后来的礼教文化之中逐渐被人们弃而不用了。凡此种种，均表明去古未远的《老子》一书中保留着若干最接近神话时代的观念和语言素材。老子的比喻大都不是出于修辞的雅兴，而是出于原始类比的自然联想。

亚里士多德在《诗学》中写道："……尤其重要的是善于使用隐喻字，唯独此中奥妙无法向别人领教。……要想出一个好的隐喻字，须能看出事物的相似之点。"[2] 老子善用比喻，正因为他在相当程度上受神话思维类比逻辑的制约，能够自发地"看出事物的相似之点"，这是他与后世哲学家在思维方式上的先天差异所使然。比喻说理在后人那里是某种艺术天才的产物，如亚里士多德所认为的那样。

可是，在神话思维时代，那却是无师自通、人人皆能的，因为类比联想必然要自发地把感知对象同已有的经验同化在一起，而事物外观、性状方面的相似处恰恰是象征思维所关注、所遵循的基本线索。因此，对于善于以概念语言做直接的意义传达的文明人来说，比喻只是对表达方式的一种外加的修饰，一种需要特殊的天才方可掌握的技巧。只有诗人才能成功地运用这种技巧——"诗人的语言主要是隐喻的。"（雪莱：《为诗辩护》）而对于没有概念语言的原始人来说，比喻绝不是外加的语言修饰技巧，理由很简单，

[1] 参看李敖：《中国性研究》，台湾李敖出版社，1990 年，第 9—12 页。
[2]〔古希腊〕亚里士多德：《诗学·诗艺》，罗念生译，人民文学出版社，1962 年，第 81 页。

如维柯所推断：在世界的儿童期，人们按照本性都是崇高的诗人。[1]

从神话思维去理解老子的比喻论证方式，还可以明白这样一个表面上看是自相矛盾的现象：老子既然声称“信言不美”，却为什么要用如此之多的比喻去美化自己的哲理著述呢？现在看来，老子哲学的诗化风格得之于他的思维方式，如弗莱所说，“文学，尤其是诗歌，具有一种重新创造语言的隐喻用法的功能。因此，神话的直接后裔就是文学”[2]。换句话说，老子按照其本性就是诗人哲学家，他的五千言作品本身就是一部罕见的文学性杰作。

然而，《老子》中的比喻论证毕竟是表达抽象思想的一种方式。散见于全书中的明喻和隐喻一方面显示了从神话到文学的过渡，另一方面也显示了从神话思维向理论思维的过渡。前者体现为那些具体形象与形象之间建立的比喻，后者体现为具体形象与抽象观念之间建立的比喻——从发生学立场上看，这类比喻充分显示出比喻向寓言的过渡。用弗莱的术语，则是隐喻语言向换喻语言的过渡。按照威尔赖特的划分，又可说是“比喻的想象”向“典型的想象”的过渡。威尔赖特在《燃烧的源泉》一书第五章对这两种不同的想象方式做了如下说明：

在典型的想象和比喻的想象里都有某种混合的过程，某种语言文字的交融过程。在典型的想象里，那是形象和观念、具体和概括、个体和典型的结合。在比喻的想象里，那是两个或两个以上具体形象的结合；这些形象可能带着些感情和理智的联系。[3]

---

[1] 俞建章、叶舒宪：《符号：语言与艺术》，上海人民出版社，1988 年，第 155—156 页。

[2]〔加〕弗莱：《伟大的编码：〈圣经〉与文学》，中译文见叶舒宪编：《神话—原型批评》，陕西师范大学出版社，1987 年，第 391 页。

[3] 中译文引自钱钟书、杨绛节译：《外国理论家、作家论形象思维》，中国社会科学出版社，1979 年，第 208 页。

从本节中所引述的比喻实例中可以看出，在老子的大部分比喻运用之中都显示着那种形象和观念、具体和概括的结合。有时是某种观念同一个具体形象的结合，如“治大国，若烹小鲜”（第六十六章）；又如以“木强则折”喻“兵强则灭”（第七十六章）等。还有的时候是从众多的形象中抽绎出某种共同的观念或道理，如前举“合抱之木，生于毫末；九层之台，起于累土；千里之行，始于足下”。此外，老子还善于从互相对立的形象事物中抽绎出对立的观念，如用草木的生而柔弱和死而枯槁喻示人柔弱则生，坚强则死（第七十六章）。从这几种情形判断，老子的比喻之中实际完成着从具体到抽象的理念过程，这意味着得之于神话思维的比喻正在向“舍象取义”的方向发展，也就是从自发的类比联想向有意识的图解观念发展，从比喻向寓言发展。第七十四章中用代替木匠砍木头的人难免自伤其手的现象比喻司杀者没有好结果，这已经十分接近《庄子》之中的寓言了。

THE SECOND PART

第二章

“道”的抽象

- “道”与“易”的抽象
- 最高范畴的跨文化比较
- 道的特性与神话
- 道与水的互喻
- 小结：由“道”到“永恒回归”

一、“道”与“易”的抽象

哲学的由来和理性思维的起源问题在历史上曾吸引了许多思想家的兴趣，20 世纪初的马克思主义学者拉法格曾就这个题目写下一篇专论《抽象思想的起源》。作者遵循由维柯所开辟的从语言起源中探索思想起源的方向，对于这个古老的难题做了唯物主义的阐发和论证，提出了一些重要而有趣的看法。

拉法格指出，要了解抽象观念和概念是怎样来到人脑之中的，就必须从研究语言入手。希腊文中的“思想”一词本义就是“自己对自己说话”，这个词是从“说话”一词中派生出来的。当我们着手考察语言的时候，首先会发现一个事实，即同一个字既表示抽象思想，又表示具体事物。这种现象该如何解释呢？“是抽象的和观念的降低到具体的，降低到物质的呢或者相反的是物质的和具体的转化为观念的和抽象的呢？这个转化又是怎么完成的呢？”[1] 通过对词义的发展的辨析，前一个问题似乎不难解决：具体的意义往往先于抽象的意义。比如希腊文中的 nomos 一词，原先用来表示牧场，而最后则用来表示法律。关于后一个问题即词的具体意义怎样转化为抽象意义的问题，拉法格在另一篇专论《正义思想的起源》中仍以 nomos 一词为例做了具体说明。用 nomos 表示牧场，显然产生在社会进化的游牧时期，当游牧民族停止游牧时，nomos 就用来表示驻地、住处。定居下来的人们要分配土地，nomos 又有了“分配”的意义。而当土地分配成为习惯现象以后，nomos 便获得最后的抽象意义——风俗、法律。[2] 如果说从表音文字的语源方面论证从具体到抽象的思维过程还具有较大的推测性和假说性的话，那么，借助于

[1]〔法〕拉法格：《抽象思想的起源》，见《思想起源论》，王子野译，三联书店，1963 年，第 57 页。
[2]〔法〕拉法格：《正义思想的起源》，见《思想起源论》，王子野译，三联书店，1963 年，第 90—91 页。

表意文字——汉字的意义发展来讨论同样的问题就会显得更加可信，更加一目了然了。因为汉字的原始象形形态能够无声地把它的本来意义告诉给千万年以后的人。比如汉字中“初出茅庐”的“初”字表达的是“起头”“开始”这样较为抽象的意义，但其原始意义却是特指“做衣之始”这样一种具体情况的，你看那甲骨文字，不是明确地显示着用刀裁衣服的形象吗？再如“荣誉”这个抽象观念中的“荣”字。其原始具体意义是指草木开花，甲骨文作，分明是两棵交相争辉的花草。后来引申为谷物的秀穗，再引申为一切植物的茂盛，最后抽象到更一般的层次上，指一切繁荣昌盛的事物和情形。光荣、荣誉之意即由此而来。又如中国传统伦理范畴之一，忠孝节义中的“孝”，《说文解字》解为“善事父母者”。可见“孝”早先是特指善于侍奉双亲的那一类人的，金文中作“”，上部是一长发驼背“老人”，下部是一“子”（小孩），他用头扶持老人行走，可谓“孝子贤孙”了。从这具体可见的行为抽象到特指的一类人，再从特指的人抽象到一般的道德观念，“孝”字的意义进化同“初”字和“荣”字一样，不是从符号载体的角度向我们暗示出了思维从形象到抽象的演化规律吗？从神话思维到理论思维的演进也就是人类开始超越有象思维而达到无象思维的过程，“象”被逐渐蒸发抽象以至于隐退的过程，其基本程序如以上所示是从个别到特殊再到一般，从具体现象到同类现象再到普遍观念，其间每一层递进无不直接或间接地依循着神话思维的核心逻辑——类比原则所开辟的道路：从做衣之初类推到一切事物的初始状态，从草木开花类比到一切事物的繁盛和人的荣耀，从侍奉老人的孩子类推到一切敬顺父母和祖先的行为规范。与原型的类比不同的是，原型作为神话思维的符号是具体的象与具体的象之间的类比，而这里产生抽象观念的类比则是对具体的象的扬弃，或者不如说是一种概括化的类推。概括的结果不是以此象来象征彼象，而是以某种超越了象的观念替代了象本身。虽然在表意文字体系中作为出发点的象还会以多少变化了的形式保留下来，但它所表示的意义已不限于原始的象本身了，它获得了大得多的外延，也就是达到了普遍性。

思维的这种抽象上升的运动没有比在中国的《易经》和《老子》哲学中表现得更明晰的了。

《易经》所由命名的概念“易”与老子《道德经》所由命名的概念“道”是两个互相对应的实例，它们分别显示了思维的抽象过程是如何借助于处在规则性运动或变化之中的具体事物而完成的。杜而未先生已经注意到《易经》与《老子》之间具有思想上的密切关联。他指出的例证有：

易有兑卦，老子：“塞其兑，闭其门，终身不勤；开其兑，济其事，终身不救。”（五二章）易有丰卦，老子：“修之于邦，其德乃丰。”（五四章）易有损益之卦，老子：“为学日益，为道日损。”（四七章）“故物或损之而益，或益之而损。”（四二章）易有观卦，老子：“以身观身，以家观家，以邦观邦。”（五四章）易有家人卦，老子：“修之于家，其德乃余。”（五四章）易有涣卦，老子：“涣若冰之释。”（一五章）易有豫卦，老子：“豫若冬涉川。”（一五章）易有大壮卦，老子：“物壮则老。”（三〇章）易有明夷卦，老子：“视之不见曰夷。”（一四章）易有复卦，老子：“静曰复命。”（一〇章）易有无妄卦，老子：“不知常妄作凶。”（一六章）易有离卦，老子：“载营魄抱一，能无离乎！”（一〇章）“常德不离，复归于婴儿。”（二八章）易有师卦，老子：“师之所处，荆棘生焉。”（二九章）“故善人者，不善人之师。”（二七章）易有大、小畜卦，老子：“道生之，德畜之。”（五一章）“生之畜之。”（一〇章）易有随卦，老子：“故物或行或随。”（二九章）易有泰卦，老子：“是以圣人去甚、去奢、去泰。”（二九章）[1]

[1] 杜而未：《老子的月神宗教》，学生书局，1984 年，台北，第 132—133 页。

所有这些用语方面的对应似乎表明，《老子》与《易经》的哲学抽象具有殊途同归的性质。杜而未先生认为二者都是以月神为原型的，或者说是对月亮神话的抽象和引申，这种看法显然犯了见木不见林的错误。

其实，“道”与“易”的对应，正像“道、太一、太极”之间的对应，前人是早就指认出来的。例如汉代的纬书《易纬乾凿度》说：

夫有形者生于无形，则乾坤安从生？故曰：有太易，有太初，有太始，有太素……气，形质具而未相离，故曰“浑沦”（案即“混沌”）。……视之不见，听之不闻，循之不得，故曰“易”也。

后几句即出于《老子》“状”道之语，所谓“大象无形”，“大音希声”者也。是“易”相当于“道”。汉桓谭《新论》说：“言圣贤制法作事，皆引天道以为本统，而因附续万类，王政、人事、法度，故宓羲氏谓之‘易’，老子谓之道。”（《后汉书·张衡传》注引）《太平御览》卷一引阮籍的《通老论》说，“道法自然而为化”，化者“易”也，所以《易》谓之“太极”，《老子》谓之“道”。

我们以为，哲学中最高范畴是对宇宙间众多的周期性运动和变化的现象的抽象，“道”与“易”的概念都是此种抽象的结果。在各种周期运动的自然现象之中，月亮的夕出朝落及盈亏圆缺自然是十分显见的一种，但是比月亮更具代表性的却是太阳的运动。《英雄与太阳——中国上古史诗的原型重构》一书，曾把“太阳英雄”的神话模式确认为定居农耕文化的原型范式，因为“太阳的光和热不仅是农作物生长的保证条件，太阳的规则运行本身亦为定居的农夫们提供了最基本的行为模式（所谓‘日出而作，日入而息’），提供了最基础的空间和时间观念，成为人类认识宇宙秩序，给自然万物编码分类的坐标符号。”[1]保尔·拉定在《作为哲学家的原始人》一书中也指出，太阳的规则运动对于原始哲学的发生起到了至关重要的作用，因而在许多原始民族的信仰中太阳都充当了至高之神的角色（参见图 7）[2]。由于人类是借助于太阳的升落而确定东西方位和昼夜之别的，所以它实际上是空间意识和时间意识得以建立的最主要的天然尺度。在神话思维的投射作用下，“产生出如下神话命题：太阳是时、空的创造者和管理者。这种神话命题的直接表现便是奉太阳神为诸神之主”[3]。

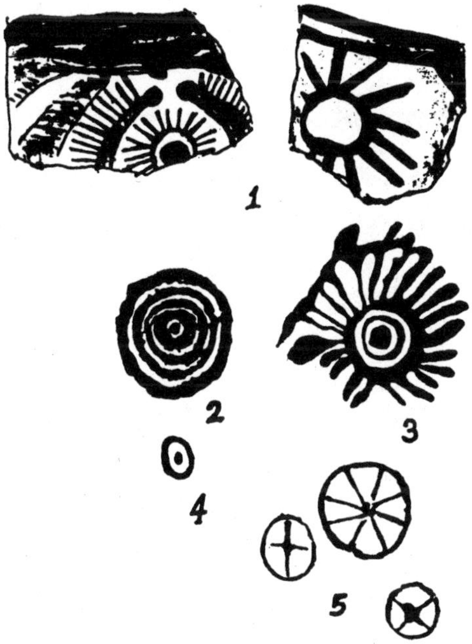

图 7 太阳的形象

1. 河南郑州大河庄仰韶文化彩陶花纹。2. 内蒙古乌海桌子山岩画（采自盖山林）。3. 阴山岩画（715）。4. 乌兰察布岩画（586）。5. 吉尔吉斯萨马里塔什岩画（采自《中亚考古》）。太阳是初民最普遍关心与崇拜的天体。它“独立而不改，周行而不殆”。但原始性艺术里表现太阳的形式与手法繁复多样，或与类似物象混淆，鉴定要非常小心。吉尔吉斯的“太阳”就跟“车轮”的形象相叠合。

[1] 叶舒宪：《英雄与太阳—中国上古史诗的原型重构》，上海社会科学院出版社，1991 年，第 57 页。

[2]〔美〕保尔·拉定（Paul Radin）：《作为哲学家的原始人》，美国多佛出版公司，1957 年，第 348 页。

[3] 叶舒宪：《英雄与太阳—中国上古史诗的原型重构》，上海社会科学院出版社，1991 年，第 60 页。

这里强调太阳对于建构神话宇宙观的作用，并不是完全否认月亮以及星辰等其他自然变易现象的作用。只是相对地突出主次轻重而已，并不想重蹈19世纪开始的太阳神话学派与月亮神话学派相争不下的覆辙。从“易”与“道”两个概念的抽象过程看，日与月无疑是两个最直接的原型对象。

“易”字本义，据《说文解字》是蜥蜴。蜥蜴在古人心目中与蛇一样是典型的能变化形态的爬行动物；在这里还可能专指“变色龙”，据信它“能十二时变色”，所以又叫做“十二时虫”，由此抽象出“变易”的观念[1]。唐代学者孔颖达在《周易正义·序》中写道：

夫“易”者，变化之总名，改换之殊称。自天地开辟，阴阳运行，寒暑迭来，日月更出，孚萌庶类，亭毒群品，新新不停，生生相续，莫非资变化之力、换代之功。然变化运行，在阴阳二气，故圣人初画八卦，设刚柔两画，象二气也；布以三位，象三才也。谓之为《易》，取变化之意。

这位唐代训诂家尚能从抽象的“易”概念之中看到它同各种自然变易现象之间的原始联系，的确是很有眼力的。他还把太阳和月亮也包括在这些现象之中，说明“易”与之有关。其实《说文》所引的另一种说法便认定“易”字是由日与月二字合成的：“祕书说：日月为易，象阴阳也。”对照“一阴一阳之谓道”的流行命题，“易”与“道”这两个不同的概念便都在太阳和月亮的运行之中找到了具体原型。

台湾学者黄振华在《论日出为易》一文中对传统的蜥蜴说提出反驳，认为易字在甲骨文中作“”形，是日出的象形。字形上半表示太阳初升地平线上，下半三斜线表示太阳发出的光彩。由于日出代表光明取代黑暗，象征着阴阳

[1] 参见萧兵：《楚辞文化》，中国社会科学出版社，1990年，第396—400页。

变化的规则，由此抽绎出“变易”的意思[1]。这至少可以说是可以自圆的观点。而且，它跟“蜥蜴说”在一定程度上可以并行不悖，或者可以互相参证。变色龙（石龙子）主要在太阳光下“身色无恒，日十二变”（杨慎说），所以又名“十二辰虫”（《酉阳杂俎》）；晋张华《博物志》更说它“在阴地色多缃绿，出日光中变易，或青或绿，或丹或黄或赤”。可见它本身也可以反映太阳的升降、运行和强弱的变化，也可以说是在太阳的周行不殆、循环出没之中实现它“变易”的本性。而“日出为易”这种观点还可以同现代神话学对创世神话原型发生的研究结果相参照：日出现象所表现的光明取代黑暗的空间展开过程构成了创世神话的深层模式。关于创造主首先给世界带来光明的叙述情节，关于光明之神战胜混沌妖怪的叙述情节，都是由此种深层模式转换出来的。

巴比伦创世史诗《艾努玛·艾里什》便是一个例子。该史诗讲创世主神马杜克战胜了混沌海怪提阿马特，用其尸体为材料创造宇宙万有和人类。卡西尔曾对这个神话做出过理性解说：“在巴比伦创世说中，世界起源于一场战斗，一方为朝日与春日之神马杜克，另一方为妖怪提阿马特所代表的混沌与黑暗。战斗的结果，光明对黑暗的胜利成为世界和世界秩序的起源。”[2]波斯拜火教（祆教）神话里光明神阿胡拉－玛兹达对黑暗神阿利曼的斗争也是这种意义的发展与引申（参见图8）。

如果说“易”概念的抽象源于以日月为主的自然变化的规则现象，那么，“道”概念的抽象可以说是对创世神话的中心主题的抽象，由此可以划出作为宇宙创生之本源的道——老子又称之为“混沌”或“无”的状态，和作为宇宙运动变化规则的道——老子又称之为“天道”或“有”的状态。二者合

[1] 黄振华：《论日出为易》，见《哲学年刊》第五辑，台湾商务印书馆，1968年；又见《哲学史论文集》，1963年，台北，第3集，第102页。

[2] ［德］卡西尔：《象征形式哲学》，英译本，第二卷，耶鲁大学出版社，1955年，第96页。

图 8 光明神与黑暗神（公元前 7 世纪伊兰银器残片）
它表现光明之善神阿胡拉 - 玛兹达跟黑暗的恶神阿利曼的对立。前者是所谓“太阳光之神”，太阳曾被说成他的眼睛。而阿利曼则代表着黑暗“混沌”。

成为哲学中的最高范畴，共同奠定了中国哲学本体论的概念基础。如金岳霖在《论道》一书所说：

每一文化区有它的中坚思想，每一中坚思想有它的最崇高的概念，最基本的原动力。……中国思想中最崇高的概念似乎是道。所谓行道、修道、得道，都是以道为最终的目标。思想与情感两方面的最基本的原动力似乎也是道。[1]

从神话中的英雄以和太阳相认同为最终目标，到哲学家们以“道”为最终目标，我们又一次看到哲学对神话的抽象化改造的迹象。在《易经》关于“道”的某些描述中，还可看到像太阳月亮那样发光的特点，如所谓“其道光明”（乾卦·艮）、“其道大光”（益）、“道未光也”（晋）等等。不过，《易经》之中已经看不到创世神话的连贯形式了，倒是《老子》一书多次显示出这种创世神话的主题和母题。也许正因为如此，与“易”概念殊途同归的“道”概念才独领风骚，经由老子的大力阐扬而升格为中国思想的最高范畴。而“易”

[1] 金岳霖：《论道》，商务印书馆，1987 年，第 16 页。

却仅仅作为书名留传后世，远远不如“道”那样显赫和重要了。前举《后汉书·张衡传》注引《新论》把这两个概念看成是异名同实的：

故宓羲氏谓之“易”，老子谓之“道”。

二、最高范畴的跨文化比较

美国学者刘达在《道与中国文化》一书开篇写道：西方学者面对中国哲学时感到最难把握的一个概念便是“道”。“译者们对‘道’解说不一：‘方法’‘道路’‘本性’‘精神’‘道理’‘真理’‘理念’；‘规律’‘神’乃至‘无差别的审美整体’。总的说来，这些所谓的同义词蕴含着对‘道’的初步认识，然而却未能充分揭示‘道’的本质内涵。”[1] 看来要想真正把握这个“道”，只有从概念的发生上去寻找所以然的因素吧。

对于“道”这个哲学范畴的产生，向来有两种不同的看法。一种看法以为“道”作为抽象的形而上的概念出现在哲学史上，是老子的一大发明。冯友兰先生过去曾说：古时所谓道，均谓人道，至《老子》乃予道以形而上学的意义。以为天地万物之生，必有其所以生之总原理，此总原理名之曰道。[2] 陈鼓应先生也认为，老子哲学的基础概念“道”的问题，事实上只是一个虚拟的问题：“‘道’所具有的种种特性和作用，都是老子所预设的。”[3] 按照这种观点，道是哲学家虚构出来的东西，它没有形而下的原型。另一种看法则认为，应当从历史发展的眼光出发去考察形而上的哲学理念，不应把道家思想视为由哲学家所发明的、没有发生渊源的东西。闻一多先生便是这种

[1]〔美〕刘达：《道与中国文化》（*Tao and Chinese Culture*），刘泰山、成项译，广西人民出版社，1990 年，第 1 页。

[2] 冯友兰：《中国哲学史》，中华书局，1961 年，第 218 页。

[3] 陈鼓应：《老子哲学系统的形成》，见《老子注译及评介》，中华书局，1984 年，第 1 页。

观点的代表，他在《道教的精神》一文中说：一个东西由一个较高的阶段退化到较低的，固然是常见的现象，但那较高的阶段是否也得有个来历呢？较高的阶段没有达到以前，似乎不能没有一个较低的阶段。我常疑心这哲学或玄学的道家思想必有一个前身，而这个前身很可能是某种富有神秘思想的原始宗教，或更具体点讲，一种巫教[1]。从这种发生学的思路出发，闻一多将道家的思想由来追溯到灵魂不死的宗教观念，并以为道的前身便是“灵魂”[2]。

我们认为，在上述两种看法中，闻一多先生的见解更值得重视。哲学不是凭空产生的，形而上的哲学概念“道”，当有其形而下的神话原型。“道”作为宇宙万物的“总原理”，其实是从某一两种事物的运动的个别原理推衍开来的结果。这种推衍或演绎早在神话思维时代便已发端，到了哲学思维时代乃宣告完成。花果一旦结成，其原初的种子形态也就被人遗忘了。然而正如黑格尔所告诫人们的，孤立的结果无异于事物的僵尸，应当在一粒种子中看到未来的花果，从成熟的花果中看到当初的种子、萌芽、生长的全过程。闻一多提倡的从事物低级阶段出发考察高级阶段的方式，正是我们以发展观点研究道概念由来的一条有益途径。不过，他把道的前身认定为“灵魂”，未免有些简单化了。其依据只是《庄子》中的道，没有考虑《老子》中对道的特征的多重说明是难以适用于灵魂的。

从跨文化的视野上看，与中国思想中的“道”相对应的最高范畴在各大文明民族中均有所表现，但因其发展方向和抽象化程度不同而表现为不同的形式。在古希腊文明中，最高范畴已经被抽象为理性化、概念化的“逻各斯”（Logos）；在希伯来和印度的宗教文化中，最高范畴或处在前概念的一神信仰阶段，被构想为半人格化的宇宙最高主宰神耶和华，或处在自前概念的宗教神话向概念化的宗教哲学过渡的阶段，表现为人格化的创造主神大梵天

[1]《闻一多全集》，三联书店，1982 年，第一卷，第 143 页。
[2]《闻一多全集》，三联书店，1982 年，第一卷，第 146 页。

和非人格化的宗教观念——梵（Brahman）。

从这一简单的比较中，我们已可划分出最高范畴形成过程中的几个不同阶段：神话阶段（人格神）；一神信仰阶段和泛神信仰阶段（半人格神或非人格宗教观念）；哲学阶段（概念范畴）。按照这种发生过程来研究“道”等最高范畴，可以对哲学基本问题的由来做出新的理解，从一个角度透视人类理性思维从神话思维中脱胎而出的情形。

在古希腊，逻各斯（Logos）一词出现在赫拉克利特的著作中时已经是含混而多义的了，这种情形很像“道”出现在《老子》一书中。正因为其含混多义性，所以成了某种介于可知与不可知之间的东西：

这个“逻各斯”，虽然永恒地存在着，但是人们在听见人说到它以前，以及在初次听见人说到它以后，都不能了解它。虽然万物都根据这个“逻各斯”而产生，但是我在分别每一事物的本性并表明其实质时所说出的那些话语和事实，人们在加以体会时却显得毫无经验[1]。

……命运的本质就是那贯穿宇宙实体的“逻各斯”。“逻各斯”是一种以太的物体，是创生世界的种子，也是确定了的周期的尺度[2]。

对于早期哲学范畴的这种歧义性，苏联学者索科洛夫有如下解释：随着形象抽象化为概念，哲学逐渐同神话相分离，这个过程不是几年几十年的短时期活动，它实际上包括自公元前 7 世纪末开始，延续到公元前 5 世纪中叶的希腊哲学发展的整个早期阶段。神话的形象概念或者说前概念就是多含义的、暧昧的和不确定的。哲学虽努力把这些形象转化成概念，但还是长期无法消除这种

[1]《古希腊罗马哲学》，商务印书馆，1961 年，第 18 页。
[2]《古希腊罗马哲学》，商务印书馆，1961 年，第 17 页。

暧昧的多义性[1]。这种解释无疑也在很大程度上适用于中国哲学中的神秘范畴“道”。当代权威的希腊哲学史家格思里曾将逻各斯一词在古希腊著作中的歧义归结为十一种，分别加以考证，认为它原初指普遍原则和规律，后来又产生了主观方面的意义，指叙述、思维和理性。据格思里（W.K.C.Guthrie）多卷本《希腊哲学史》的考据，这个词在希腊著作里竟有十一种用法：

（1）叙述（story or narrative）；（2）名誉（fame）；（3）意见，思想（与感觉对立）；（4）原因，理由，推论；（5）事实真相；（6）尺度（measure）；（7）比例（correspondence，relation，proportion）；（8）一般原则或规则；（9）理性的力量（the faculty of reason）；（10）定义，公式；（11）英语无对应的意义。[2]

但他认为第1义较为古老，早期常指 deceptive talk（诡言），用作“普遍原则”或“规律”是公元前4世纪的事，而用作“理性能力”，则公元5世纪都较难发现[3]。

至于较早使用 Logos 一词的赫拉克利特，他的著作一开头就有歧义，但 Logos 大致上还是指“道理”。叶秀山先生认为系指“万物（包括始基火、灵魂在内）变化的普遍尺度，这个意思已经很接近‘规律’了”[4]。

从这里，似乎还可以推演出哲学最高范畴的“道”的几种基本意义的发生顺序：

[1] 参看〔苏〕敦尼克等编：《古代辩证法史》，中译本，人民出版社，1986年，第19—20页。

[2]W.K.C.Guthrie，*A History of Greek Philosophy*，（《希腊哲学史》），Cambridge，1962，Vol. Ⅰ，PP.424—426. 参见叶秀山：《前苏格拉底哲学研究》，三联书店，1982年，第105页。

[3]W.K.C.Guthrie，*A History of Greek Philosophy*，（《希腊哲学史》），Cambridge，1962，Vol. Ⅰ，PP.424—426. 参见叶秀山：《前苏格拉底哲学研究》，三联书店，1982年，第105页。

[4] 叶秀山：《前苏格拉底哲学研究》，三联书店，1982年，第105页。

图 9 老虎推动太阳图（彝族民间文物，下方为复原图，布点表示红色；采自刘尧汉）
初民关心太阳的运行及其轨迹——这就是“道”的原始依据之一。彝族人民曾想象太阳（或说“地球”或说“天球”）是由他们的神兽老虎来推动的。

（0）道路→（1） 自然运行法则→（2）言说→（3）思想体系或方法

正是从“道”的前两种意义出发，有了老子的著名命题：“道可道，非常道。”

同逻各斯一样，作为宇宙法则、规律的“道”来源于作为宇宙本源的“道”。宇宙本源或原因、第一因，是一个在抽象程度上低于法则、规律的概念，这是早期希腊哲学家共同关注的，在希腊文中叫做“始基”。当赫拉克利特在“创生世界的种子”这一意义上使用逻各斯概念的时候，他指的也就是始基。如法国学者罗斑所指出，赫拉克利特的逻各斯就是作为万物始基的火，那种最无形体、最能动、最易变形、最活跃的东西[1]。

[1]〔法〕罗斑：《希腊思想和科学精神的起源》，陈修斋译，商务印书馆，1965 年，第 100 页。

追寻宇宙本源或第一因，不仅是早期哲学的共同特征，也是神话，尤其是创世神话的根本特征。不言而喻，早期哲学所探讨的问题实际上是神话时代早已提出的老问题。即使在问题的答案方面，也可以找到从神话原型到哲学概念的演化轨迹。在赫西俄德的《神谱》中，宇宙万物的本源是半人格化的混沌（chaos），这个混沌的原型还可上溯到巴比伦创世诗中人格化的混沌海怪提阿马特。到了比赫西俄德晚一个多世纪的西方第一位哲人泰利士，非人格化的水已经从混沌中抽象出来成为万物的始基[1]。按照亚里士多德的另一种说法，作为始基的水在泰利士以前的古人那里也曾以人格神的形式出现：

然而有些人认为，那些活在离现在很久很久以前，最初对神圣的事物从事思考的古人，对本体也是持这样的看法，因为他们把“奥克安诺”（海洋之神）和“德蒂丝”（海洋女神）当作创造万物的祖先，而神灵们对着起誓的见证也是水，就是那个为诗人们所歌颂的斯底克斯（黄泉）。最受尊崇的东西乃是最古老的东西，而人们对着起誓的东西就是最受尊崇的东西。这种对于本体的看法，究竟是不是原始的和古老的看法，也许是不确定的，不过据说泰利士对最初的原因是像上面所说的那样主张的[2]。

根据这个传说提供的线索，逻各斯概念的宇宙本源意义的发生，大致可以描述如下：

海洋神（人格化）→混沌（半人格化）→水（非人格化）→火＝逻各斯（抽象概念）

[1]《古希腊罗马哲学》，商务印书馆，1961 年，第 4 页。

[2]〔古希腊〕亚里士多德：《形而上学》，转引自《古希腊罗马哲学》，商务印书馆，1961 年，第 4—5 页。

宇宙本源或始基一旦从具体的物质形式进一步抽象为无形式的即形而上的存在，作为始基的逻各斯也就同时具有了宇宙运动法则、规律的意义。后人也称之为“太一”，和中国的老子关于道的名言遥相呼应。柏拉图说过一句名言：“太一是语言文字所不能名状的。”[1]

法国当代希腊学权威学者让·皮尔·维尔南特指出，逻各斯的概念从神话中脱颖而出，这正是理性思想走向成熟的重要标志，因而也是希腊哲学乃至整个西方哲学起源的标志。其时间在公元前 6 世纪，其地点在小亚细亚的希腊城邦[2]。若依照通常的看法，把老子所处时代看成与孔子同时或稍早的话[3]，那么，中国哲学的起源标志，则应放在公元前 5 世纪、6 世纪之交，比希腊哲学稍晚。冯友兰曾称孔子为中国的苏格拉底[4]；相应地，我们可将老子视为中国的泰勒士。

同古希腊思想并列，构成西方文化又一大源头的是希伯来思想。希伯来也给西方思想史提供了一个不可名状的最高范畴——上帝。

值得庆幸的是，现代神话学已经找出了希伯来人的耶和华上帝和希腊神话中混沌母题的共同来源——巴比伦创世史诗《艾努玛·艾里什》（*Enuma Elish*），这就为我们像考察逻各斯范畴的由来那样考察上帝的由来提供了有益的线索。在《圣经》中出现的上帝是独一无二的宇宙主宰，他先于时间和空间而存在，却又是一个没有具体形象的抽象存在。在巴比伦创世诗中，创造宇宙的是马杜克，但他只是群神中的一个首领，一位主神。从主神到独神，

[1]《古希腊罗马哲学》，商务印书馆，1961 年，第 463 页。

[2]〔法〕维尔南特（J.P.Vernant）：《希腊人的神话与思想》，英译本，罗特累齐与凯根·保尔出版公司，1983 年，第 343 页。

[3] 参看唐兰：《老聃的姓名和时代考》，见罗根泽：《古史辨》，上海古籍出版社，1988 年，第四册下编，第 332—351 页。

[4] 冯友兰：《中国哲学史》，中华书局，1961 年，第 77—78 页。

也就是从多神教到一神教的演进，同样基于思维的抽象化发展。如恩格斯所说，“随着宗教的向前发展，这些神愈来愈具有了超世界的形象，直到最后，由于智力发展中自然发生的抽象化过程——几乎可以说是蒸馏过程，在人们的头脑中，从或多或少有限的和互相限制的许多神中产生了一神教的唯一的神的观念。”[1]犹太教经典收入了许多自古流传的神话传说，所以依然保留着多神信仰的某些痕迹，也就是抽象上帝观念尚未完成以前的神话意识的痕迹。例如《创世记》第1章26节、第3章22节、第11章7节等处，耶和华都以“我们”的口气说话，这便透露出他只是群神中的一个主神，如同巴比伦的马杜克。《出埃及记》和《民数记》中还提到诸神的儿子巨人们，这显然不可能是观念性的上帝的后代。根据苏联学者的研究，《圣经》中的独神背后潜存着古希伯来人各部落的氏族祖先神，他们有着不同的称号和各自的形象。其中还有的以兽形或半人半兽形为特征，它们住在石头、树木、山洞里。神名发展的轨迹是：

“艾尔”最初用来表示一般的死人。后来特别用来表示先祖精灵，……再后来，处于个别部族之上的神的信仰发展起来时，这个主要的神被叫做“艾洛吉姆”（艾尔的复数，耶和华之别称），或者“巴－阿尔”“别－耶尔”。[2]

较原始的、有形象的、可以名状的群神之所以被抽象为发达的、无形象的、不可名状的上帝，这一方面是亡国之后希伯来民族恢复统一的政治需要在宗教观念上的反响[3]，另一方面也是早期犹太教先知和祭司们长期努力的结果。“阿摩斯第一个揭示了上帝是犹太人和某些周围民族的上帝；何西阿进一步

[1]《马克思恩格斯选集》，人民出版社，1972年，第4卷，第219页。
[2]〔苏〕伊·斯克沃尔佐夫－斯切潘诺夫：《上帝的起源》，高观庐译，三联书店，1961年，第77页。
[3]参见李杜：《中西哲学思想中的天道与上帝》，联经出版公司，1978年，台北，第220页。

提出上帝统治着整个大亚述帝国；以赛亚又进一步宣称所有的民族都从属于上帝的威权支配。这种对唯一神的信仰便是一神教。从阿摩斯开始，先知们渐渐地把希伯来人引向了一神信仰的真谛。”[1]

当代圣经学的研究表明，《旧约》中前五卷书（即所谓“摩西五经”）的编写至少同时挪用了四种不同的原材料。四种材料中最古朴的一种叫做“J材料”，其中上帝被称为耶和华（Jehovah）；与之相近的另一种叫做“E材料”，其中上帝被称为“艾洛吉姆”（Elohim）；另外两种分别叫“P材料”和“D材料”，是远为晚出的祭司文献。从最原始的J材料中可以看到，上帝尚以人的形象出现在人间生活中，他同希伯来居民们谈话就像一个人同他的朋友谈话一样：

《创世记》第18章是这种神人亲密交往的明显例证：耶和华和两个同伴来到了亚伯拉罕的帐篷，吃了这位殷勤好客的族长准备的饭食，预言说撒来在这一年结束之前将孕育一个儿子……更为确凿的例证是那位同雅各摔跤的“人”（耶和华），他发现自己本不是这位强壮的族长的对手，故意犯规，扭脱了雅各的腿关节，最后为了能脱身，现出了神形，承认雅各是胜者，并给他命名“以色列”，意为与神角力而获胜的人。（《创世记》第32章24节以下）第三个例证是，摩西按照上帝旨意前往埃及去拯救他的人民，耶和华在摩西夜间休息时和他相遇，并试图杀死他，只是由于西坡拉用她儿子的带血的阳皮丢在摩西脚前，才使耶和华住手。（《出埃及记》第4章24节以下）[2]

在这些描述中，上帝简直同希腊神话中的拟人神一样，吃人饭，说人话，

[1]〔美〕霍尔罗伊德（G.H.Holroyd）：《戏剧性的〈旧约〉》，第2卷，圣马丁出版社，1963年，纽约，第2卷，第117页。

[2]〔英〕摩尔（G.F.Moore）：《旧约的文学》，1928年，伦敦，第37—38页。

与人争斗或和解。这充分说明了早期希伯来神话中的上帝还是具体可感的，从 E 材料以下，上帝才不再以人的形象出现了，最后成了一个没有形象却能从虚空中发出声音的全知全能的抽象存在。最高范畴从具体可感的原型发展为无形象的神秘概念，因而成为某种具有超越性的存在，非一般人类的感官和理性所能体察和把握。就此而言，中国道家哲人对“道”的超越性的强调，和西方基督教神学家对“上帝”的超越性的强调，二者确有异曲同工之妙。

宋稚青先生翻译的《庄子》西班牙文译本导论中有一段话对比了对“道”与“神性”的认知途径：Plotinus 说，“认识理性世界，不能应用感觉。同理，为认识超理性的境界，便不能应用理性”，“为认识灵魂的神性部分，人应当摆脱肉躯的感觉和一切的愿望”。道家的修养也是为了达到这种目的——脱离感觉性和意志的活动，以达到绝对的虚心。有了这种虚心，有了这种意识的浑沌，得获得道了。道家常以止水来比喻这种寂静的虚心。只有圣人和真人，才能达到这种纯洁的境界。[1]

在古印度思想中，与耶和华上帝相类似的神是梵天，又称大梵天。梵天为印度教神话中的创造主，但他在多神教信仰中的地位却远不如耶和华那样显赫。从名称上看，梵天（Brahma）与印度哲学中的最高范畴“梵”（Brahman）显然具有渊源关系。关于“梵”的一般解释是：

【梵】梵文 Brahman 的音译讹略。意为“清净”“寂静”“离欲”等。婆罗门教、印度教名词。认为它是修行解脱的最后境界，是不生不灭的、常住的、无差别相的、无所不在的最高实体，也是宇宙的最高主宰。[2]

这里所说的“梵”至少在两个基本方面与中国的最高范畴道相通：一是

[1] 宋稚青译：《老庄思想与西方哲学》，三民书局，1978 年，台北，第 26 页。
[2] 任继愈主编：《宗教词典》，上海辞书出版社，1982 年，第 921 页。

其无所不在的超越性。如庄子所说，道也是无处不在处处在的，连石头瓦片或屎尿中都有“道”。二是作为精神解脱后的最高境界，同老庄所津津乐道的“得道”境界十分相似。那么，这个非人格化的“梵”同人格化的梵天神之间究竟哪个在先，哪个在后呢？任继愈先生主编的《宗教词典》认为梵天神是从梵的概念中衍化出来的。[1] 这观点值得商榷。已知梵的概念首见于《梵书》，而《梵书》是解说《吠陀》神话诗集的文献，在《梨俱吠陀》（*Rig-Veda*）第十卷中收有六首创世歌，其中已见大梵天神之原型。这六首创世歌有的具体，有的较抽象，其间已可看出发展迹象。较原始的创造主是金胎，“明为太阳生生力之具体化”[2] 和人格化。较发达的创造主则为具有四面四臂的“唯

图 10 大梵天四面像

四张脸孔的大梵天跟“四面”的黄帝同样是太阳神。“大梵〔天〕者，太阳也”。“梵天”（Brahman）与“梵”（Brahma）的关系也有些像“帝神”（例如太一）与“道”的关系。最初的“道”包括着太阳运行的“赤道”和月亮运行的“白道”。

[1] 任继愈主编：《宗教词典》，上海辞书出版社，1982 年，第 922 页。

[2]〔日〕高楠顺次郎等：《印度哲学宗教史》，高观庐译，商务印书馆，1935 年，第 156 页。

一之神”（参见图 10），用手与翼煽锻天地[1]。经过初步抽象，创造主又变成祈祷主，从无中生有，并创生出一切思想。到了《梵书》时代，《吠陀》中的创造主神进一步观念化，其变迁可分为三个阶段：

第一阶段，从《吠陀》之创造主神发展为最高范畴，是为《梵书》初期的思想。

第二阶段，从《吠陀》中的祈祷主中衍生出梵的概念，是《梵书》成熟期的思想。

第三阶段，从《吠陀》中的原人而发展出作为梵之异名的我的概念，逐渐萌发出梵我合一的思想，这乃是《梵书》终期的思想。

以上三个阶段，“在原理性质上又可称为神话期（生主），神学期（梵），哲学期（我）。盖生主虽为抽象神，尚甚带神话色彩，梵则祈祷之抽象化，明属于神学的产物；我则纯由思索而来之原理也”[2]。正如西方哲学史的起点经历了从神话到逻各斯的过程，印度哲学史的开端建立在“梵”对创造主神的扬弃之上。

三、道的特性与神话

在道家话语中，“道”的范畴与在儒家话语中有着不同的用法，这主要是由于两家思想与神话的不同关系所致。一般而言，儒家圣人排斥神话，只强调现实的人世生活，对于自然运行的规律并没有多少兴趣。如李约瑟博士所说：“儒家认为宇宙（天），以道德为经纬。他们所谓‘道’，主要的意思是指人世社会里理想的境界。这个意思在他们对于精神世界及对于知识的态度昭示明显。他们固然没有将个人与社会的人分开，也未曾将社会的人从

[1]〔日〕高楠顺次郎等：《印度哲学宗教史》，高观庐译，商务印书馆，1935 年，第 158 页。
[2]〔日〕高楠顺次郎等：《印度哲学宗教史》，高观庐译，商务印书馆，1935 年，第 195—196 页。

整个的自然界分开，可是他们素来的主张是研究人类的唯一正当对象是人的本身。”[1]与此相对，道家则更突出宇宙自然本身对于人类的典范和启示意义，信仰“道法自然”的根本信条。因而，只是在道家话语中，才更充分地保留了“道”范畴与其神话原型密切相关的诸特性。这正是本节所要展开讨论的。

“道”同逻各斯相仿佛，也有两种不尽相同的用法：作为本源、始基的“道”和作为宇宙法则、规律的“道”。

作为宇宙本源的“道”在抽象化程度上低于作为宇宙法则、规律的道，后者的意义显然是从前者引申、转化而来的。在《老子》一书中，第一次借用表示道路的“道”作为本体论概念，使之具有了形而上的意义[2]。老子的整个思想体系是以混沌创世神话为基础的理论抽象，所以在他的著作中，作为宇宙本源的“道”也可以混同于混沌，是一种阴性的本体，又可同玄牝相互认同。而作为宇宙变化法则、规律的“道”，则是阴与阳的辩证统一，可以和水类比认同。按照一定的发生程序考察“道”的神话起源是本章的中心课题，这里我们先研究作为法则、规律的“道”是怎样从神话思维中的具体物象中概括出来的。至于作为本源的道，将在下一章再展开探讨。

作为宇宙运动、变化的普遍法则，“道”有一个突出特征，用老子的说法叫“周行而不殆”。周者，圆周、环绕也；周行，指的是循环往复的运行。道的这一特征同本书引用的弗莱关于神话原型模式循环运动的特点合若符契，因此可以说，“道”的原型可以追溯到神话意识中规则变化或周期性变化的物象。在大千世界中对人类影响最大的周期性变化物象无疑是太阳，所以笔者把太阳视为原生形态的“道”。

从这一视点来分析各种关于“道”的描述，许多疑点和难解之谜均可迎刃而解。

---

[1]〔英〕李约瑟：《中国古代科学思想史》，陈立夫等译，江西人民出版社，1990年，第10页。

[2] 参看冯友兰：《中国哲学史》，中华书局，1961年，第218页。

（一）一阴一阳之谓道（《易·系辞上传》）。太阳朝出夕落，巡行于阳界与阴间，造成白昼与黑夜的交替，所以阴阳互相转化和互相依存的哲理首先来自于永恒运行不息的太阳之启示。把太阳运行的法则抽象为一个“道”字，那么这个道的基本结构不正是神话宇宙观的二元对立结构吗?

从字形看，“阳”是太阳的符号；“阴”，本来也与太阳运行相关，后来借用为月亮之符号，“太阴”即月（所以简体字写作“阴”）。因而，阴阳与道的等同关系也可以看成是日月与道的关系。换言之，是太阳和月亮的周期性交替运动启示先民们从纷纭变幻的大自然现象中寻找永恒的规律——“道”（这一点本书在分论“道”的原型意象和民俗神话学背景时还要具体分析）。

从阴与阳的消长变易之中，古人悟出了道的根本奥妙。用现代哲学术语来概括，便是对立面转化规律。最早对这一规律做了全面阐发的哲人也正是第一个赋予“道”本体论意义的老子。所谓“有无相生，难易相成，长短相形，高下相倾，音声相和，前后相随”（《老子》第二章），可以看做是老子从阴与阳这组元语言出发对各种对立转化现象所做的描述。张成秋先生说：《易经》以卦爻为凭借，说明自然与人事诸方面之基本原理。其归纳事实，至乎极点，乃曰：“一阴一阳之谓道。”认为宇宙人事之基本，不过阴阳两种要素，此与老子“万物负阴而抱阳，冲气以为和”之观念完全相同，盖皆承认宇宙万物不外阴阳两种相对要素而已。[1] 朱熹指出：“天下之物，未尝无对，有阴便有阳，有仁便有义，有善便有恶，有语便有默，有动便有静，然又却只是一个道理。”（《朱子语类》卷 95）“阴阳虽是两个字，然却是一气之消息，一进一退，一消一长，进处便是阳，退处便是阴，长处便是阳，消处便是阴。只是这一气之消长，做出古今天地间无限事来。

[1] 张成秋：《先秦道家思想研究》，台湾中华书局，1971 年，第 53 页。

所以阴阳做一个说亦得，做两个说亦得”。（《朱子语类》卷74）。可见对立面在转化中的统一，这一哲学原理早已蕴涵在“一阴一阳之谓道”这句简明的表述之中了，而这种认识的基础却是直接得自太阳运行法则的神话宇宙图式。

对立转化规律还有一层意思，即事物发展到某种极限程度时，便会改变方向或性质，转向其自身的反面了。“物极必反”的道理便是说的这一层意思。其实，这个道理仍是从经验中的太阳运行现象中推论出的。《吕氏春秋·似顺论》开篇写道：“一曰：事多似倒而顺，多似顺而倒。有知顺之为倒，倒之为顺者，则可与言化矣。至长反短，至短反长，天之道也。”高诱注：“化，道也。夏至极长，过至则短，故曰至长反短；冬至极短，过至则长，故曰至短反长也。天道有盈缩之数，故曰天之道也。”这里所说的有盈缩之数的天道也就是太阳的年周期变化规则。老子把它又概括为道的如下特征：

图 11 彝族《日月运行图》（见于彝经《宇宙人文论》，采自《彝族天文学史》）
初民最重视的天文现象是日月的运行轨道及其规律，“道”首先是日月运行之道。

（二）反者道之动，弱者道之用。（《老子》第四十章）太阳的运行法则是先上升后下降。在神话思维中，太阳白昼自东向西运行于天上，夜晚自西向东运行于地下阴间，合起来构成一个封闭的圆形轨道。所以说，“道”是独立而不改，周行而不殆的。老子为“道”起了几个别名：“强字之曰‘道’，强为之名曰“大”，大曰逝，逝曰远，远曰反。”（《老子》第二十五章）西天的落日看似远远地消逝而去了，其实却又从地底返回东方，这也许就是“逝曰远”“远曰反”的理由吧。太阳在循环运行中不断地重返自己的出发点，这正是所谓“道法自然”说的依据。

与“反”相呼应的是“复”，二者合起来便是道即宇宙变化的规律过程。“中国哲人所讲，变化的规律（即“常”），便是反复。认为一切都是依循反复的规律而变化。何谓反复？就是：事物在一方向上演变，达到极度，无可再进，则必一变而为其反面，如是不已。事物由无有而发生，既发生乃渐充盈，进展以至于极盛，乃衰萎堕退而终于消亡；而终则有始，又有新事物发生。凡事物由成长而剥落，谓之反；而剥落之极，终而又始，则谓之复。反即是否定。复亦即反之反，或否定之否定。一反一复，是事物变化之规律”[1]。要追问这个规律是如何得出的，只要回顾前面所论东南西北四方模式的原型意义就足够了：春天与发生，夏天与极盛，秋天与衰萎，冬天与消亡之间的象征联系，我们曾做过充分论述[2]。如果将自正午至日暮或自夏至秋看成是生命衰萎期，那也就相当于“反”；而自暮至夜或自秋而冬的转变期，则可视为“复”，因为生命的终结是与生命的开端首尾相接的。也许东北夷的太阳神兼冬神颛顼的“死即复苏”最能说明“复”的哲理。《易·象上传》云：“无往不复，天地际也。”《彖下传》又云：“日中则昃，月盈则食，天地盈虚，与时消息。”已明确点出“反复”规律的原型现象为日月。作为补充，还可借用克塞诺芬尼的话：“一个太阳熄灭了，另一个太阳又形成在东方。”[3]

---

[1] 张岱年：《中国哲学大纲》，中国社会科学出版社，1982 年，第 101 页。

[2]参见叶舒宪：《英雄与太阳——中国上古史诗的原型重构》，上海社会科学出版社，1991年，第5章；萧兵：《中国文化的精英——太阳英雄神话比较研究》，上海文艺出版社，1989年，第25页。

[3]《古希腊罗马哲学》，商务印书馆，1961 年，第 43 页。

从太阳和月亮的循环运行现象中概括出来的“反复”原理，之所以能提升到“道”的高度，就在于它具有普遍的适应性，可以推广到许多自然现象和社会现象。在老子看来，则适用于一切现象。

（三）天下有始，以为天下母。既得其母，以知其子；既知其子，复守其母，没身不殆。（《老子》第五十二章）

（四）万物并作，吾以观复。夫物芸芸，各复归其根。归根曰静，静曰复命。复命曰常，知常曰明。不知常，妄作凶。知常容，容乃公，公乃全，全乃天，天乃道，道乃久，没身不殆。（《老子》第十六章）老子在纷纭万变的世界中发现了一个不变的规律即“常”，其内容就是反复或曰复命，其来源就是神话原型的循环。神话无意识地表现这一循环主题，而哲学家才开始有意识地概括出“复命”的常理，并要求人们自觉地按照这一普遍规律行事，还告诫说若违背规律“妄作”的话，将不会有好的结果。庄子对老子概括出的“常”早已心领神会，别有一番表述。

少知曰：四方之内，六合之里，万物之所生恶起？

大公调曰：阴阳相照相盖相治，四时相代相生相杀，欲恶去就于是桥起，雌雄片合于是庸有。安危相易，祸福相生，缓急相摩，聚散以成。此名实之可纪，精微之可志也。随序之相理，桥运之相使，穷则反，终则始。此物之所有，言之所尽，知之所至，极物而已。睹道之人，不随其所废，不原其所起，此议之所止。[1]

不难看出，庄子所说的“道”与老子首倡的“道”尽管在义理的发挥上略有差异，但却是以同样的神话系统为根据的。庄子还标出“反衍”一词来

[1] 郭庆藩撰：《庄子集释》，中华书局“新编诸子集成”本，1961年，第914页。

概括事物对立转化的变化规律。成玄英认为，庄子的“反衍”也就是“反复”的同义词。

北海若曰：“以道观之，何贵何贱，是谓反衍；无拘而志，与道大蹇。何少何多，是谓谢施（施用代谢）；无一而行，与道参差。……万物一齐，孰短孰长？道无终始，物有死生，不恃而成，一虚一满，不位乎其形。年不可举，时不可止；消息盈虚，终则有始。是所以语大义之方，论万物之理也。”[1]

老庄将得自于自然运行之启示的宇宙论推衍开来，便有了其独特的人生哲学。由于“道”本身是“无为无不为”（《老子》第三十七章）的，人的处世态度也应效法之，以虚静无为为上。由于“道无终始”，所以遵循道之典范的庄子声称自己的生活态度是“上与造物者游，而下与外死生无终始者为友”[2]。效法“道”，故能获得“道”的超越性和永恒性，克服生与死的对立造成的生命悲剧感，达到一种超然物外的达观。

生也死之徒，死也生之始，孰知其纪！人之生，气之聚也；聚则为生，散则为死。若死生为徒，吾又何患！故万物一也，是其所美者为神奇，其所恶者为臭腐；臭腐复化为神奇，神奇复化为臭腐。故曰“通天下一气耳”。圣人故贵一[3]。

由此种“一”的观点看，在西天熄灭的那个太阳与在东方复出的太阳实际上只是同一个太阳，或者说同一个“道”的表现。

[1] 郭庆藩撰：《庄子集释》，中华书局“新编诸子集成”本，1961 年，第 584—585 页。
[2] 郭庆藩撰：《庄子集释》，中华书局“新编诸子集成”本，1961 年，第 1099 页。
[3] 郭庆藩撰：《庄子集释》，中华书局“新编诸子集成”本，1961 年，第 733 页。

（五）人法地，地法天，天法道，道法自然。（《老子》第二十五章）这段话中的疑点在于“自然”二字。张岱年先生说：“案前人多解自然为一名词，谓道取法于自然，此大误。自然二字，《老子》书中曾数用之，……皆系自己如尔之意，非一专名，此处当亦同，不得视为一名词。其意谓道更无所取法，道之法是其自己如此。”[1]更进一步说，道法自然，说的就是“独立而不改，周行而不殆”。由于“道”的运行不断地返回自身，终而复始，终点与起点相互交错，所以又被称做“圆道”或“圜道”。圆道的原型无疑还是太阳运行之道。用赫拉克利特的概括便是：

上升的路和下降的路是同一条路。[2]

太阳不越出它的限度；否则那些爱林尼神——正义之神的女使——就会把它找出来。[3]

从“道”是圆的这一认识出发，方可理解亚里士多德所说的“第一性”的问题：“最初都从其中产生，最后又都复归为它。”这种圆道是一个过程，在其发展中其实并无所谓起点和终点，这也就是克萨诺芬尼、巴门尼德和赫拉克利特等古代哲学家一致推崇的“圆圈”。用王夫之的话说，叫做“天无首”；“夫环也，而有所起有所止乎？”天之以冬终，以春始；以亥终，以子始；以朔、旦、冬至为首者，“人谓之然尔，运行循环，天不知自终始也”[4]。

把“道”体会为一个直观表象圆圈，道的抽象特征便易于得到具体说明。《吕氏春秋·圜道》的整体构思便是如此。在阐发天道“圆”的哲理时，首先诉诸于道的原型——太阳的运动，然后推广到月亮、星辰、生物、云、水

[1] 张岱年：《中国哲学大纲》，中国社会科学出版社，1982 年，第 18 页。

[2]《古希腊罗马哲学》，商务印书馆，1961 年，第 24 页。

[3]《古希腊罗马哲学》，商务印书馆，1961 年，第 28 页。

[4] 王夫之：《周易内传》，见《船山遗书》。

等自然现象的运动，再推衍到人体、国家的治理和社会的安危。（这跟《老子》的“永恒回归”母题虽然不同，却是从他的道论里推衍出来的）

日夜一周，圜道也。月躔二十八宿，轸与角属，圜道也。精（星）行四时，一上一下各与遇，圜道也。物动则萌，萌而生， 生而长，长而大，大而成，成乃衰，衰乃杀，杀乃藏，圜道也。……

黄帝曰：“帝无常处也，有处者乃无处也。”以言不刑蹇，圜道也。

人之窍九，一有所居则八虚，八虚甚久则身毙。故唯而听，唯止，听而视，听止。以言说一，一不欲留，留运为败，圜道也。

一也齐至贵，莫知其原，莫知其端，莫知其始，莫知其终，而万物以为宗。圣王法之，以令其性，以定其正，以出号令。令出于主口，官职受而行之，日夜不休，宣通下究，瀸于民心，遂于四方，还周复归，至于主所，圜道也。令圜，则可不可、善不善无所壅矣。无所壅者，主道通也。故令者，人主之所以为命也，贤不肖安危之所定也。[1]

至于把圆圈作为跨文化的原型来考察，威尔赖特有一段权威的议论：“在伟大的原型性象征中最富于哲学意义的也许就是圆圈及其最常见的意指性具象——轮子。从最初有记载的时代起，圆圈就被普遍认为是最完美的形象，这一方面是由于其简单的形式完整性，另一方面也由于赫拉克利特的金言所道出的原因：‘在圆圈中开端和结尾是同一的’。当圆圈具象化为轮子时，便又获得了两种附加的特性：轮子有辐条，它还会转动。轮子的辐条在形象上被认作是太阳光线的象征，而辐条和太阳光二者又都是发自一个中心的生命渊源、对宇宙间一切物体发生作用的创造力的象征。轮子在旋转中有这样

[1] 许维遹撰：《吕氏春秋集释》，中华书局“新编诸子集成”，2009 年，第 79—81 页。

一种特点，即当其轴心固定时，辐条和轮圈的运动是完全规则的。这一特点很容易成为一种人类真理的象征——找到一个人自己的灵魂的静止的核心就等于产生出他的经验与活动的更为稳定的秩序。"[1] 轮子象征的这两种附加特性使我们联想到老子的如下比喻：

（六）三十辐，共一毂，当其无，有车之用。（《老子》第十一章）道冲，而用之或不盈。渊兮，似万物之宗。湛兮，似或存。吾不知谁之子，象帝之先。（《老子》第四章）古人也经常用车轮来比喻宇宙的运行变化之道（参见图 12）。如《大戴礼记·保傅》："侧听则观四时之运。"注："谓视轮也，车为月。"又如《吕氏春秋·大乐》："阴阳变化，一上一下，合而成章，浑浑沌沌，离则复合，合则复离，是谓天常，天地车轮，终则复始，极则复反，莫不咸当。"智慧与心灵的活动，精神产品亦可以轮、圆为喻。如钱钟书先生所引例："《易》曰：'蓍之德，圆而神。'皇侃《论语义疏·叙》说《论语》名曰：'伦者，轮也。言此书义旨周备，圆转无穷，如车之轮也'；""普罗提诺言，心灵之运行，非直线而为圆形；柏洛克勒斯亦云然。黑格尔以哲学比圆，即《淮南子·精神训》所谓：'终始若环，莫得其轮，此精神之所

图 12 辐与毂（河南辉县出土战国大车复原模型）
"三十辐，共一毂，当其无，有车之用。"《老子》用以说明宇宙运行的道理。

[1]〔美〕威尔赖特：《隐喻和现实》，中译文见叶舒宪：《神话—原型批评》，陕西师范大学出版社，1987 年，第 229 页。

以能假于道也。’”[1]在商代甲骨文中已有“车”字的多种写法，均以象形表示圆形的车轮，可见轮子是伴随着文明一起出现的人工制品。公元前4000至前3000年的西亚文明的崛起，也是以文字、车轮、数学、历法的共同出现为标志的[2]。车轮这种圆形的人工制品在它问世的那个时代起，就被神话思维类比认同于圆形的自然物——太阳。而当抽象思维从神话思维中脱胎而出的时代，这两种圆形物体便同时成了“道”的概念的象征原型，其象征蕴含并未随着神话时代的一去不返而消失，反倒借人为宗教的广泛传播变成了跨文化的符号。“轮子在西方能够象征对命运的冒险赌博，在东方可以象征那人们力求逃脱出来的死生之间无休止的轮回。……轮子在印度传统中同‘达磨’（Pharma）或神圣的法相联系。佛教雕像中可以见到许多‘法轮’，还有一个流传很广的传说中说，佛陀在菩提树下经历了初次幻觉之后开始讲道时，使那树旋转起来。在传统的中国佛教仪式中，常有一个车轮拴在柱子上并向右旋转。人们认为它反映着在轨道中运行的太阳，象征着宇宙之‘道’的路径。在西藏，完善而真实的普遍的法可以用这样一个简单的手势来象征：将姆指和中指合成一圈。西藏佛教的祈祷轮在最初的时候也具有同样的意义……轮子的象征还有一种特殊的发展形式，即在佛教用莲花来象征清净之源。……一种佛教的教诲说，由于莲花自黑暗的湖水深处升起来并以美表现其自身，由于太

图13 太阳神“拉”从莲花里诞生（古埃及绘画）

作为太阳神或太阳子孙的拉、大梵天、佛陀等都从莲花里生出，莲花当然是女阴的象征，但多瓣的莲朵同时又是“太阳轮”的意象——它总是被看做生命的本源。

[1] 钱钟书：《谈艺录》，中华书局，1984年，第111、112页。

[2]〔美〕坎贝尔：《神之面具：原始神话学》，海盗（Viking）出版公司，1959年，纽约，第135、147页。

阳从黑暗中升起并发散它的光辉，所以佛陀从‘存在的黑暗的子宫中’诞生出来，以揭示真理的方式驱散虚妄的黑暗。在印度，人们有时把轮子放置在圆柱的顶端，作为在枝茎上盛开的莲花的一种图像。在广受尊崇的大乘佛教的《莲花经》中，主要的教义既是神法的永恒性，又是表达和教授神法的多种方式——虚静的中心和神圣太阳轮的众多辐条即射线。”[1] 古埃及的太阳神“拉”（Ra）也从莲花中生出，莲花则升自黑暗的深渊（参见图 13），这同样体现着“太阳”与“莲花”的一体性，我们在下篇里还要讲到作为太阳神的大梵天从莲花里诞生的故事。从这个角度看，它们的意蕴都是一致的。在犹太教的圣典《旧约》中，耶和华的显现也曾伴随着神秘的轮子象征：“轮的形状和颜色，好像水苍玉，四轮都是一个样式，形状和作法，好像轮中套轮。轮行走的时候，向四方都能直行、并不掉转……”[2] 在容庚先生编著的《金文编》附录部分，我们在至今不得其解的符号中看到如下图形，可能便是神秘的车轮：

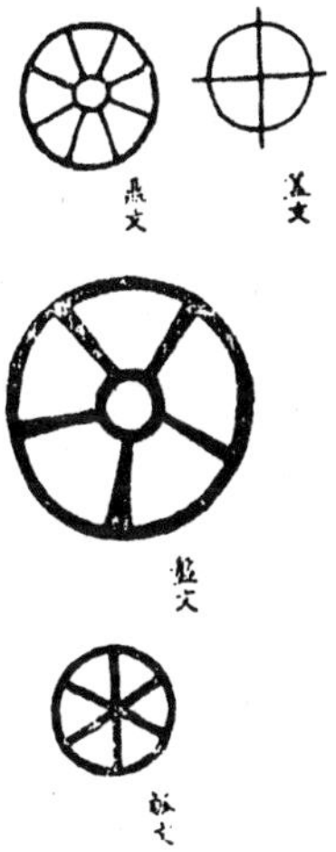

图 14 金文中的轮形符号（引自《金文篇》附录上，中华书局，1985 年，第 1109 页）

（七）道生一，一生二，二生三，三生万物。（《老子》第四十二章）道生之，德畜之，物形之，势成之……（《老子》第五十一章）这两段话表明了“道”的又一特别功能——创生，这也是玄牝或“万物之母”的独特禀赋。一般说来，尚不能认识两性交合与生育之间必然联系的原始人，只能从直接的经验现象出发，把女性视为生育功能的代表，这便是各史前民族普遍崇拜女性、母亲的重要原因。那么，“道”的原生形态既然是阳性的太阳，为什么也能

[1]〔美〕威尔赖特：《隐喻和现实》，中译文见叶舒宪：《神话—原型批评》，陕西师范大学出版社，1987 年，第 230—231 页。

[2] 见《旧约·以西结书》第一章。

成为创生万物的源头呢？原来，在神话思维中，太阳早已具有了生命之源的象征意义，被视为生命的赋予者了。对此，我们已在以太阳为中心的各种感生神话中有所了解了，至于太阳如何创生了整个宇宙的问题，将留待后文有关创世神话的章节中探讨。这里要举出的有趣事例恰是老子诞生的神奇故事：

当太阳将出，玉女手攀李树，对日凝思，良久，日精渐小，从天下坠，化为流星，如五色珠，飞至口边，捧而吞之，忽裂左腋而生婴孩，甫生即行九步。[1]

首先提出道之创生功能的人，自己也被说成太阳创生的结果，这真是奇妙的反讽。老子虽然能把具有“生”之功能的太阳抽象为“道”，但却不能把太阳的原型从集体无意识中消除，而当这一原型在后代民间传说中显现时，便反过来“报应”到老子自身，衍生出“道（太阳）成肉身”的新神话来。照此看来，老子哲学所主张的“道之为物……其中有精”（《老子》第二十一章），原来说的就是感生神话中的生命源“日精”。而《老子》第三十四章的如下命题：“大道汜兮，其可左右。万物恃之以生……”完全可以用至今尽人皆知的一句白话歌词来翻译：“万物生长靠太阳！”

《庄子》一书中多言天而少言“道”，但还是发挥了老子关于“道”的创生功能的观点。《大宗师》有云：“夫道，有情有信，无为无形；可传而不可受，可得而不可见；自本自根，未有天地，自古以固存；神鬼神帝，生天生地；在太极之先而不为高，在六极之下而不为深；先天地生而不为久，长于上古而不为老。”[2] 这里所说的“道”，既是作为宇宙本源的“道”，

[1] 转引自王治心《中国宗教思想史大纲》，香港崇正出版社。又《酉阳杂俎·玉格》中有一类似故事：“李母本元君也，日精入口，吞而有孕，三色气绕身，五行兽卫形，如此七十二年，而生陈国苦县赖乡涡水之阳、九井西李下。”

[2] 郭庆藩撰：《庄子集释》，中华书局“新编诸子集成”本，1961 年，第 246—247 页。

又是作为宇宙运动法则的“道”。接下来又罗列了一系列“得道”的远古帝王，其间夹有这样一句：“日月得之，终古不息。”老子从日的原型中抽象出循环变化的主题“道”；庄子又把这个主题还归给“日”。这种信息反馈虽然强化了太阳与道的认同关系，但也犯了同义反复的逻辑错误，使原因变成了结果，结果变成了原因。本来是从终古不息的日月运行现象推论概括出永恒超越的“道”，现在却用抽象的观念“道”反过来解释日月运行的永恒生命力了。这样一来，“道”的原始面目就越发模糊不清，后人也就效法庄子，以“道”为因，以日月为果，甚至连日月发出的光也被说成是“道”的赐予了。《淮南子·原道训》说：“夫道者，覆天载地，廓四方，柝八极。……兽以之走，鸟以之飞。日月以之明，星历以之行。”

“道”的创生功能提出后，也成为中国古代哲学中的一个重要主题，发生了深远影响。徐复观先生说：“老子以道为创生的原动力，本是一种创说。……但创生问题提出后，战国时期，便出现各种说法；大约属于道家系统的，则追溯到天地以前；而属于儒家系统的，皆以天地为创生的起点。自战国中期，阴阳之说盛行后，便出现以气说明创生的历程。”[1]需要补充说明的是，若将哲学的创生论视为创世神话的抽象发展，那么各种创生论之差别也当从创世神话的不同类型着眼加以探讨。儒家创生论以天地为起点，这显然是天父地母型（又称世界父母型）创世神话的逻辑引申；而道家的创生论强调天地开辟之前的“道”，这乃是象征太阳初升的宇宙蛋型创世神话的必然发展（这一点下文还要专门论述）。

关于以“气”为本源的创生论出现的原因，徐复观先生又做了如下解释：“总之，老庄以道言创生，是出自思维的推理，是纯抽象的形而上学的性格。其自身含有严格的合理性。但中国一般人的心态，不安心于纯思维的抽象思

[1] 徐复观：《两汉思想史》，学生书局，1979 年，台北，第二卷，第 216 页。

图 15 大梵天四头四手像

四头四手的大梵天肤色是“红”的，这显然如黑格尔所说“暗指太阳”。所谓“大梵绯红色，四面为大父”是也。四面的黄帝也曾被说成是太阳神。

考，常喜欢把具体物夹杂到里面去，尤其是在论创生时，把气夹杂到里面去；仅就气而言，气也是抽象的；但气对道而言，则气是具体的；气在四时中表现，则更是具体的；以具体的东西谈形而上的问题，便只有出之于想象，便不能不夹杂，不能不矛盾。”[1] 按照这种解释，《淮南子》等书中描述的以气为源的宇宙创生论是对老庄形而上学的创生论之改造，用具体的气替换了抽象的“道”。但是我们在创世神话中发现有一种类型——元气剖判型，作为神话思维的产物，自然要先于形而上学的创生论。再进一步分析元气剖判型神话的实质，又不难发现，它实际上还是天父地母型神话或混沌型神话的变体形式。前者的表现模式是清浊二气的升降分化；后者的表现模式是气与水的象征性认同——作为始基的不是某种确定的元素，而是云或雾露之类的无秩序状态，这类形态可以归结为水，也可以归结为气，因为二者之间本来就是

[1] 徐复观：《两汉思想史》，学生书局，1979 年，台北，第二卷，第 218 页。

相互转化的，正因为含混难分，神话中才称之为混沌。

四、道与水的互喻

“上善若水。水善利万物而不争，处众人之所恶，故几于道”。[1]老子用水比喻道，其着眼点似乎只是伦理学的，而不是宇宙论的。水之所以得到“上善”的评价，是因为它滋润万物而不与万物争高下，甘心居处在“人之所恶”的低下坑洼处。老子由此生发出“卑弱以自持”的不争思想，又同“道”的无为无不为相互吻合。其实，水与道的伦理学认同还是以二者在宇宙论上的相似性为基础的。从原型的角度看，水也具有生命和创造本源的意义，水的突出特征也在于循环往复的运动。水看似总往低下处流动，但实际上又不知不觉地蒸发上腾，高居天上，这和“进道若退”[2]，无为无不为的哲理十分接近，所以《吕氏春秋·圜道篇》亦将水与圜道等同划一。

水泉东流，日夜不休，上不竭，下不满，小为大，重为轻，圜道也。

高诱注：“水从上流而东，不竭尽也，下至海，受而不满溢也。小者，泉之源也，流不止也，集于海是为大也，水湿而重，升作为云，是为轻也。”原来这里用来描述水的上下、小大、重轻，是说水的循环运动程序之间相互转化的辩证法，其实质与“道”在运动中所显示的奥妙正相仿佛。这也说明，水的循环运动同太阳的运行一样，是得以抽象出对立面转化哲理规律的自然现象。水的循环特征早在神话思维中已凝聚为原型。古印度《梨俱吠陀》第7卷第49首《水》已描述了水的循环：

[1]《老子》第八章。
[2]《老子》第四十一章。

以海为首，从天水中流出，
净洗一切，永不休息；
因陀罗，持金刚杵英雄，开了道路；
水女神，请赐我保护。

天上流来的水或是人工挖掘的，
或是自己流出来的，
向海流去的，纯洁的，净化者，
水女神，请赐我保护。[1]

诗中所述水的循环有三个程序：海水→天水→井水（人工挖掘的）或河水（自己流出来的）→海水。到了《五十奥义书》中，水的循环已明确为五个程序。该书第二篇第四章写道：

人当敬想诸水中五重三曼：
“兴”声为生云。
“导唱”为降雨。
“高唱”为诸水东流。
“答唱”为诸水西注。
“结唱”为海。[2]

考虑到引文中的东流之水指恒河，西流之水指摩陀河这一事实，那么循

[1] 中译文引自金克木译：《印度古诗选》，湖南人民出版社，1984 年，第 11 页。
[2] 徐梵澄译：《五十奥义书》，中国社会科学出版社，1984 年，第 101 页。

环程序实际上是四个。这就同弗莱概括的四阶段循环模式十分相近了：“水的象征性同样有其循环性：由雨水到泉水，由泉水、溪流再到江河之水，由江河之水到海水或冬雪如此往复不已。”[1] 弗莱的这段概括同我国东晋王彪《水赋》中描写的水的四形态正好不谋而合：

……故能委输而作四海，决导而流百川，承液而生云雨，涌凝而为甘泉。[2]

水的四种变化形态依次连接，在变化中体现着永恒，正好像太阳在四时（晨、午、昏、昔）和四季（春、夏、秋、冬）的变化形态中获得某种时空超越性一样。从这种原型意义上理解孔子面对河水流去而发出的“逝者如斯，不舍昼夜”的慨叹，更易领会其中的本体论意义。在此，我们有理由将老子有关“水几于道”的命题从伦理价值范围提升到本体论层次上来。

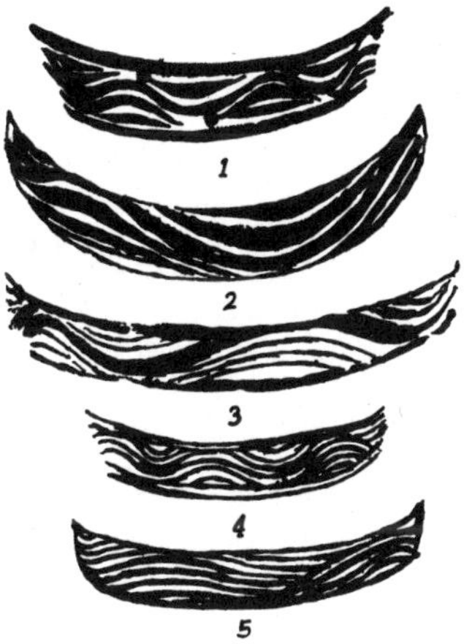

图 16 仰韶彩陶的水波纹（马家窑型，采自吴山）

1. 彩陶罐（甘肃永靖出土）。2. 彩陶盆（甘肃榆中马家坂出土）。3. 彩陶豆（兰州出土）。4. 彩陶罐（甘肃临洮出土）。5. 彩陶盆（兰州出土）。

雨水是古代农业的命脉，或以为彩陶容器装饰水纹是为了祈求水和生命的丰盈。

[1] 叶舒宪：《神话—原型批评》，陕西师范大学出版社，1987 年，第 212 页。

[2]《初学记》卷六引。

而从本体论的高度重新审视“水几于道”的命题，我们发现老子借助于神话思维的类比逻辑为自己构建哲学理性大厦时的独特思路。因为，除了“道”以外，老子在千姿百态的自然变化现象中唯独钟情于水，在书中一而再、再而三地用水比喻，看来绝不是偶然的修辞学偏好。其实在第三十二章的一个明喻之中，老子已经将水与“道”的本体论关联和盘托出了：

天地相合，以降甘露，民莫之令而自均。始制有名，名亦既有，夫亦将知止。知止可以不殆。譬道之在天下，犹川谷之于江海。

在这段话中与水的意象相关的有“甘露”即来自天上的水，“川谷”即出自地下的水，“江海”即作为天与地之间循环中介的水。老子认为要用一个比喻说明“道在天下”的道理，那么最合适的选择就是“川谷与江海”，因为这两种形态的水都充分体现了甘居下流和忍让不争的特性。唯其甘居下流，才能获得重新上升于天界，化作雨露甘霖的前提条件。还有什么更能说明事物相反相成的矛盾运动之奥妙呢？在老子的这个明喻中，我们不是也清楚地看到了水的循环运动与太阳（月亮）的循环运动之间规律上的相似性吗？看来在大自然的启示之下获得的关于水的运动的辩证法，除了“小为大”和“重为轻”之外，还应该按照老子的用意，再加上一条“下为上”。《老子》第六十六章说得明白：

江海之所以能为百谷王者，以其善下之，故能为百谷王。

《说文》：“泉出通川为谷。”老子从泉水东注，百川汇海这一现象着眼，从水的循环运动中类比出政治方面的道理，认为百川所归向的江海是水的统治者——百谷王，其所以能为王就在于“善下之”。这样，善为下者无形之中反而成了在上之王。水的这种“下为上”的启示对于老子来说具有至关重要的意义：“是以圣人欲上民，必以言下之；欲先民，必以身后之。是以圣人处上而民不重，处前而民不害，是以天下乐推而不厌。以其不争，故天下莫能与之争。”（第六十六章）为了申说政治伦理方面的道理，水与道的本体论相似性也就在这种强词夺理般的引申之中被遮蔽住了。然而，不论是“水几于道”，还是“譬道在天下”，这两种措辞本身都说明水与道是可以相互为喻的。

水的循环运动规律与太阳的循环运动规律之间的这种惊人相似之处既然是神话思维类比逻辑的独特抽象，当然不是老子个人的发明。其实就在极为古朴稚拙的原始人的神话中，水与太阳在循环运动方面的变易特征已经联系在一起了。如澳洲土著神话《彝神给世界带来生命》讲到，女太阳神“彝”通过朝出夕落的循环运行，给世界带来昼与夜、生与死的交替变化。这神话特别讲到了太阳的这种运动引起的水的形态的变化：

当彝神落下去休息时，万物之中河神和湖神最悲伤。他们渴望她的温暖和亮光。他们就上升到天空中，尽一切力量来到太阳神那里。彝神赞许他们。他们化成水滴，落回地球上，成为雨和露。雨露滋润了青草和花朵，带来了新的生命。[1]

在这个有趣的神话情节中，我们看到了一种神话思维所特有的抽象。神话将两种具有相似特征的事物联系起来，用叙述故事的具体方式在二者之间建立一种假想的因果关系，从而完成对自然现象的解释。在这种类比的因果解释中，实际上暗含着对事物普遍特征的抽象。依据上引情节，水的形态变化同太阳的出没变化联系到了一起，后者成了前者的原因。暂且不论这种因

[1] 丰华瞻编译：《世界神话传说选》，外国文学出版社，1982 年，第 221—225 页。

图 17 海神托地（长江马王堆西汉帛画，局部）
裸体的海神禺强站在他自己的“化身”大交鱼之上托住大地，这证明战国秦汉人有“地浮于水”的宇宙观——这是世界发源于“水”的“原哲学”的一种进步形式。

果解释是否能够成立，两种自然现象共同表现出的循环变化这一基本特征，毕竟是被这个神话的创作者有意识或无意识地捕捉到了。在这里，我们似乎发现了老子关于“水几于道”之说的原始心理根源。

水与道的互喻在中国古代思想史上源远流长，它始于对自然运动规律的类比抽象，又从本体论意义向外推广延伸，适用于政治与道德哲学的其他方面。汉代的贾谊曾在所著《新书·修政语上》中引用黄帝语，用来阐发道与水的比喻所应有的现身说法之功效：

黄帝曰：“道若川谷之水，其出无已，其行无止，故服人而不为仇，分人而不为谭者，其唯道矣。故播之于天下而不忘者，其唯道矣。是以道高比于天，道明比于日，道安比于山。故言之者见谓智，学之者见谓贤，守之者见谓信，乐之者见谓仁，行之者见谓圣人。故唯道不可窃也，不可以虚为也。”故黄帝职道义，经天地，纪人伦，序万物，以信与仁为天下先。然后济东海，入江内，取绿图西济积石，涉流沙登于昆仑，于是还归中国，以平天下。天下太平，唯躬道而已。[1]

[1]《贾谊新书》卷九，参见：《二十二子》，上海古籍出版社，1986 年，第 758 页。

按照这段引述，黄帝把道比喻为运行不止的川谷之水，自己也用“济东海”“入江内”的长途巡行模仿道的运动，在完成了一个循环回归的过程之后，自然而然地达到了“平天下”的政治功效。由这种效法天道运行模式的帝王巡游制度，不难看出后世的历朝天子所因袭的巡狩和观四方之礼，也无非是一种变相的“躬道”行为而已。“道”一旦可以由王者的象征性活动得到“躬行”的确证，它所代表的宇宙秩序也可望借此“躬道”之举而推展到人类社会之中了。

五、小结：由“道”到“永恒回归”

总结本章对“道”的神话原型的讨论，我们可以确信，这个哲学最高范

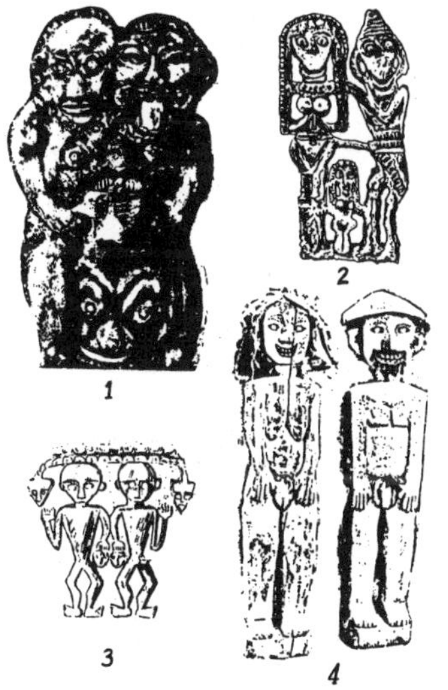

图 18 阴阳神——裸体男女祖先神像

1. 贵州盘县土陶（近代），祖妣连体，其下据传为苗族英雄祖先蚩尤（范明三供稿）。2. 所谓“三神偶”，阴神、阳神和他们的孩子，可与前幅对照（叙利亚卡尼希发现，公元前3000年末，现藏法国巴黎卢浮宫）。3. 百步蛇和祖妣像（台湾高山族排湾人木质雕板），人身上有刺青，上方双首百步蛇为其图腾，眼睛镶嵌银片（采自刘其伟）。4. 男女祖先神（云南佤族青枫木雕，范明三供稿）。参见卷首彩色图版。

畴的抽象化过程本身便清楚地昭示了哲学理性源于神话又超越和扬弃了神话的真实历程。如西方哲人所常言，哲学起源于对自然秩序的认识。现在我们已经看到，关于自然秩序的认识是怎样从对自然现象中循环变易的规则的把握之中成熟起来的。日月与水的运动模式在此发挥着最根本的作用。以此为原型，中国哲学抽象出“道”这一范畴，并由此而推及宇宙万物。

卡西尔说，一旦人类从混沌走向秩序，也就是从偶然走向了必然性——

那一求借着一些神秘力量去驾御自然的主观激情终于要隐退了；取而代之地，对一普遍的客观秩序求作认识这一种向往渐渐抬头了。天体之运行，昼夜之交替，和四时规则性的折返等现象，对人类而言，都是事态的规律性展现的一些伟大的例子。这一事态之展现简直是穷不见垠地远迈于人类自身的领域之上，而且是超脱于人类所有意欲与愿望以外的。它既不沾染半点情绪也不沾染半点反复无常性；……在这一些反省中，一种洞见曙露而出了：那一宇宙事态之展现涉及了一种影响和一种“实在性”（Wirklichkeit），而这种影响与实在性是被范围于一固定的界限之内的，而且是与一种特定的法则相连结的。[1]

中国哲学的最高范畴“道”既然是以神话中体现的自然秩序为原型的一种抽象，那么它所概括的事物运动法则也必然与大自然循环往复的变易密切相关。从这种认识出发，我们将在下章中继续展开对于“道”的运动法则相对应的永恒回归神话的探讨，期望由此而破解老子哲学的中心主题。

[1]〔德〕卡西尔：《人文科学的逻辑》，中译本，联经出版公司，1986 年，台北，第 1—2 页。

THE THIRD PART

第三章

永恒回归

- 老子的“返”与“归”
- 永恒回归的神话模式
- 退化历史观及四时代循环模式
- 混沌之恋与初始之完美
- 玄同大同：中国的“复乐园”神话
- “和”与“同”之争：宇宙创生论与宇宙衰亡论
- 馄饨与鸡卵：新年礼俗的破译

一、老子的“返”与“归”

与“道”的范畴相联系，贯穿于《老子》全书的一个中心主题便是“返”（反）或“归”，表达此一思想的另一个同义词是“复”。

第二十五章讲述“道”的运动规律时说：“大曰逝，逝曰远，远曰反。”《老子想尔注》以“还反”释此“反”字，今语通作“返”。高亨《老子正诂》亦云：“大”“逝”“远”“反”，皆道之形容，而非道之称谓。这四个词意在说明道之体至大，其运“周环”也。[1]对于“道”的这种运动规律，在《老子》第四十章中又有另一种表述：

反者道之动，弱者道之用。天下万物生于有，有生于无。

宋赵志坚《疏义》“反”作“返”。王力先生指出，此数语是《老子》全书之纲领，洋洋五千言莫能外也。[2]对于此处的“反”，他辨析说：“反者，返也。注家或以为正反之反，非也。盖道生一，一生二，二生三，三生万物，所谓大也。万物并作，已离于道，所谓逝也。浸假而奇物滋起，去道益遥，所谓远也。然则剥极必复，乃归于道，所谓反也。此反训为返之证一也。其下文又云：‘玄德深矣，远矣，与物反矣，然后乃至大顺。’王弼注曰：‘反其真也。’此反训为返之证二也。夫物芸芸，患不能静；去道日远，失其自然。苟欲得静，贵乎归根。归根复命，天下自定。欲还自然，故必反也。”又说：“所谓‘道之动’者，指方向言之，进、退、往、返，皆方向也。所谓‘道之用’者，指状态言之，刚、柔、强、弱，皆状态也。聃意若曰：‘吾道之方向，

[1] 高亨：《老子正诂》卷上，开明书店，1943 年，第 61 页。
[2] 王力：《老子研究》，天津市古籍书店影印本，1989 年，第 1 页。

则返而不进；吾道之状态，则弱而不强’也。”[1] 从这一分析中不难看出“返”在老子哲学体系中的核心地位，如王力先生书后所附《老子全书一贯图》[2] 所示：

- 自然
  - 反—复命
    - 崇俭—弃智
      - 去欲—主静—希言—废法
      - 忘术
    - 知止
    - 同尘—破迷
  - 弱—守柔
    - 非战
    - 戒矜—慎事

“返”既然具有如此重要的意义，让我们再从训诂学上略看一下与此相关的同义词。《说文》训返为“还”；《广雅·释诂》二：“返，归也。”这个“归”字，其实也是老子常用来表达同一主题的关键词。

《尔雅·释言》上二：“还、复，返也。”返又可通作“反”或“彶”。《说文》训“反”为“复”；《仪礼》注训“反”为“还”。可见反、返、归是一种相近的词，都含有“还”的意思。还与“环”音义兼通，又通作“旋”，所谓“周旋”亦“反复”之义。任继愈先生用现代汉语中的“返转还原”这个复合词来翻译老子的“反”[3]，可谓中肯之至。

从以上训诂学材料来看，《老子》书中所标榜的作为宇宙之道运动规律的“返”，其实就是回返、反复、循环、回归的意思。如《淮南子》所云“天地之道极则反”。换句话说，道的运行具有循环回归的特性[4]。用庄子的话说又叫做“道无始终”[5]。而这种循环无尽的思想，《孙子兵法》的《兵势篇》也曾表达过：“奇正相生，如循环之无端，孰能穷之哉！”只不过它具体动

[1] 王力：《老子研究》，天津市古籍书店影印本，1989 年，第 1—2 页。

[2] 王力：《老子研究》，天津市古籍书店影印本，1989 年，第 108 页。

[3] 任继愈：《老子新译》（修订本），上海古籍出版社，1985 年，第 114 页译文。

[4] 杨树达：《老子古义》卷中引《文子·道原篇》亦有“反者，道之常也”的命题。上海古籍出版社，1991 年，第 48 页。

[5] 见《庄子·秋水》。

作于奇正之势，而奇正之势也无非道之体现。

那么，道的循环的界点或者说回归的目标是什么呢？

老子说出了几种看上去有别的回归目标。第十四章说：

绳绳不可名，复归于无物。

这似乎是第一章所说的“无名，天地始”的“无”的状态。

第十六章说：

致虚极，守静笃。万物并作，吾以观复，夫物云云，各复归其根。归根曰静，静曰复命，复命曰常，知常曰明。

老子在此把万物归根视为生命的重复发生，并将此种“复命”说成是“常”即事物规律。第二十八章又说：

知其雄，守其雌，为天下蹊。为天下蹊，常德不离，复归于婴儿。

知其白，守其黑，为天下式。常得不忒，复归于无极。

知其荣，守其辱，为天下谷。为天下谷，常得乃足，复归于朴。

把这段话同以上两段引文联系起来看，老子突出地反复申明回归的必要性，并明确了回归的以下几种目标：

（1）归于无物或无极状态。（2）归根。（3）归于婴儿状态。（4）归于朴的状态。

除此之外，《老子》中还提到一些没有明确目标的“归”，如第二十二章所说“故成全而归之”；第三十四章所说：“大道汜兮，其可左右。……

万物归焉而不为主，可名为大。”

以上四种明确的回归目标，表面上看是不一致的，但其精神实质还是完全相通的，那就是事物所由发生的根。《道藏》本《三圣注道德经》宋徽宗便以“归根”和“复命”释“道”之“反”。宇宙运动由来的本源。所谓“无物”和“无极”，均指宇宙开辟以前的无名状态，那正是万物产生的总根源所在。如第四十章所云：“天下万物生于有，有生于无。”因此可以看出，老子关于返和归的中心主题同他的“贵无”思想之间本来就是息息相关的：他的“无为”政治主张是以回归无极的本体论要求为其基础的。

至于所谓“归于朴”和“复归于婴儿”，从比喻的意义上看，也都是归根返本，即返回事物发生的初始状态之意。在所有这不同的比喻表达之外，《老子》中还有一个较为抽象的词组指代这种回归的目标，那便是第十四章所说的“古始”。到了《淮南子·齐俗训》中，回归的目标再度被解说为“一”“门”和“朴”三种喻象：

已淫已失（佚），复揆以一。既出其根，复归其门。已雕已琢，遂反于朴。[1]

王念孙云：“遂当为还，字之误也。还字与上文两复字同义。……《原道》篇及《说苑·说丛篇》并云‘已雕已琢，还反于朴’。是其明证也。《庄子·山木篇》云‘既雕既琢，复归于朴’，《韩非子·外储说左篇》云‘既雕既琢，还归其仆’。还亦复也，此皆《淮南》所本。”[2] 这一疏解表明了这组同义词的互换关系。

如何看待老子乃至道家一再申说的此种“返”或“归”的观念呢？

如果我们仅限于从哲学到哲学地去讨论的话，那么就难免会孤立地看问

[1] 何宁撰：《淮南子集释》，中华书局“新编诸子集成”本，1998 年，第 791 页。

[2] 王念孙：《读书杂志》卷十三，中国书店，1985 年，第 98 页。

题，把老子的这种观念看成是哲学家别出心裁的个人化要求，或者干脆看成人们日常生活经验的哲理化概括。不是吗？中国民间俗语中不就常说“归根返本”“人穷则返本”吗？那么道家哲学关于“返”和“归”的概念的独特价值究竟是什么呢？

从下一节开始，我们尝试从神话学角度去解答这个问题，期望能从比较神话学所归纳出的具有普遍适应性的“永恒回归”的神话模式出发，对老子的这一哲学主题做发生学的考察和比较文化的观照。在这里有必要引介钱钟书先生沟通道家，“反”概念与西哲辩证法的精辟见解。《管锥编》第一册开篇“论易之三名”一节首揭古汉语训诂中“背出分训”与“同时合训”的奥妙，并与黑格尔标榜德语中兼具相反之义的“奥伏赫变”（Aufheben，通译为“扬弃”）一词相对照，说明汉语思维中潜在的辩证法因素。[1]同书第二册讨论《老子》“反者道之动”命题时，再次反驳黑格尔以为汉语不利于思辨的偏见说：

《老子》用“反”字，乃背出分训之同时合训，足与“奥伏赫变”（aufheben）齐功比美，当使黑格尔自惭于吾汉语无知而失言者也。“反”有两义。一者，正反之反，违反也；二者，往反（返）之反，回反（返）也（“回”亦有逆与还两义，常作还义）。……《老子》之“反”融贯两义，即正、反而合，观“逝曰远，远曰反”可知；景龙本四七章：“其出弥远，其知弥近”，“逝”而“反”之谓也。“远曰反”者，犹“各复归其根”，“其事好还”，“深矣远矣，与物反矣”，亦犹《易·复》：“反复其道”，“复其见天地之心乎”，“不远复”。[2]

[1] 钱钟书：《管锥编》，中华书局，1979 年，第一册，第 1—3 页。
[2] 钱钟书：《管锥编》，中华书局，1979 年，第二册，第 445—446 页。

经过一番疏解，钱先生把老子说的“大”“逝”“远”“反”之关系确认为正、反、极、合的关系，与黑格尔的“否定之否定”原理别无二致。由此推断“反者道之动”五个字中凝缩着深刻的“辩证之理”，老子实远在西方哲人之前便揭示出此一真理。进一步看，“反”字所兼两义之中，正反之反是个共时性概念，而返还之返则是个表达运动过程的历时性概念。前者可表达事物间相反相成的对立统一关系，后者则是对宇宙万物运动规则的总概括。老子是怎样得出这一空前概括的呢？

二、永恒回归的神话模式

从比较神话学或比较宗教学的视野上去观照老子关于回归初始的主题，不难看出这并不是他个人的独特发明或新颖主张，而是对史前信仰中的永恒回归神话的自觉继承与发扬。老子所要回归的总目标“古始”也是以神话时代意识形态的核心范畴“神圣开端”（the Sacred Beginning）为原型的。

对于永恒回归的神话做出全面而深入的比较研究的是罗马尼亚裔的美国学者、世界著名的宗教史权威艾利亚德。他先后在《永恒回归的神话》（*The Myth of the Eternal Return*）、《神话与现实》（*Myth and Reality*）、《生与再生》（*Birth and Rebirth*）、《比较宗教学模式》（*Patterns in Comparative Religion*）等著作中一再论及永恒回归的神话模式，认为这是一切宗教、仪式和神话的一个基本的主题和模式。永恒回归的思想发生于史前人类朴素的世界观和神话思维方式，是初民对宇宙自然和人类社会中一切循环变易现象的神话式概括和总结。了解这一重要神话模式的内涵及其广泛影响，对于宗教思想史研究和哲学起源研究都有促进和启迪作用。

艾利亚德在《永恒回归的神话》序言中第一句便说：“假若我们不怕别人说我们有过分的野心的话，我们应该给这本书加上一个副标题：‘一种历史哲学的导论’。因为这毕竟是本书的宗旨。不过由于考虑到下述区别，我们还是放弃了这种打算：书中并没有对历史现象展开理论分析，而是考察远古社会的某些基本观念。在对这些传统社会进行研究的过程中，使我们特别惊讶的是这样一个特征：它们拒绝具体的、历史的时间，却迷恋于对万物初始的那种神话时间——伟大时间——的周期性复归。”[1]读罢这段话，已经使我们似乎感觉到在老子关于“返”与“归”的本体论要求和道家的循环历史观之间，确实也存在着实质性的联系。借助于对永恒回归神话的理性透视，可以为道家历史哲学找到原始之根。

永恒回归神话构成原始哲学的本体论基础，但它并不是通过系统的理论语言加以表述的，而是体现在象征、仪式和神话故事中的。艾利亚德的主要工作就是从这些分散的材料来源中归纳出一种关于事物的终极现实的连贯的思想系统，也就是说构建起一种形而上学，然后再将这种用象征表达的形而上学译解为理论语言。作为选择事实材料的标准，艾利亚德为自己确定了以下三个原则：

（1）那些能够显示古代人这样一种信念的事实：现实是对天上的原型的一种模仿功能。

（2）那些能够显示如何通过加入“中心的象征”——如城市、神庙，还有被实际上同化为“世界之中心”的房屋——使现实为人所接受的事实。

（3）仪式行为或世俗的有意义的姿势，它们能够使某种意义得以物质化，只因为它们是由神、英雄或祖先所创始的这种行为的重复。[2]

按照这些原则，艾利亚德在极广的范围内组织素材，从澳洲土著习俗直到基督教的《圣经》，他都发现了体现永恒回归的本体论思想的具体实例。

---

[1]〔美〕艾利亚德：《永恒回归的神话》，威拉德·特拉斯克（Willard R.Trask）英译本，罗特累齐和凯根·保尔出版公司，1954年，伦敦，第Ⅸ页。

[2]〔美〕艾利亚德：《永恒回归的神话》，英译本，同上，第5页。

首先引起注意的一个方面是这样一种远古信念：地上的领土、神庙和城市都有其天上的原型；现实中的存在是对创世时发生的特殊事件的重演或模仿。这种原型的重复和模仿在观念上接近柏拉图的理念论：现实中的一切都只是理念世界的影子。被模仿和重复的原型具有神圣的性质，因为它们总与神的创造活动相关。例如《旧约·出埃及记》中写到希伯来人最早的圣所的原型是由上帝亲自设计的。耶和华曾在西奈山顶向摩西显灵并告诉他说：

我的圣所是一座帐幕，称为会幕。它的结构，和里面的各样陈设，我都已经拟好图则，你可以照着去造。

会幕中一切东西，都要完全依照我在山上所指示你的样式去做。[1]

由上帝设计的圣所后来成了一切神庙的建造原型。当大卫王给他的儿子所罗门显示将要动工兴建的圣殿的图样时，他也强调了上帝设计的原型的重要性：

这些图样和细节，都是照神给我的指示写出来的。[2]

艾利亚德认为，《圣经》中的这些事例说明神庙的建造本有其天上的神圣原型。希伯来人每到一新的地方首先要确立圣所，这实际上象征着重演或回归《创世记》中的神圣行为。同样道理，埃及、巴比伦人也把人类尚未开垦的地区认同为混沌，也就是创世之前的、未分化的、无形无名的混一状态。对荒地的开垦总是伴随在一种象征创世的仪式表演之后。新城市的建造也是如此。“巴比伦城的地图把该城描绘在由一条河流为界的一个环形区域的中心点上，其位

[1] 中国圣经出版社编：《当代圣经·旧约·出埃及记》第25章第9节，第40节，1979年，香港。

[2] 中国圣经出版社编：《当代圣经·旧约·出埃及记》，“历代志上”第28章第19节，1979年，香港。

置精确地对应着苏美尔人幻想中的天堂。这种使城市文化仿效原型模式的做法给城市本身带来了现实性和有效性。”[1] 甚至到一个新的、未开辟的地方定居也相当于一种创世活动。当斯堪的纳维亚的殖民者占据冰岛时，他们把自己的开辟行为看成是非世俗的神圣行为，也就是创世活动的重复。使荒野得到开垦等于把混沌转化为宇宙秩序，因此现实的开辟者也就认同为创世之神了。

天上原型的发现不局限于神庙、城市的创建和新领土的开辟方面，还更为普遍地反映在人类婚姻礼仪方面。艾利亚德指出，婚姻礼仪的神圣模型也溯源于创世神话的常见母题，即天父地母的结合与生育。[2] 古印度《奥义书》中的丈夫便对新娘明言：“我就是天，你乃是地。”更早的《阿达婆吠陀》第十四首也把丈夫和新娘认同为天与地。罗马诗人维吉尔的史诗《埃涅阿斯纪》第六卷写到狄多同埃涅阿斯在狂风暴雨之中庆祝他们的婚姻。他们的结合对应于天与地的元素之间的结合：天在拥抱新娘的同时降下生殖力之雨。在古希腊，婚礼模拟着天神宙斯与赫拉的神圣结合的范本。

必须强调指出的是所有这些婚配礼仪的宇宙发生论的结构：这不光是模仿由天与地所代表的一夫一妻制的原始模型的问题，更主要的考虑是这种一夫一妻结合的结果，即宇宙的创始。这正是为什么波利尼西亚的妇女在要求受孕时模仿原始母亲的典范姿势：被大神伊奥放倒在地面上。也恰在这时开始朗诵创世神话。与此相反，在离婚程序中则要念出一种涉及“天地分离”的咒语。在结婚之际礼仪性地诵读创世神话在许多民族中都很流行。[3]

[1]〔美〕艾利亚德：《永恒回归的神话》，英译本，罗特累齐和凯根·保尔出版公司，1954年，伦敦，第10页。

[2]〔美〕参看艾利亚德的著名论文《世界·城市·房屋》，见埃利亚德：《神秘主义、巫术与文化风尚》，光明日报出版社，1990年，第22—40页。

[3]〔美〕艾利亚德：《永恒回归的神话》，英译本，罗特累齐和凯根·保尔出版公司，1954年，伦敦，第24页。

模拟天地结合的圣婚礼常常在春季举行。如希腊神话中的得墨忒耳（Demeter）女神同丈夫伊阿西翁（Iasion）在初春时节躺在新播种过的田地里。他们的结合旨在促进土地的多产能力。类似的让夫妇在春季田野中结合的风俗直至上一世纪仍流行于北欧和中欧的某些地区。艾利亚德还举出中国古书《礼记·月令》中的例子作为东方的旁证：仲春之月祭高禖，天子亲往，后妃率九嫔御。这样宇宙阴阳相合的范式便首先由皇室中的两性所效法了。[1]然后还有全民性的效法：每一对婚配的夫妇都是按照同样的宇宙节律安排其婚礼的。

在做了广泛的例证说明之后，艾利亚德得出结论说，古代世界并不知道什么“世俗性的”活动。每一种具有确定意义的活动——狩猎、捕鱼、农耕、游戏、冲突、性交——都以某种方式进入到神圣领域。唯一没有神话意义的活动才会是世俗性的，那也就是没有所需效法的原型范式的活动。只是随着时间推移而展开的非神圣化的漫长过程，原有的神圣活动才逐渐转化为近代的世俗性行为，以至于今人反而遗忘了这些活动原有的神话意义。[2]经过这样一番论证，艾利亚德为重构原始的本体论开辟了一条思路：从原型的不断重复之中看到周期性回归创世的“伟大时间”的普遍需要。

在该书第2章“时间的再生”中，艾利亚德沿着这条思路考察了古代的循环时间观及其在季节和新年礼仪中的突出表现，从周期性地回归创世的种种象征性活动中破译出关于“时间的不断再生”（Continuous Regeneration of Time）的原始信仰，为理解永恒回归神话提供了观念背景。原来，神话思维的时间观是建立在创世神话的主题之上的。由于宇宙间的一切生命和一切运动都开始于创世神话所讲述（或是象征性表达）的“神圣开端”——也

[1] 参见叶舒宪：《探索非理性的世界——原型批评的理论与方法》，四川人民出版社，1988年，第33—34页。

[2]〔美〕艾利亚德：《永恒回归的神话》，英译本，罗特累齐和凯根·保尔出版公司，1954年，伦敦，第27—28页。

就是《老子》中所说的“古始”或“无极”状态，人类社会便只有通过神话和仪式行为周期性地回归到那个“神圣开端”，象征性地重述或重演创世活动——时间和空间的肇始，万物的创生——才能确保世界（包括自然与社会）的延续和有效更新，重新获取生命力和运动的动力。这种不断加以重复的周期性回归开端的努力便是所谓“永恒回归”。他写道：

在这里我们又看到了一种原型运动的重复母题，它投射到各个方面——宇宙的、生物的、历史的和人类的。同时我们也看到了一种周期性的时间结构，它在每个方面的新的“诞生”中获得周而复始。此种永恒回归显示了某种不受时间和变化制约的本体论。正像古希腊人在其永恒回归的神话中寻求他们对“变”与“不变”的形而上渴求的满足，原始人则通过赋予时间以循环方向的办法来消除时间的不可逆性。任何事物均可在任何瞬间周而复始。过去只不过是未来的预表。没有什么事件是不可逆的，没有什么变化是终极的变化。在某种意义上甚至可以说没有什么事物在世上是新发生的，因为一切事物都只是同样一些初始范型的重复。这种重复，通过再现原初运动所显示的那个神话的时刻，不断地将世界带回那神圣开端的光辉瞬间。[1]

在周而复始的原始时间观的作用之下，一切试图改变循环方向和进程的努力都将是徒劳的。生命的高峰也就是衰亡的前奏，如老子所云“物壮则老”，“兵强则灭”；而死亡则又是生命复生的准备，按照老子的语汇说叫做“守其雌”或“能婴儿乎”。不言而喻，艾利亚德所概括出的永恒回归神话同生命再生的神话是互为表里的，他在《生与再生》中又专门研讨了后者。在《老

[1]〔美〕艾利亚德：《永恒回归的神话》，英译本，罗特累齐和凯根·保尔出版公司，1954 年，伦敦，第 89—90 页。

子》的“归根曰静，静曰复命”的说法之中，同样揭示了归与复命（即永恒回归神话观念与再生观念）之间的内在联系。老子还把这概括到“常”即普遍规律的高度，这足以说明他是永恒回归神话的卓越继承者和阐发者。

把“复命”当作“归”或“返”的目的，便不难理解，老子所孜孜以求的“归根”实际上是对生命之本源的向往，也是遵循原始时间观循环运动规律的表现。

比较神话学者西奥多·罗宾逊在《神话与仪式》中论及与创世神话相关的某些特殊的神话和仪式模式时曾认为，在美索不达米亚以及整个巴勒斯坦地区普遍流传的塔姆兹（Tammuz）或阿都尼斯（Adonis）周期性地死而再生的神话及相关的崇拜礼仪活动均以创世神话为原型范本。弗雷泽等早期人类学家对阿都尼斯型死而再生神的信仰曾进行过广泛的比较研究，并将犹太—基督教的核心观念“死而复活”溯源于阿都尼斯的植物神原型。但他们尚没有发现死而复生神话与创世神话之间的逻辑联系。罗宾逊指出，象征着大自然“一岁一枯荣”的循环变易的死而再生之神的神话在某种意义上就是创世神话本身的一种变体形式。其中有两个关键母题足以显示这种变化中的联系：神的死亡与确保大地繁殖力的神圣婚姻。这两个神话母题对应于农耕社会中普遍存在的季节性礼仪的要素。[1]

另一位圣经学者海阿特（Hyatt）也曾指出，虽然死而复活的神话观念明确落实到《新约》所讲述的耶稣基督故事中，但是犹太教经典《旧约》中已经较为曲折地体现出同一观念的存在。

（一）神的死亡。《何西阿书》第五章第六至七节：“他们必牵着牛羊去寻求耶和华，却寻不见，他已经转去离开他们。”

（二）哀悼仪式。《何西阿书》第七章第十四至十六节：“他们并不诚心哀求我，乃在床上呼号。他们为求五谷新酒聚集，仍然悖逆我。”《耶利

[1] 转引自〔英〕胡克（S.H.Hooke）编：《神话、仪式和王权》，牛津大学出版社，1958 年，第 176 页。

米书》第六章第二十六节：“我民哪，应当腰束麻布，滚在灰中。你要悲伤，如丧独生子痛痛哭号，因为灭命的要忽然临到我们。”

（三）寻求神。《何西阿书》第二章第七节以下：“他必追随所爱的，却追不上。他必寻找他们，却寻不见。”同书第十章第十二节：“现今正是寻求耶和华的时候，你们要开垦荒地，等他临到，使公义如雨降在你们身上。”

（四）神的复活。《何西阿书》第六章第二节：“过两天他必使我们苏醒，第三天他必使我们兴起，我们就在他面前得以存活。”同书第十三章第十四节：“我必救赎他们脱离阴间，救赎他们脱离死亡。死亡啊，你的灾害在哪里呢？阴间啊，你的毁灭在哪里呢？在我眼前绝无后悔之事。”[1]

若从神话到宗教和哲学的发展过程着眼，可以看出，植物生命的循环现象为神的死亡和再生、离去与回归提供了原型，而这种得之于植物世界的周期变化又可自然地类比于得之于日月运动的天体世界的周期变化。正是在这种原始类比之中，可以发现作为老子哲学本体范畴的“道”、本体论要求“返”和“归”以及被提升为普遍规律的“复命”三者之间的有机联系。老子将得之于植物世界的“复命”观念同得之于天道运行的“归”的观念放置

图 19 女巫和酒神（古希腊瓶画）

在古希腊的酒神、农神狄奥尼索斯的祭典里，女信徒和巫师们可以跟酒神、山林神尽情嬉闹。女巫手上拿的“无花果杖”象征男根，葡萄树则代表繁殖和多产，它们的人格化就是酒神狄奥尼索斯。

[1] 转引自〔英〕胡克（S.H.Hooke）编：《神话、仪式和王权》，牛津大学出版社，1958 年，第 177 页。

在一种具有因果顺序的推论中时，他已无形中重复了神话的原始类比。如神话学家们常常发现的，代表宇宙主宰和宇宙之道的太阳神往往被混同为以年为周期死而再生的植物神，如埃及的奥西里斯（Osiris）和古希腊的狄奥尼索斯（Dionyseus）等（参见图 19）。

更值得注意的是，从死而再生神话中引申出的不同的思想体系。对西方人而言，神的死亡是必不可免的受苦受难的象征；对老庄及道家而言，死亡只是合乎自然的“归根”的象征，并不存在受难及拯救的蕴涵。由此一重要差异出发，还可进一步透视中西文化思想的不同特点。西方人在模拟神的受难死亡的仪式性表演中发展出悲剧这种体裁以及相关的悲剧性意识[1]：“悲剧是对牺牲的模仿。”在中国由于“人死曰归”的观念作用，死而复生的神话并未直接派生出有关人生的悲剧性意识。超越死亡的有限性，加入无限的宇宙循环，成为道家思想的一贯主题。同样道理，模拟神之再生的仪式在西方演变为喜剧，而复活的思想也被西方宗教发展为具有超越性的精神目标。神话学者大卫·李明写道：“植物繁殖神话对于西方人的世界观的主要贡献，或许在于它转达了通过受苦受难而获得新生的那种感受。在每一个神话里都有一个英雄神，如塔姆兹、奥西里斯、狄奥尼索斯、基督等，从而为父神的合法性提供了选择余地。英雄的受难（通常是他的死）向人类揭示了一条摆脱人生悲剧性循环的道路，死亡变为通向复活与永生的途径。因此，当一个现代精神病学家告诉我们只有放弃自我才能找到自我时，他只不过再次重复了……奥西里斯与其邪恶的兄弟塞特斗争时、狄奥尼索斯与提坦诸神斗争时、约伯和耶稣在同撒旦所控制的世界斗争时所体现的含蓄的寓言而已。西方神话的启示是：探求本身虽令人痛苦，但其目标，即从最早的英雄吉尔伽美什起就一直探求的永生目标，却是值得为之努力的。”[2] 关于人牺仪式的悲剧

[1] 参看〔加〕弗莱：《批评的解剖》，普林斯顿大学出版社，1957 年，第 214 页。
[2]〔美〕大卫·李明（David Leeming）：《神话学》，艾文·嘉芬出版社，1976 年，第 14 页。

主题如何在中国上古的“尸祭”活动中消解殆尽，[1]与西方思想的探求主题和斗争主题恰恰相反。老子虽然也将永生不死作为理想目标，但却从永恒回归神话中直接引申出了达到这一目标的另一种途径：无为与不争。在老子看来，人的思想和行为准则不在别处，应在宇宙自然本身的运动之中。只要效法天道自然，“复命”也就成了不求而得，不期而遇的东西。所谓“玄德深矣，远矣，与物反矣，然后乃至大顺”（第六十五章），讲的正是通过加入宇宙循环而获得永恒生命。

永恒回归神话模式所昭示的循环时间观念在道家思想中直接派生出了生命循环的人生观：人生在世，不必汲汲于名利功业的探求和奋斗，也不必像儒家要求的孝子贤孙们那样操心族类的延续、香火的继承与否。只要能够顺应大自然的环状运动，加入到宇宙之道的运行秩序之中，也就无须顾忌什么生与死的区别，更无须为人生的不如意事件所困扰了。《庄子·外物篇》以寓言形式明确表达了此种循环回归的生命观和人生观：

少知曰：“四方之内，六合之里，万物之所生恶起？”

大公调曰：“阴阳相照相盖相治，四时相代相生相杀，欲恶去就于是桥起，雌雄片合于是庸有。安危相易，祸福相生，缓急相摩，聚散以成。此名实之可纪，精微之可志也。随序之相理，桥运之相使，穷则反，终则始。此物之所有，言之所尽，知之所至，极物而已。睹道之人，不随其所废，不原其所起，此议之所止。”[2]

正由于道的循环运动具有“穷则反，终则始”的周期性特点，因而也可以将它视为无始无终的流动，就像日月相代，四季相生一样，未有穷尽。

[1] 参见叶舒宪：《〈诗经〉的文化阐释》，第七章第三节，湖北人民出版社，1994年，第463—478页。
[2] 郭庆藩撰：《庄子集释》，中华书局“新编诸子集成”本，1961年，第914页。

与之相应，人的生与死也可视为宇宙之气的“聚”与“散”的循环变易。“散”是“聚”的前提条件，死也就成了再生的准备阶段。如是，老子才将死亡看作是朝向生命与创造之本源的复归；而庄子也说“孰知有无死生之一守者，吾与之为友”[1]，都是同样的道理。

顺应自然的循环之道，也就意味着放弃人类特有的欲望以及由欲望派生出的种种人为追求。老子在强调“少私寡欲”的人生态度时还提出了一个珍惜个人生命力的处世原则“啬”。第五十九章说：

治人事天，莫若啬。夫唯啬，是谓早服。早服谓之重积德。重积德则无不克，无不克则莫知其极。莫知其极，可以有国。有国之母，可以长久。是谓深根固蒂，长生久视之道。

在老子的语汇中，德的概念不同于儒家的道德概念，它与道的概念相联系，特指生命力。[2] 因此，老子倡导的“积德”实际上是积聚生命力的意思。如河上公注所云，“治人事天莫若啬”说的是“治身者当爱精气不放逸”的道理。此种向内收敛积聚生命力的修身态度同西方人向外探求扩展生命冲动的处世观形成了鲜明的对照。

以上讨论明确了永恒回归神话模式的起源、发展和广泛影响及其在原始意识形态中的重要地位，从而为老子及道家哲学的回归主题找到了神话原型。下文将结合道家的退化历史观进一步讨论永恒回归模式在几个主要文明的早期思想中所留下的深刻印记，并尝试从老子的文本中追索四时代循环主题的潜在迹象。

[1] 郭庆藩撰：《庄子集释》，中华书局“新编诸子集成”本，1961年，第802页。

[2] 参见萧兵、叶舒宪：《老子的文化解读》一书论述德、性与mana关系诸节，湖北人民出版社，1994年。

三、退化历史观及四时代循环模式

鉴于“永恒回归”的原型运动体现在宇宙、生物、历史和人这几个不同方面，循环特征自然以宇宙的运动为基点而扩展蔓延到其他方面。张成秋先生说：哲学是研究宇宙人生根本原理的学问，其中又分为人生哲学与形而上学两大部分。人生问题比较现实，与我们的生活与幸福攸关，然而形而上学乃人生哲学的根据，因为人生是宇宙运行的一部分，所以人生哲学方面的结论不能与宇宙运行的定律相悖。[1] 把握住老子建立在永恒回归神话观念基础之上的宇宙论，也就为其社会历史观的形成找到了基石和出发点。

在老子看来，宇宙运动是终而复始的永恒循环，故曰“反（返）者道之动”；生物的生命也是终而复始的，“万物并作，吾以观其复”，说的是在生物的发生发展之际就应看到其衰败、死亡与再生的前景。“归根”与“复命”的规律性认识说明老子已将原始的再生信仰哲学化了。将此种物极则返的原始宇宙论推广至人类社会领域，道家的退化历史观便就此萌生：

大道废，有仁义，智慧出，有大伪。六亲不和，有孝慈。国家昏乱，有忠臣。（第十八章）

在老子看来，社会的进化就是一种实质上的退化，从自然和谐状态到混乱纷争状态是历史发展的必然宿命。原始的古朴状态一旦结束，代之而来的便是每况愈下的道德堕落。拯救的希望不在于神助，而在于重新顺应天道自然，按照永恒回归的价值取向，归根返本；以原初之“朴”为理想目标，彻底放弃一切人为提倡的礼法与道德的准则：

[1] 张成秋：《老子的形而上学》，见《先秦道家思想研究》，台湾中华书局，1971 年，台北，第 103 页。

绝圣弃智，民利百倍；绝仁弃义，民复孝慈；绝巧弃利，盗贼无有。此三者以为文，不足。故令有所属：见素抱朴，少私寡欲，绝学无忧。（第十九章）

老子的这种绝圣弃智的人生哲学不能不说是以永恒回归神话为原型的宇宙论在政治、伦理方面的扩展、应用和引申的结果。艾利亚德《永恒回归的神话》第3章“不幸与历史”已经讲到初民社会中类似的态度：通过举行全社会性的周期的礼仪活动，使社会生活同宇宙运行的节奏相协调一致，或者说使人的生存加入到宇宙节律之中。这些标志着宇宙运动节奏的周期性礼仪包括：新年礼，季节性礼仪，关于太阳与月亮运行周期的礼仪等等。[1]

除了《老子》书中明确提出的人生主张之外，上古文献中还保留着许多可以传达同样信息的材料。《孙子兵法》的《兵势篇》说：“终而复始，日月是也；死而复生，四时是也。”《礼记·月令》有按季节、月份所确定的人类活动时间表。类似的礼仪活动可以上溯到殷商乃至史前。甲骨文中不仅记载了殷商人按照自然节令定期举行的繁复的礼仪活动，而且还透露了当时宗教领袖们将祖先崇拜纳入周期性循环系统的迹象。由董作宾先生发现的“五祀周祭”的礼仪系统便是这方面的明证。日本汉学家白川静曾对五祀周祭的形成发表过如下看法：“五祀周祭的秩序，除了所谓祖祭体系化的形式性目的之外，大概还由于祖灵观念的发达，以此为前提，在某种意图之下成立的。”对于此种意图，白川静的解说是：“倘若我们以贞卜的本质乃是修祓王所支配的时间空间的立场来说的话，那么像五祀周祭那样把祀典排满全年的祖祭体系，其成立，莫非是想借以达成修祓时间的意图吧！”[2] 所谓“修祓时间

[1]〔美〕艾利亚德：《永恒回归的神话》，英译本，罗特累齐和凯根·保尔出版公司，1954年，伦敦，第95页。

[2]〔日〕白川静：《甲骨文的世界》，中译本，巨流图书公司，1977年，台北，第80—81页。

的意图”，从原始哲学的意义上看，也就是使社会生活的展开完全纳入具有神圣性的时间秩序之中。这种秩序之所以具有神圣性，就因为它体现着周而复始的循环运动的宇宙节律。甚至艾利亚德所说的太阳的日周期运动也是殷商时代人所极为关注的大自然神圣秩序的表征。卜辞中许多有关“出日”“入日”的祭祀与贞卜的材料，隐约表示着当时的人们如何借这种周期变化的太阳运行规则去体验和捕捉神圣的“天道”节律。《尚书·尧典》中有关“宾日于东”“饯日于西”的记载亦当作如是观。

相传为帝尧时代流行的民歌《击壤歌》更可以视为足以显示老子和道家思想渊源的珍贵作品。可惜的是，学者们普遍重视的只是这首古歌的文学史意义，完全忽略其思想史意义。这首古歌全文仅有五句：

日出而作，
日入而息。
凿井而饮，
耕田而食。
帝力于我何有哉！[1]

从字面上看，古歌作者把人的“作息饮食”完全纳入到宇宙自然的运行秩序之中，由此推出“帝力于我何有”的深刻见解，实际上是对人为的政治统治的一种本体论的质疑。这和老子有关“绝圣弃智”“绝仁弃义”的无为主张实有一脉相承的联系。《艺文类聚》引《帝王世纪》中的一段记载提供了有关《击壤歌》的一点背景材料：“天下大和，百姓无事。有五十老人，击壤于道。观者叹曰：‘大哉，帝之德也！’老人曰云云。”由此看来，老

[1] 逯钦立辑校：《先秦汉魏晋南北朝诗》，中华书局，1983年，上册，第1页。

人们把社会的安定和谐完全看作是遵循自然运行秩序的必然结果，而不是帝王的政治和道德统治的结果。这同老子“大道废，有仁义”的看法又是遥相呼应的。

《击壤歌》在后世的广泛流传表明，在古人心目中曾经确实存在一个纯任自然的古朴和谐的社会和时代，它与后来依靠“帝力”或“帝德”加以维持的社会，即大力提倡仁义道德和礼法秩序，反而不断滋生出“盗贼”和昏乱的阶级社会形成相反的对照。这种把早已逝去的最古时代当作理想状态的思维定式，同样反映着脱胎于永恒回归模式的退化历史观。艾利亚德指出，世界各文明古国中都以这种或那种形式出现过退化历史观：即把历史看成是一种自初始的天堂状态向堕落方向的不断退化。这种历史观实际上只不过是原始的循环时间观在文明中的延续和翻版，因而又可称之为历史循环论或历史否定论。

历史循环论发展得最为充分的例子莫过于印度文明。早在《阿达婆吠陀》第 10 卷第 8 首中已透露了周期性毁灭与再造的观念，到大史诗《摩诃婆罗多》（第 3 卷）中，已发展为四阶段的循环模式。循环过程中的最小单位称为“世”（Yuga），四“世”时间长短不一，开始一世最长，结束一世最短。第一世称“圆满世”（Krta yuga），延续四千年；第二世称“三分世”（Treta Yuga），有三千年；第三世称“二分世”（Dvapara Yuga），有两千年；第四世称“争斗世”（Kali Yuga），仅有一千年。四世加在一起，再加上彼此之间的过渡时期，整个循环在一万二千年间完成一周期。在循环历史过程之中，人类的寿命越来越短，道德越来越沦丧，智力越来越衰退。印度教经典《伐由往世书》第 1 卷和《毗湿奴往世书》第 6 卷中对此种退化历史观描述甚详：全面的退化发生在人的生理、智力、道德和社会等各个层次上。四世循环论还认定当代人处在最后一世即“争斗世”之中，世界正走向毁灭与再造的前夜，因此也是最为黑暗的灾难之时。这种历史观在后来演变为关于

“劫”（Kalpa）的理论，并经由佛教的中介作用传入中国。在汉语成语如“劫数难逃”和“宇宙浩劫”等说法中，仍曲折反映着此种源于印度的历史循环论的遗响。

宗教史学家雅各比指出，四世循环论中的每一世都分别自成一个小的循环，包括发生、衰弱和毁灭等不同阶段。由此引发出的循环教义与太阳循环运动的原型结构合若符契，其渊源来自不言而明。[1]历史循环论的创立，就其哲学意义而言，应该说是适应了解释现实的理论需要。由于当世人永远被解说为生逢第四世即最坏的时代，所以现实中的种种苦难，社会的不公等等都找到了历史根据：现存的人比先辈时代要承受更多的黑暗和痛苦，这是与生俱来的历史宿命。然而宿命论的解释毕竟还留给当世人一线希望，既然我们已经接近了循环的终点，那么在宇宙浩劫之后的新创造也就为期不很远了。这一线安慰同时也起到了稳定人心的作用：只需耐心等待“劫数”，不用人为努力去抗争，“不是不报，时间未到”。

退化历史观的四阶段模式以太阳的日周期（晨、午、晚、夜）和年周期（春、夏、秋、冬）运动为原型，其产生并不仅限于印度，而是具有相当普遍性的。古希腊诗人赫西俄德的《神谱》所描述的黄金时代、白银时代、青铜时代和黑铁时代的依次循环，已经是众所周知的了。在这里，每况愈下的退化程序同印度四世说完全一致；当世之人已处在最黑暗的黑铁时代。希腊神话中四时代的观念对于古希腊哲学和意识形态影响深远，从柏拉图《政治学》中提出的周期性回归的主张到斯多噶学派有关“宇宙之火”毁灭世界并使之再生的预言，永恒回归的主题弥漫在整个希腊思想史中。

亚历山大在《拉丁美洲的神话》中引述的阿兹特克传说也体现着以太阳运动为原型的四阶段历史观：世界自诞生以来已经有过三次毁灭，第四次毁

[1] 参见〔美〕艾利亚德：《永恒回归的神话》，英译本，罗特累齐和凯根·保尔出版公司，1954 年，伦敦，第 114 页。

灭将发生在未来。世界的四个世代均由其特有的一位“太阳”所统治，该太阳的坠落或消隐标志着那个世代的终结。[1]这种四个太阳轮流统治世界的神话观念显然只是太阳日周期或年周期运动的一种历史引申，类似的关于四个太阳的信仰也出现在中国上古时期。笔者曾根据汉代四首郊庙歌的标题《青阳》《朱明》《西颢》和《玄冥》对此展开研究，认为这四个名称分别是一年四季的太阳的专名。四首郊庙歌是远古流传下来的祭四季太阳神的仪式活动中演唱的歌词，合起来构成一种循环运动的体系。其中第四首《玄冥》代表一年中最后一个季节，与四阶段历史观中的最后一个时代相对应。这首歌词中明确表达了与老子哲学息息相关的永恒回归主题，如“兆民反本，抱素怀朴”等说法，正是体现道家思想渊源的实例[2]。把一年之终结视为时间循环的分界点，把“反本”和“抱素怀朴”作为新旧时期的周期性转换之际所应效法的行为准则，这正是老子循环历史观和归根反本政治主张的现实原型。而在“玄冥陵阴，蛰虫盖藏，草木零落”的自然启示之下，我们似乎还可找到老子主阴不主阳、主藏伏不主躁动、主归根不主茂壮的价值尺度的自然根源和类比基础。

四阶段历史退化模式在古印欧文化的另一分支伊朗文化中也有突出表现。保存在《登卡特古经》（*Denkart*）第9章8节中的玛兹达教文献《苏达-纳斯克》（*Sudkar-nask*）便提到四时代神话，其顺序与希腊神话略有不同：黄金时代、白银时代、钢的时代和铁的时代。在关于人祖伊摩（Yima）的神话中，四时代的时间模式表现为空间上的三次扩展。据波斯古经《阿维斯塔》，整个故事是这样的：大神维万格罕制成豪摩神酒后获得报偿，生下一子叫伊摩，又称光辉者，成为世界上最早的人类之祖。伊摩受神主阿胡拉·马兹达

---

[1]〔美〕亚历山大（H.B.Alexander）：《拉丁美洲的神话》，《世界各民族神话》第11卷，1920年，波士顿，第91页。

[2]参见叶舒宪：《探索非理性的世界——原型批评的理论与方法》，四川人民出版社，1988年，第149—165页。

嘱托，承担了滋养和监护世界的工作。神主赐他两件法宝：金戒指和短剑。伊摩由此获得帝王权威。他统治下的世界有如永生乐园：没有疾病也没有死亡，人不必为衣食而辛苦劳作。

这样，在伊摩统治下，三百个冬天过去了，大地上添加了羊群和牛群、人、狗、鸟，以及熊熊大火，已经没有地方容纳不断增加的畜群与人类了。

伊摩受神启示，以法宝之神力扩展了生存空间：

伊摩就走向前，朝着光亮的空间，向南迎着太阳，然后他用金戒指按着大地，用短剑挖地，并说道："哦，大地之神，请您分开，远远地伸展开来以容纳羊群、牛群和人吧！"伊摩就这样使大地比原来增长了三分之一，根据他的意愿，畜群与人类都再滋生，他希望有多少就有多少。[1]

随后又过了六百年，再次出现了生存空间的危机，伊摩又如法扩展了大地；又过了九百年，伊摩第三次扩展大地。这样，自永生乐园时代以来，经历了四个时代之后，大地扩展已达极限。面临着新出现的生态危机，伊摩按照神意使大地崩溃，"用手揉捏它，就像制陶人揉捏陶土一样"。接着叙述的是复归乐园的主题：一场宇宙寒冬降临世间，大雪复盖了一切。伊摩像挪亚造方舟一样造了一个避难所"瓦拉"（Vara），把地上的生物及人的种子带进瓦拉，以躲避宇宙性灾难。在这个人造乐园中，正像老子理想中的原始古朴社会那样，无须倡导仁义道德而"民自朴"，那里"没有贫穷，没有说谎，没有卑鄙，没有妒忌"，总之没有恶神在凡人身上打下的任何印记。

[1]〔波斯〕《阿维斯塔经注》，达麦斯泰德与米尔斯英译本，美国格林伍德出版公司，1973年，第1卷，第11—20页。

综观这个神话整体，可以明显看出表现追怀复乐园理想的永恒回归主题和“创造—毁灭（重返混沌）—再创造”的循环运动原型，而由创造到毁灭之间的过渡也表现为四时代和四种生存空间的依次展开。在这里，历史退化思想体现在不断加深的人口危机和生态危机上。这在众多古神话中是极为少见的宝贵思想。

以上从跨文化比较的材料中归纳出的四阶段历史退化模式在《老子》本文之中亦可找到对应之处，如第三十八章讲到的“四失”：

故失道而后德，失德而后仁，失仁而后义，失义而后礼。

从神话原型的眼光看去，这几句话的背后似乎潜存着从黄金时代至黑铁时代依次更迭的模式。由于老子将道等同于创造之前的混沌状态，所以自开辟之后依次有“德”的时代、“仁”的时代、“义”的时代和“礼”的时代。四者之间的连续性关系在“失……而后……”的重复句式中体现得十分明确。老子自认为他所处的当代就是四时代中最后一个“礼”的时代，这同神话思维的惯常定式又不谋而合。由于最后一个时代总被视为堕落的极致、黑暗的极点，因此也是回归运动开始的前奏。老子对现实社会的不满与批判同一切黄金时代神话的作者们一样，表现为对第四时代的痛恨与回归本源的强烈的希望。同章接着说“夫礼者，忠信之薄，而乱之首”，乃是此种痛恨与希望的真实流露。老子生逢儒家礼教文化初兴的时代，仍然执著于神话时代所提供的退化历史观和相应的把初始时代视为理想的价值取向，自然要把儒家思想家们所推崇的“礼治”视为历史上最坏的统治，从根本上给予否定：“前识者，‘道’之华，而愚之始。是以大丈夫处其厚，而不居其薄；处其实，不居其华。故去彼取此。”宋代注家范应元《老子道德经古本集注》云：“前识犹言先见也。谓制礼之人，自谓有先见，故为节文，以为人事之仪则也，

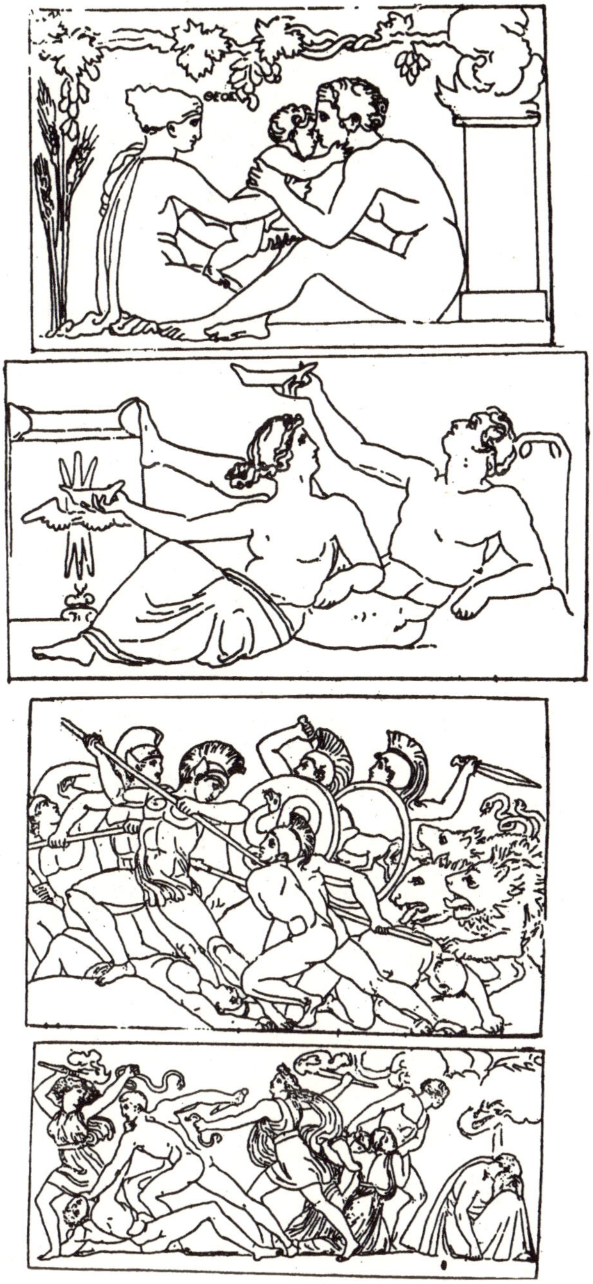

图 20 古代希腊人构想的“四时代”

从上到下：黄金时代，白银时代，青铜时代，黑铁时代。（采自斯威布书插图）

西方古代世界的思想者曾经构拟出一种“退化论”历史观——“四时代”或“四世”的神话哲学，《老子》的“四失”说可能与之暗合。

然使人离质尚文。”由此可知，老子一贯主张的去华就实，原来也是从回归于朴的神话主题中类比引申出来的。所谓“去薄取厚”之说，依照着同样的类比逻辑。河上公注曰：“‘处其厚’者，处身于敦朴。”老子不仅将第四时代看作是应加以否定的世道同古朴的时代形成对立，而且将时代对立的特点完全个人化了。他要求的“大丈夫处其厚，而不居其薄，处其实，不居其华”，实际上就是号召处于第四时代的个人从立身处世的根本准则上恢复第一时代甚至更早的典范传统。陈鼓应先生认为：

老子从居心上来分“道”“德”“仁”“义”“礼”这几个层次。无形无迹的“道”显现于物或作用于物是为“德”（“道”是体，“德”是用，这两者的关系其实是不能分离的）。老子将“德”分为上下；上“德”是无心的流露，下“德”则有了居心。“仁义”是从下“德”产生的，属于有心的作为，已经不是自然的流露了。到了“礼”，就注入勉强的成分，“礼失而后法”（古时候“法”实内涵于“礼”），人的内在精神全然被斫伤。

在老子那时代，“礼”已演为繁文缛节，拘锁人心。同时为争权者所盗用，成为剽窃名位的工具。所以老子抨击“礼”是“忠信之薄而乱之首”。老子一方面批评“礼”对于人性的拘束，另方面向往于“道”的境地——自然流露而不受外在制约的境地。[1]

按照此种看法，道与德不可分，那么四时代的顺序当为创世之前的“道德合一”时代，创世后的“仁”的时代、“义”的时代和“礼法”时代。陈鼓应指出了老子抨击礼法时代的社会原因，但未曾看到神话的退化模式对于老子思想的潜在制约作用。其实，四时代模式在第四十二章那著名的数字展

[1] 陈鼓应：《老子注释及评介》，中华书局，1984 年，第 217 页。

开模式中亦得到了体现：

道生一，一生二，二生三，三生万物。

这里的“道”与“一”是相互指涉的，代表创世前的混沌状态；以下的“二”“三”和“万物”分别代表创世后的三个时代。从“一”与多的辩证转化来看，“万物”终归还要回复到“一”的混同状态，因而正是回归之前的第四时代。至于“一生二”如何代表宇宙的开辟，《黄帝内经太素》卷十九《知针石篇》杨上善注云“从道生一，谓之朴也；一分为二，谓天地也”[1]，可以提供恰当的说明。由此还可推知，老子理想中的黄金时代正是那个混而未分化的“一”的时代，《庄子·天地》曾把它述说为“泰初有无无，有无名，一之所起，有一而未形”。老子自己也曾用“得一”来描绘那个理想时代的种种遗留特征，第三十九章云：

昔之得一者：天得一以清，地得一以宁，神得一以灵，谷得一以盈，万物得一以生，侯王得一以为天下正。

不言而喻，“一”相对于“二”“三”和“万”的状态来说，无疑是老子情所独钟，全心向往的至高境界。

四时代循环模式的展开具有每况愈下的退化特点，这一点还间接地体现在老子关于政治理想逐步退化的描述中：

太上，不知有之；其次，亲而誉之；其次，畏之；其次，侮之。（第十七章）[2]

---

[1] 朱谦之：《老子校释》，中华书局“新编诸子集成”本，1984 年，第 174 页引。
[2] 据帛书甲乙本校改。

这里出现的“太上”一词，帛书本作“大上”，旧注解作“大人”，其实为古书中称引黄金时代理想政治的惯用语[1]，以下的两个“其次”和一个“其下”标明了创世后依次更迭的另三个非理想的社会统治形式，合起来看又恰好构成四时代的序列展开。从文义推求，老子认为理想时代的政治特征是，人民根本不知有统治者的存在，这一点似乎暗合于传说中的太古“无君”之世，如《吕氏春秋·恃君览》所说，“昔太古常无君矣，其民聚生群处，知母不知父，无亲戚兄弟夫妇男女之别，无上下长幼之道。”此种无差别、无阶级、无君主的母系氏族社会正是老子理想之中“不知有之”的那种混一状态，因而被奉为“太上”典范。接下来的第二时代，其政治统治是建立在君王与人民之间和谐融洽关系的基础上的，其突出特点在于人民拥戴、亲近和赞誉统治者。相对而言，这种世道还算比较理想的。再往下到了第三时代，人民开始害怕统治者。按照第七十二章所说的“民不畏威，则大威至”的道理，一旦人民对统治者有了畏惧心理，政治威信也就丧失得差不多了。再往下发展，便是无道至极的现时代，政治方面的黑暗腐朽，已使人民憎恨和轻侮统治者了。按照循环模式惯有的逻辑，到了这第四时代，也就离回归初始为期不远了。老子自以为处在这样一种民侮君的黑暗政治时期，所以他有充分理由相信他的政治理想是完全顺应历史循环趋势的。所谓“功成事遂，百姓皆谓‘我自然’”云云，代表着老子的殷切期望。就像《击壤歌》所显示的那样，统治者的寡言无为将使民众感到并没有人高高在上统治着他们，从而产生出“帝力于我何有”的纯任自然的观念，这才真正符合宇宙自然的总原理。第五十七章最

[1] 蒋锡昌：《老子校诂》对此考索甚详：“‘太上’者，古有此语，乃最上或最好之谊。《魏策》：‘故为王计，太上，伐秦；其次，宾秦；其次，……’《有始览·谨听》：‘太上，知之；其次，知其不知。’谓最好，知之也。……皆其证也。此文“太上”亦谓最好，系就世道升降之程度而言，犹谓最好之世也。王注：‘太上谓大人也，大人在上，故曰太上。’河上注：‘太上，谓太古无名之君也。’自此二注出，后世解老者，皆以‘太上’为君，沿误至今。”（商务印书馆，1937 年，第 107—108 页。）

明确地申说了这种治国主张：

以正治国，以奇用兵，以无事取天下。吾何以知其然哉？以此：天下多忌讳，而人弥贫；人多利器，国家滋昏；人多伎巧，奇物滋起；法物滋彰，盗贼多有。故圣人云："我无为，而民自化；我好静，而民自正；我无事，而民自富；我无欲，而民自朴。"

老子所引用的圣人的四个原则性教诲"无为""好静""无事""无欲"，从根源上看都是取法于创世之前的混沌价值观。如前所述，创世之前正是道处于"无"的状态，也是其生命力最富有的状态。从本体论的"无"派生出的"无为""无事""无欲"等人生哲学规范，其潜在的信息似乎仍然是回归的要求：与宇宙性的回归于无极相对应，政治性的回归目标则是以"正""静""朴"为特征的圣境。

以上讨论明确了老子的退化历史观及四阶段循环模式的神话根源，下文将进而探讨老子循环论的特殊性及其产生原因。在此首先要涉及的问题在老庄哲学对"古始"和"混沌"的独特依恋之情。

四、 混沌之恋与初始之完美

老子哲学同一般的宇宙循环论之间有一个明显的差异之处，那便是在循环回归的最终目标上的差异。前文中已经一再提及，老子为自己所设立的回归目标具有溯本穷源的性质，即要求回复到创世之前的混沌为一的状态。

老子在多次表达通过循环回归达到永恒这一思想时，表现出对"古始"这一神话原型的异常眷恋。他关于归根、归朴、归于无极和归于婴儿的种种换喻描述似乎都传达着同样一种努力——重新趋近于太初的"古始"原型。

《老子》第二十五章中有对古始原型的经典性描述：

有物混成，先天地生。寂兮寥兮！独立不改，周行而不殆，可以为天地母。吾不知其名，强字之曰道，强为之名曰“大”。

在这段文字中，老子试图说明古始就是作为宇宙发生论之本源的“道”，这同作为宇宙运动规则的“道”即“道”之“有”的状态是既相联系又有所区别的。老子把“道”作为初始范畴加以解说时，一方面指出了通过循环回归运动而达到永恒性（“周行不殆”），另一方面强调了“道”的始源性（“先天地生”）和创生潜能（“为天下母”）。

在《庄子》中，这种作为古始的“道”得到一脉相承的强调：

夫道，有情有信，无为无形；可传而不可受，可得而不可见；自本自根，未有天地，自古以固存；神鬼神帝，生天生地；在太极之先而不为高，在六极之下而不为深，先天地生而不为久，长于上古而不为老。[1]

老庄不约而同地把他们理论建构的基点都集中到由神话所提供的古始原型，也就是创世神话中常常作为先天地而生、先于时空而存在的原始混沌（浑沌、浑沦）。《老子》一书的早期翻译者哈列兹（de Harlez）于1891年就提出过如下看法：第二十五章中“有物混成”的“混”，作为名词使用时一般指涉“混沌”，约相当于西文中的Chaos；作为形容词或副词使用时意为“混沌的”或“混沌地”。不过，西文中的chaos（混沌）作为哲学概念专指宇宙本源状态这一件事物，而《老子》中的“混”概念可以兼指其他

[1] 郭庆藩：《庄子集释·大宗师》，中华书局“新编诸子集成”本，1961年，第246—247页。

事物，尤其是用作形容词时。“混成”中的“成”字，意义是“完成”“成全”，意指某种所有事物都将从中获得完美性的东西。[1]

图 21 “朴散则为器”
“朴”的原型是“匏瓜”，即葫芦。艺人或工匠把葫芦制作成工艺品或器皿，虽然巧夺天工，却破坏了“朴”、混沌或“原初之美妙”，就好像“道”被解析、被条分缕述，就丧失了它的完整性和规定性一样。这又反证葫芦（朴）是“混沌”或“道”的一个意象。

蒋锡昌《老子校诂》也敏锐地看到：在《老子》中，最高范畴“道”同“混”有着一种微妙的特殊关系。他在注解第二十章“我愚人之心，纯纯；俗人昭昭，我独若昏”等句时指出，司马光早已认识到老子描绘道家圣人的这种“纯纯”和“昏”的精神状态就是《庄子·应帝王》中作为寓言而提到的浑沌君的状态。蒋锡昌还认为，《老子》第四十九章所说的“圣人在天下，怵怵；为天下，浑其心”同第二十章的措辞“纯纯”“昏”“闷闷”有题旨上的对应关系，而且“浑”与“混”通用，“昏”与“混”发音相近，意义相关，所有这些用语都是以混沌观念为基础，用来描述道家所追求的“无知无欲”（第三章）的理想状态的一组同义词。[2]

美国学者吉拉道特更进一步发掘了道家思想中的混沌主题，他对“混”概念的分析是这样的：

（老庄）专门把“混”加以突出强调，或把它与“道”相等同，或视之为初始的根源、原则，或作为“道”的神秘状态——“物”，由之主宰、控

[1] 转引自〔美〕吉拉道特（N.T.Girardot）：《早期道教的神话与意义》，美国加州大学出版社，1983 年，第 50 页。

[2] 参见蒋锡昌：《老子校诂》，商务印书馆，1937 年，第 135、308 页。

制普遍的现象世界的生物——宇宙的“生”或“创造”。这样，我们可以看到一种关于先于宇宙生成阶段的描述，那时尚不存在现象世界的分化的存在物。那是一种完美无缺的、整体的或所有事物混合为一的（“成”）阶段。[1]

以上引述表明，中外学者都已注意到这样一个重要事实：老子把初始之道认同为混沌。在我们看来，这一事实的确认无异于把握住了遗留在初期哲学理念之中的神话原型。深入理解这一原型在神话思维中的意义和功用，有助于从根本上洞悉老子乃至整个道家思想的发生及特质。

在创世神话中，混沌作为天地万物产生以前的初始状态而出现，这是一个具有相当普遍性的原型母题。混沌母题有时以人格化的形式出现，如巴比伦创世史诗中的海怪提阿马特；更多的情况下是以非人格化的形式出现，通常表现为混沌大水（海洋）或混沌之气。

腓尼基人的创世神话记载在《桑乔尼阿松之书》中，对混沌的描绘构成该神话的第一段：

万物之始是一种黑暗而凝聚的有风的空气，或一种浓厚的空气的微风，以及一种混沌状态，像埃雷布斯那样的混浊漆黑，而这些都是无边无际的，久远以来就是没有形状的。但当这风爱恋自己的本原（混沌）时，就产生了一种密切的联合，那结合称为波托斯，也就是万物创造之始。混沌并不知道自己的产物，但从它同风的拥抱中产生了莫特，有些人称之为伊鲁斯，但另一些人则称之为腐败而稀湿的混合物。创世的一切种子由此萌发，宇宙由此产生。[2]

[1]〔美〕吉拉道特：《早期道教的神话与意义》，美国加州大学出版社，1983年，第49—50页。

[2]〔美〕雷蒙德·范·奥弗编：《太阳之歌——世界各地创世神话》，毛天祜译，中国人民大学出版社，1989年，第183页。

《梨俱吠陀》第10卷第129首记录着印度最早的创世说，其中突出表现了太阳运行之“道”从混沌中开辟出时间和空间的思想：

既无存在，也无不存在，
既无空气的王国，也无彼处的天空。
有什么去包容，去遮盖，在……之中
它是否只是广漠无底的深渊？
既无死，也无不死：
没有把昼夜分开的太阳。
只有那在自身中安歇的“彼”。
除此之外，一无所有。
最初，“万有”隐藏在
黑暗遮掩的黑暗中，在不可知的混沌中。
直至胚芽艰难地从无形的空虚中显现，
因热的巨大威力而诞生了。[1]

在这里，混沌母题表现为黑暗的、广漠无底的深渊，这自然使我们想到老子也惯用同类意象描绘作为初始的“道”：

道冲，而用之久不盈。渊兮，似万物之宗。（第四章）
敦兮其若朴，旷兮其若谷，混兮其若浊。（第十五章）

从黑暗深渊般的混沌状态到光明照耀下的天地空间，创世过程常以太阳

[1]〔美〕雷蒙德·范·奥弗编：《太阳之歌——世界各地创世神话》，毛天祜译，中国人民大学出版社，1989年，第329页。

升起为其原型表象，这一点已在前文中涉及。古埃及纸草书中保存的太阳神创世神话对此做出了最具体的示范说明：

万物之主在他形成之后说：
“我是作为克赫普里而形成的。
在我形成以后，才形成了形体。
一切形体都是在我形成之后才形成的。
众多的形体是从我口中说出的。
天还没有形成，
地还没有形成，
爬行动物在那里爬行的地方
还没有被创造出来。
我从深渊中，从它的静止之中，
把自己抬高到它们之上。
当我找不到我能站立的地方时，
我在我的心中明智地思索，
我在我灵魂中缔造。
我独自造成了一切形体。
……
我喷出的是舒，
我吐出的是特弗内特。
我的父亲，这深渊，把他们送出。[1]

[1]〔美〕雷蒙德·范·奥弗编：《太阳之歌——世界各地创世神话》，毛天祜译，中国人民大学出版社，1989 年，第 274 页。

这则神话把太阳创世主从黑暗、静止的深渊中升腾而起的表象作为世界创造的潜在过程，并把混沌之渊确认为太阳创世主的“父亲”，突出了混沌母题先于创造而存在的超越性和本源性。同前述几则神话联系起来看，似可大致归纳出混沌母题的主要相关特征：无形，无名，空虚，静止，黑暗，无边无际，先于宇宙而存在，具有潜在的强大生命力。对照老子哲学，可以说所有这些特征都是老子构筑其基本价值观的原型尺度。老子对“无”的推崇，对“静”的提倡，对“古始”和“万物宗”的虔诚崇敬膜拜之心，原来均可一一落实到创世神话的混沌母题之中。

在从神话到哲学的演变过程中，混沌一般是作为混乱或无序状态的象征而保留在哲学语汇之中的。奥古斯特·阿尔赫尼乌斯写道：“希腊文‘混沌’（Chaos）一词本指‘无秩序状态’，是秩序的对立面，哲学家又用该词指称宇宙初始物质的那种混而为一，均等分布的状态。”[1]在西方文化史上，混沌作为创造与秩序的对立面，成了一个具有负价值的概念。神话学家约瑟夫·坎贝尔指出，欧洲民间风俗中的节庆演出，常常有这样一些代表着“混沌原则”（the chaos principle）的反面角色：丑角、滑稽人、魔鬼、骗子等。他们的所作所为与正常人相左，意味着无秩序，无规则，违反禁忌或超越常规。他们是这个由神创造的有秩序世界中的异己分子。[2]混沌概念在西方文化中的这种贬值与负面意义，可以说在很大程度上取决于《圣经·旧约·创世记》中创世主耶和华与混沌的原型性对立关系。

起初上帝创造天地。地是空虚混沌，渊面黑暗。上帝的灵运行在水面上。上帝说“要有光”。就有了光。上帝看光是好的，就把光暗分开了。[3]

---

[1]〔瑞典〕阿尔赫尼乌斯（S. August Arrhenius）：《历史上的科学宇宙观的变迁》，寺田寅彦日译，岩波书店，1944年，东京，第23—24页。

[2]〔美〕坎贝尔：《神之面具：原始神话学》，海盗出版公司，1959年，纽约，第274页。

[3]《圣经·旧约·创世记》第一章，第1—4节。

上帝最初的创造始于光明与黑暗的分开及对立，由于上帝视光为“好的”。黑暗的混沌自然成了好的对立面：坏的。这样一种二元对立的价值模式在《圣经》其他篇章中甚至演化生成出上帝与海中妖怪的敌对关系[1]，混沌被人格化为各种代表恶的海中巨兽，后者在象征意义上又同在伊甸园中引诱人类始祖犯罪的蛇相互认同。如《旧约·以赛亚书》第27章中所说：

> 到那日，耶和华必用他刚硬有力的大刀，刑罚海中怪兽，就是那快行的蛇，刑罚海中怪兽，就是那曲行的蛇。并杀海中的大鱼。

由以上材料判断，混沌母题在希腊哲学中作为秩序的对立面，在基督教神学中作为上帝的对立面，二者共同奠定了西方文化中“混沌原则”的负价值基础。对照之下，混沌母题在中国文化中却一般只作为“古始”原型而出现，被人们强调的不是它的负价值或恶的象征意义，而是“万物宗”和创生本源的作用。因此，即使在最正统的思想家那里，混沌也会被视为回归创造本源的必要条件。宋代理学大师朱熹的一段话很能代表混沌母题在中国哲学中的地位：

> 问自开辟以来，至今未万年，不知以前如何？
>
> 曰：以前亦须如此一番明白来。
>
> 又问天地会坏否？
>
> 曰：不会坏，只是相将人无道极了，便一齐打合**混沌一番**，人物都尽，又重新起。[2]

---

[1] 参看《诗篇》第74首。

[2]《朱子语类》卷一。着重号引者所加。

旧世界的终结便是新世界的开始,“混沌一番”既然是“又重新起”的条件,回归混沌也就没有什么可以畏惧的了。

追索混沌母题在中国创世神话及宇宙发生论中的多种表现形式，可以看出它是一种本来不含有褒贬色彩的中性存在。大凡人们上溯天地万物之初始,总会以这样或那样的方式涉及混沌。《三五历记》说:

天地混沌如鸡子，盘古生其中。万八千岁，天地开辟，阳清为天，阴浊为地。[1]

这是将混沌母题与“宇宙卵”母题两相结合产生的盘古创世说。在此，混沌是天地、阴阳分化而出的本源。中国哲学中对此本源有许多不同的措辞和抽象，如《列子·天瑞篇》所述:

夫有形者生于无形，则天地安从生？故曰：有太易，有太初，有太始，有太素。太易者，未见气也；太初者，气之始也；太始者，形之始也；太素者，质之始也。气形质具而未相离，故曰浑沦。浑沦者，言万物相浑沦而未相离也。视之不见，听之不闻，循之不得，故曰易也。[2]

《列子》中说的太初、太始、太素三者浑而未分化的状态浑沦，其实也就是混沌的同义词。清代学者任大椿《列子释文考异》已明确提出：“浑”与“混”是互换通用之词。《山海经》中所说“无面目”的“浑敦”与《庄子》寓言中的“混沌”其实是一回事。类似的记载还有许多，如《淮南子·诠言训》

[1]《艺术类聚》卷一引。

[2] 杨伯峻：《列子集释》，中华书局“新编诸子集成”本，1979 年，第 5—7 页。

中的太一混沌说：

洞同天地，浑沌为朴，未造而成物，谓之太一。

《论衡·谈天》中还有元气混沌说：

说易者曰："元气未分，浑沌为一。"

在所有这些半哲学化、半抽象化的混沌（浑沌）概念中，都不带有价值判断上的贬义，按照道家归真返璞的一贯主张，"浑沌为朴"反而说明混沌是褒义的、理想化的。唯独在非哲理化的史书或神话地理书中，方可找到以人格化形式出现的混沌母题。《左传》文公十八年："昔帝鸿氏有不才子，掩义隐贼，好行凶德，丑类恶物，顽嚚不友，是与比周，天下之民，谓之浑敦。"按照杜预的注解，帝鸿氏为黄帝。这个丑恶的化身"浑敦"是黄帝的"不才子"。《史记·五帝本纪》又称之为"浑沌"。这是上古浩如烟海的文献之中仅见的具有负价值色彩的人格化"浑沌"。在《山海经·西次三经》中保留着尚未染上道德化色彩的浑敦神的具体描写：在出产金玉的神异的天山，英水河畔，"有神焉，其状如黄囊，赤如丹火，六足四翼，浑敦无面目，是识歌舞，实维帝江也"。毕沅注：江读如鸿。可知这位无面目的帝江神就是黄帝的又一化身。袁珂认为《山海经》中的帝江神是关于浑敦人格化的原始记载，《左传》中被认为是黄帝"不才子"的恶的浑敦是神话经过历史化改造后的产物。[1]这一看法是完全合理的。由于道家思想的强大影响，这个负价值的浑敦神并未像西方文化中的"混沌原则"那样推广普及到民俗文化中去，也未能升格

[1] 参见袁珂：《中国神话传说词典》，上海辞书出版社，1985 年，第 292 页。

为中国哲学中的恶之象征，只是在极有限的范围内有些余响而已。[1]（这个混敦神以及作为“气”的混敦与“道”的关系，《老子的文化解读》还有专节讨论）。

通过混沌母题在中西神话与文化中的不同命运的对比考察，我们发现老子是使混沌在中国文化中获得正价值的第一位思想家。正是由于老子对混沌为朴的原始状态的执着向往和热烈颂扬，加上庄子利用浑沌寓言所表达的哲学思想，混沌才得以作为一种理想状态、作为一种回归的神圣目标而在中国思想史上得到异乎寻常的重要地位。

那么，究竟是什么原因使老子卓然独立地打出了混沌理想的大旗呢？我们以为，比较神话学所证实的关于“初始之完美”（Perfection of the Beginnings）的信仰是解开老庄的混沌之恋这一大谜团的重要线索。在以下讨论中，我们将透过初始之完美的信仰去追寻道家思想发生的原始根源，希望能借助比较文化的考察进一步加深对道家哲学特质的理解。

五、玄同大同：中国的“复乐园”神话

《庄子·田子方》讲了一个孔子请教老子的寓言，它用现身说法的生动形式说明了个人如何亲自体验“初始之完美”，以及由此而获得的至高无上的精神乐境。

孔子去拜见老子，老子刚洗完头，披散着头发等待它干，站在那里一动不动，好像木头人。孔子退出静候。过了一会见到老子，孔子说：“莫非是我眼花了，亦或果真如此呢？刚才先生形体直立不动有如枯木，好像超然于人世之外而独立存在。”老子说：“我的心已在最初万物发生的虚无之境游

[1] 参见：《神异经·西荒经》中妖兽浑沌的描写。

历。”孔子问：“这是什么意思呢？”老子答：“那是理智之心难以认知，人类语言难以描述的。让我试着为你说个大概。至阴寒冷，至阳炎热。寒冷出于天，炎热出于地；两者互相交合而万物产生。万物产生有其规律但看不见形象。死生盛衰，时隐时现，日迁月移，每日都有所作为，却不见它的功绩。生有所萌发之本源，死有所归返之境地，始终循环往复，既无端点也无穷尽处。若不是这样，还有什么能构成初始本源呢？”

孔子又问：“您能告诉我游历此境的情景吗？”

老子答道：“到达这种境界，是最美好最快乐的。谁能体会到最美好最快乐的境界，谁就可以被称为至人。”

庄子的这个寓言表明了道家的个人理想，那就是能够像故事中的老子那样“游心于物之初”，从而超凡脱俗成为至人。这种“游心于物之初”的信仰同人类学家、宗教史家所说的“初始之完美”的信仰似有不谋而合之处。

艾利亚德指出，“初始之完美”是由对“失去的天堂”（Lost Paradise）的想象性追忆所唤起的神话信仰，也是一种深刻的宗教性体验。所谓失去的天堂，指那种先于现存人类存在的至福极乐状态，一种理想化的和谐完美状态。[1]由于人类祖先的过失、罪孽或堕落，或者由于宇宙万物发展的循环变易法则，现存人类已经远离这种早已逝去的初始天堂状态，处在社会衰败和道德沦丧之中。

人类学家关于原始社会的研究表明，完美至乐之世曾经存在于世界初始期的信念是非常古老，也非常普遍的。这种观念能够被各种各样的宗教思想所吸收和改造，被赋予新的价值。苏联神话学者梅列金斯基写道：“神话的基本特征，特别是原始神话的基本特征，在于对事物本质推本溯源：对事物的构成加以阐释，即说明其由来；对周围世界加以描述，即讲述天地开辟的经过。……

[1]〔美〕艾利亚德：《神话与现实》，特拉斯克（W.R.Trask）英译本，哈波出版公司，1963年，第50页。

世界的现状——地貌、星辰、各类动物、各种植物、生活方式、社会集团和宗教典制、一切自然的和文化的客体，乃是远古的事态及神幻的英雄、祖先或神祇的事迹所致。而神幻的往昔——不仅是一般已逝去的岁月，而且是特殊的始创时代，即神幻时期、始初时期、经验时期肇始前的'原初''起始'时期。"[1]

道家所追求的"游于物之初"，从神话学立场上看，就是借助于想象和幻想重返那样一种"原初""起始"的神幻时间的精神尝试。这种尝试为个人摆脱不完美的现状，回归"初始之完美"提供了一种心理途径。可以说是一种个人性的复乐园神话。

在澳大利亚土著社会中，有一种集体性的复乐园神话。按照这种神话信念，初始之完美表现为祖先曾经历过的"梦幻"（the Dreaming）时期，那是世界创始、英雄先祖们创立文化基业的时期。一切光荣和伟大的创始事件均在那时发生：水和火如何被窃丢失又重新获得；风俗与禁忌制度如何确立；部族和氏族怎样划分出来；图腾区域如何对生存空间加以分割，等等。法国学者列维－布留尔指出，澳洲土著神话的根本主题是对"梦幻时期"的追忆与沟通，与神话相对应的仪式活动也力求重演、再现那个初始时期的实况，以便使现存人类重新获至那个时期所特有的超自然法力。[2]

复乐园神话更为常见的表现形式是重返创世之初的黄金时代。在前文中讨论退化历史观时已经涉及这一点，即许多民族的神话都把人类至福的乐园时代上溯到开天辟地之后的第一个时期。那时不仅人在道德上纯洁无瑕，没有打上任何罪恶的烙印，而且就是在生理方面也享有后来的人远远不可企及的天然禀赋：或是像《圣经》伊甸园神话描述的那样永生不死，或是像赫西俄德《工作与时日》描述的黄金时代之人一生享受盛宴，死亡犹如睡眠。除

---

[1]〔苏〕梅列金斯基：《神话的诗学》，魏庆征译，商务印书馆，1990 年，第 190—191 页。

[2]〔法〕列维－布留尔：《原始神话学》，埃利奥特（Brian Elliot）英译本，澳大利亚昆士兰大学出版社，1983 年，第 14—15 页。

此之外，初始之完美还可以体现为极度夸张的人类长寿。据耆那教神话，人类在第一个时代身长约 6 公里，寿命有 840 万年。随着时代循环推移，最终到了当代，人寿只剩下不足百年。佛教传说也曾把最初的人类说成是具有异常生命力的，能活 8 万岁[1]。这类夸张说法自然使我们联想到中国道教神话中的长寿仙人，其中最著名者莫过于《庄子·逍遥游》中提到的彭祖，传说他活了七八百年，与印度神话中的初始之人相比，可谓小巫见大巫。不管细节如何不同，神话总是倾向于一种“原始主义”（Primitivism）的观点，即把远古作为理想时代，把初始时期看成一切尽善尽美的时期。

在神话时代的人们看来，初始之完美虽然是早已逝去的、发生在世界创生之际的过去状况，但又是可以借助于宇宙循环周期的进程重新趋近或再度获得的。换句话说，复乐园并非子虚乌有般的幻想，而是一种坚实可期的未来前景，是以循环历史观为基础的普遍信念。如安达曼群岛土著居民便确信，在现存世界终结之后，人类也将毁灭重生，新的人类将重享天堂状态，那时没有疾病、衰老和死亡。波斯古经《阿维斯塔》所描绘的人祖伊摩在历经四个时代以后为逃避宇宙灾难性寒冬而建造的“瓦拉”，也是以特殊形式表达出来的复乐园神话。瓦拉是一个封闭的空间，与外部世间完全隔离，其中四季常青，流水潺潺，果类与食物取之不尽。那里的人没有疾病，不生残疾，没有贫穷，没有说谎，没有卑鄙。每隔四十年，每对夫妇都生出一男一女，各种动物也是如此。[2]这样自然调节的出生率永远不会导致人口危机和生态问题。

复乐园的神话主题同样潜存于巴比伦和希伯来的古文献之中。《圣经·旧约·创世记》所描绘的始祖犯罪和逐出伊甸园是以上帝的最终拯救为补偿的。《以赛亚书》借上帝之话表示：“看那，我造新天新地，从前的事不再被纪念，也不再追想。你们当因我所造的永远欢喜快乐。”从犹太教的《旧约》发展

[1]〔美〕参看艾利亚德：《神话与现实》，英译本，哈波出版公司，1963 年，第 62 页。
[2]〔波斯〕《阿维斯塔经注》，英译本，美国格林伍德出版公司，1973 年，第 1 卷，第 20 页。

到基督教的《新约》，回归天堂时代的希望由朦胧变得具体，特别寄托在死后将复活的救世主耶稣基督身上。加拿大文学理论家弗莱曾深刻地指出，整个《圣经》只讲了一个神话故事，其情节叙述模式类似于标准喜剧的 U 形结构："开篇的《创世记》讲述了人类失去生命树和水，而最终又在《启示录》末尾重新得到了它们。在这两端之间，以色列人的故事被讲述为一系列的灾难，即先后落入各异教王国的掌握——埃及、非利士提亚、巴比伦、叙利亚、罗马，而在每一次灾难之后都接着出现一个短暂的相对独立的时期。除过历史部分之外，在约伯的灾难和复兴的故事中，在耶稣关于浪子的寓言中，也可以看到同样的 U 形叙述。"[1] 由《圣经》神话奠定的这种介于乐园的"失"与"复"之间的 U 形叙述结构成为西方文学中一再重复出现的一种原型模式。

当我们把复乐园神话主题及表现模式作为参照系统重新考察老庄思想时，首先引起注意的不是早期道家思想家著作中潜存着的类似主题和模式，而是老庄在确立理想状态时的特殊尺度——混沌。换言之，初始之完美在老子和庄子的心目中并不体现出创世之后的时期，而体现为创世之前的混杂纯一状态。除了《老子》书中反复申说的回归混沌的主题之外，《庄子·应帝王》所讲浑沌君开窍的寓言也清楚地表达了这一思想。

无为名尸，无为谋府；无为事任，无为知主。体尽无穷，而游无朕；尽其所受乎天，而无见得，亦虚而已。至人之用心若镜，不将不迎，应而不藏，故能胜物而不伤。

南海之帝为倏，北海之帝为忽，中央之帝为浑沌。倏与忽时相与遇于浑沌之地，浑沌待之甚善。倏与忽谋报浑沌之德，曰："人皆有七窍以视听食息，此独无有，尝试凿之。"日凿一窍，七日而浑沌死。[2]

---

[1]〔加〕弗莱：《伟大的编码：〈圣经〉与文学》，罗特累齐与凯根保尔公司，1982 年，第 170—172 页。
[2] 郭庆藩撰：《庄子集释》，中华书局"新编诸子集成"本，1961 年，第 307—309 页。

庄子为了说明“无为”胜于有为的道理采用的这个寓言，看来绝非他个人凭空杜撰，而是以分布甚广的七日创世神话为其原型的。[1] 袁珂便认为，这个寓言包含着创世的观念。倏和忽代表迅疾的时间，他们的开窍意味着开辟，继浑沌之死而迎来了宇宙的诞生。[2] 著名汉学家李约瑟更侧重分析了这个故事的社会政治蕴涵。他认为，凿七窃的行动表明阶级的区分，私有财产及封建制度的形成。整个故事旨在宣扬与此完全相反的政治体系：

> “朴”字常常与浑沌相提并论，浑沌通常译为“浑沌一片”，但是也有“混浊、混淆、混乱”等意义。这个字和朴字一样，都是上古道家的政治术语。笔者相信它意味着“未经分化，混同一致”。因此是指封建社会以前的原始集产社会。浑与沌，有时单独出现，有时用在一起，《道德经》中屡见不鲜。又至少有五次用在《淮南子》中，意义都是一样。[3]

如果不仅仅局限于社会政治意义的话，我们是否可从浑沌寓言中领会到道家关于“游于物之初”的理想，从而把握其特有的“初始之完美”观念呢？简言之，在老庄心目中，混沌未凿代表着最完美无缺的理想状态。就宇宙论方面看，那是创世前的混一未分化状态；就心理学方面看，那是一种神秘地体验状态。

在此，我们看到中国道家式的黄金时代理想原来是以混沌为原型的。《老子》第十五章描述的黄金时代之人被称为“古之善为士者”，他们的特征竟然是用形容混沌状态的那一套语汇来形容的：“敦若朴，混若浊，旷若谷。”这些人同庄子笔下未开窍的浑沌君一样，都是以人格化形象表现的混沌理想。

[1] 参看叶舒宪：《人日之谜：中国上古创世神话发掘》，《中国文化》创刊号，三联书店，1989 年。
[2] 袁珂：《中国神话传说》，中国民间文艺出版社，1984 年，第 66 页。
[3]〔英〕李约瑟：《中国古代科学思想史》，陈立夫主译，江西人民出版社，1990 年，第 140 页。

老子还说他们“微妙玄通”，指的似乎是那种与“道”合一的神秘体验吧（“朴”的原意应是“匏”，即葫芦，象征混沌未凿之宇宙，参见中篇专节）。

从象征语义层面上看，《老子》中一再倡导的“玄通”“玄同”，是对应于“大同”理想即道家黄金时代的。“玄”或“同”的概念对于理解老庄的复乐园神话至关重要。在《庄子·胠箧》中也有关于“玄同”境界的描写，那显然是从理想出发来批判抨击现实的：

故绝圣弃知，大盗乃止，擿玉毁珠，小盗不起，……塞瞽旷之耳，而天下始人含其聪矣；灭文章，散五彩，胶离朱之目，而天下始人含其明矣；……削曾史之行，钳杨墨之口，攘弃仁义，而天下之德始玄同矣。[1]

构成“玄同”的前提条件是废除一切人为的礼法制度，使个人自觉追求那种“塞耳”“钳口”“胶目”的隔绝状态，这正是同“开窍”行为对立的“闭窍”策略，其源头仍在《老子》书中。第五十六章所说的“塞其兑，闭其门，挫其锐，解其忿，和其光，同其尘，是谓玄同”，正是闭窍战略的最早提出，作为个人性回归混沌状态，重返天堂乐园的一种技术手段。后世作为修道技术而普遍流行的“收视返听”等等原来也是由老子首倡的塞闭战略为其先导的。

图22 费长房与葫芦仙（明刻《列仙全传》）
道教推崇葫芦法物，是因为它包容并体现原初的美妙与神秘。

[1] 郭庆藩撰：《庄子集释》，中华书局“新编诸子集成”本，1961年，第353页。

《庄子·天地》中还有一段对于玄同境界的描述：

性修反德，德至同于初。同乃虚，虚乃大。合喙鸣；喙鸣合，与天地为合。其合缗缗，若愚若昏，是谓玄德，同乎大顺。

由此可知，玄德、玄同、玄通等等不同措辞表达的是一个意思，用《淮南子·览冥训》的话说就是“大通混冥，解意释神，漠然若无魂魄，使万物各复归其根”。这无疑是以“混”和“同”为至高理想的道家乐园神话的直接继承。而“使万物各复归其根”的说法再次透露出对“初始之完美”的眷恋和由此派生出的强烈回归意识。

通过以上神话学和语义学的双重考察，我们发现混沌玄同是中国上古关于极乐境界的一种写照，而重返混沌和实现大同则是中国式复乐园神话的核心精神。

初始之完美的原始信仰和与之相对应的复乐园神话通过老子哲学的承上启下作用在传统文化中留下了深深的印记，产生出持久的反响。从老庄的“玄同”“大同”说所派生出的中国式乌托邦理想自先秦直到近代不绝如缕，成为全民所向往的目标。《吕氏春秋·有始览》首先对“大同”圣境做出了定义式注解：

天地万物，一人之身也，此之谓大同。

《礼记·礼运》进一步吸收了儒家思想的成分对“大同”世界做了具体描绘：

大道之行也，天下为公，选贤与能，讲信修睦。……是故谋闭而不兴，盗窃乱贼而不作，故外户而不闭，是谓大同。

就这样，发端于老子，完成于儒家的“大同”说兼备了个人性和全民性复归乐园的双重价值，成为历代进步思想家的一贯号召，至康有为、孙中山仍沿用之。不过，随着时代的变迁，“同”与“混”的社会政治意义逐渐盖过了原初的个人心理意义。修道的神秘主义色彩一旦剥落，“玄同”一词便让位于更为明晰的“大同”了。

不过这一过程还是相当微妙复杂的。详细推究将使我们对儒道两家思想的渊源流变有新的认识。下节拟从“和”与“同”的历史性争辩着手，辨析儒道对峙的神话根源问题。

六、“和”与“同”之争：宇宙创生论与宇宙衰亡论

从词源上追溯，与道家的乐园理想不尽相同的“大同”一词最早出现在《尚书·洪范》中。关于《尚书》的写作年代，历来有西周说与战国说两种不同意见。从《洪范》在中国思想史上首倡水、火、木、金、土的五行学说这一点看，它的产生当在阴阳五行思想出现的时代，因而不可能是周武王时（公元前1016年前后）的作品。梁启超《阴阳五行说之来历》和刘节《洪范疏证》均认为《洪范》出自齐国邹衍以后，假如此说成立的话，那么《尚书》中所说的“大同”一词尚在《庄子》运用这个词之后。《洪范》云：

稽疑：择建立卜筮人，乃命卜筮。……三人占，则从二人之言。汝则有大疑，谋及乃心，谋及卿士，谋及庶人，谋及卜筮。汝则从，龟从，筮从，卿士从，庶民从，是之谓大同。[1]

[1] 周秉钧：《尚书易解》，岳麓书社，1984年，第141—142页。

图 23 彝族的祖灵葫芦（采自刘尧汉）

中国西南边疆民族多以葫芦为祖先神或“图腾”。葫芦是躲避洪水的工具，人类从其再生。所以葫芦又是母腹—女阴的“象征”，而与《老子》的“玄牝—谷神”一致。这更加证实，葫芦（朴：匏）以其内涵混沌、体现圆浑、中示虚空、包孕生命而可以暗喻具有创生能力的“道”。

传曰：“人心和顺，龟筮从之，是谓大同于吉。”这段话的意思是，如果君王遇到疑问需要求助占卜，那就要谋及神职人员、政府官员和老百姓，如果他们能够意见一致，并符合占筮的结果，那就是天意与人愿达到了密合无间的程度，这便是“大同”或“大同于吉”了。从语境意义上看，《洪范》所言之“大同”与《老子》《庄子》所言“玄同”“大同”并不是一回事。由此可以推测，《礼记·礼运》篇中作为社会理想状态的“大同”说并非直接出自儒家思想传统，而是以老庄的社会政治乌托邦为其思想原型的。这真是儒法道的一个突出事例。

作为这一假说的旁证，我们还可以考察一下儒家经典文献中的“同”概念。在《论语》中，具有哲学概念性质的“同”字仅在《子路》篇中二见：“子曰：君子和而不同，小人同而不和。”刘宝楠《论语正义》云：“和因义起，同由利生。义者宜也，各适其宜，未有方体，故不同。然不同因乎义，而非执己之见，无伤于和。利者，人之所同欲也。民务于是，则有争心，故同而不和。此君子、小人之异也。”[1]在孔子的语汇中，并没有“大同”“玄同”之类的合成词，作为哲学概念而使用的“同”是“和”的对立面，“和”是代表政治理想（“和为贵”）和人格理想（“君子和而不同”）的褒义词，因而与此相对立的“同”概念则具有了贬义倾向，成为描述利欲熏心的小人心理状态的词。孔子的这种将“同”与“和”相对而言的措辞方式其实并非他所首创，而是在史书中可以找到先例的。

《国语·郑语》所记史伯的一段言论是迄今所见最早的概念对比分析的实例之一，其中特别说明了“和”与“同”的实质性差异：

今王……去和而取同。夫和实生物，同则不继。以他平他谓之和。故能丰长而物生之。若以同裨同，尽乃弃矣。故先王以土与金木水火杂以成百物，是以合五味以调口。刚四支以卫体，和六律以聪耳，正七体以役心，平八索以成人，建九纪以立纯德，合十数以训百体，出千品，具万方，计亿事，材兆物，收经入，行姟极。故王者居九畡之田，收经入以食兆民，周训而能用之，和乐如一。夫如是，和之至也。于是乎先王聘后于异姓，求财于有方，择臣取谏工而讲以多物，务同和也。声一无听，物一无文，味一无果，物一不讲。王将弃是类也。

史伯的这番高论把“和”与“同”的对立阐释为“多”与“一”的对立，说明了多样事物的统和乃是生命发生发展的条件，而单一的“同”则只会窒息生命的活动。这种为统治者服务的“和”的哲学同老庄所标榜的“归一”和“玄同”战略正所谓背道而驰，显示着截然相反的价值取向。

[1] 刘宝楠：《论语正义》，中华书局，1990 年，第 545 页。

此外，在《左传·昭公二十年》所记晏子对齐侯的一段话中也有关于“和”与“同”的辨析：“公曰：‘和与同异乎？’对曰：‘异。和如羹焉，水火醯醢盐梅以烹鱼肉，燀之以薪，宰夫和之，齐之以味，济其不及，以泄其过。君子食之，以平其心。君臣亦然，君所谓可，而有否焉，臣献其否，以成其可。君所谓否，而有可焉，臣献其可，以去其否。是以政平而不干，民无争心。……先王之济五味和五声也，以平其心，成其政也。声亦如味，一气，二体，三类，四物，五声，六律，七音，八风，九歌，以相成也。清浊，小大，短长，疾徐，哀乐，刚柔，迟速，高下，出入，周疏，以相济也。君子听之以平其心，心平德和。……今据不然，君所谓可据亦曰可，君所谓否据亦曰否。若以水济水，谁能食之；若琴瑟之专一，谁能听之？同之不可也如是！”以上二例均表明，和与同是先秦思想史上由来已久的对立范畴。如果从神话学角度看，可以说“和”的范畴与宇宙开辟论模式相对应，代表着从一到多的宇宙展开和万物发生过程，因而为统治者提供了在多样性统一中取得“相济”“和德”的政治依据，也成为孔子中和说的立论基础；而“同”的范畴与宇宙衰亡论（Eschatology）模式相对应，代表着取消事物之间的差别而重返于混沌不分状态的神话回归主题，成为道家建立其“反文明”理论的思想前提。

艾利亚德在《神话与现实》一书第4章“宇宙衰亡论与宇宙发生论”中指出，在原始社会中，有关宇宙浩劫的神话（Myths of cosmic cataclysms）广为流行。这类神话讲述世界如何衰败和毁灭——常见的表现形式便是所谓宇宙洪荒，人类除了一对夫妇或少数侥幸者外均随着浩劫的来临而丧生。世界各地普遍存在的洪水神话，在某种意义上均可视为表现宇宙衰亡论的原始浩劫神话的变体形式。仔细考察洪水神话可以看出，导致世界毁灭的一个主要原因乃是促进了世界腐败衰亡过程的人类罪恶。[1] 把宇宙衰亡神话同宇宙发生神话的

[1]〔美〕艾利亚德：《神话与现实》，特拉斯克英译本，纽约，哈波出版公司，1963年版，第54页。

对立作为一种原始意识形态中的核心对立原型，中国的道家和儒家的思想对立之根源似可得到史前史的纵深透视。

从象征意义上看，儒家倡导由一到多的发生进程，标举多样并存的“和”的境界，这反映着宇宙发生论神话的价值取向，是为建立理想的政治统治制度而服务的官方意识形态的代表。而道家则把从一到多的文化展开过程视为人类堕落的过程，主张回返到创世前的未分化的混一玄同之境，因而高举出一面“同”的大旗，代表着反对官方政治统治的社会异己势力。道家对混沌的向往实际上重复着宇宙衰亡神话的一贯主题，回归混沌的象征背面正是使宇宙重归洪荒状态，即用毁灭性的大洪水重新消除由礼教文化所带来的各种差别，结束人类道德的堕落进程，从而在混沌为一的无差别境界中重新实现“同”的理想乐园状态。这种基于不同神话价值观的儒道分歧在“和”与“同”的思想对立中得到鲜明的揭示，为我们从事思想史的溯源研究提供了宝贵的线索。

既然“同”与“大同”在儒家圣人孔子思想中并未占据重要位置，甚至沦为“和”之理想的对立面，具有了贬义和负价值，那么后代儒家的经书《礼记》为什么还要借用老庄所特别看中的语汇去描述其社会理想呢？这个问题需要从《礼记》成书的复杂性着眼加以解释。现代学者比较一致的看法是，《礼记》是西汉刘向整理编定的，而《礼运》一篇约为战国末年或秦汉之际的学者托名孔子答问的著作。东汉郑玄注：“名曰《礼运》者，以其记五帝三王相变易阴阳转旋之道。”其中明显受到非儒家正统思想的影响。晚近学者认为《礼运》中的某些观念并非儒家所本有，似出自道家。[1] 这就更有助于说明后世儒家学说绝非铁板一块，在流传演变的过程中吸收别家学派的思想观念乃至专用术语也是理所当然的了。由此可进一步确认儒家有关天下为公的“大同”

[1] 高明：《礼学新探》，香港中文大学版，1963 年，第 38—41 页。

理想同老庄的复乐园神话有直接的承继关系。换言之，大同说所依据的“同”概念的发展已经将宇宙衰亡神话的主题和宇宙发生神话的价值取向调和为一了。《礼运》所赞赏的那种既不施行“礼”，又无须人为地去制“礼”的社会，作为逝去的古昔历史曾有过的理想状态，同道家的非礼思想亦有暗合之处。从“大道之行”的初始完美状态过渡到“大道既隐”的后来状态，这本身就是宇宙衰亡神话所表现的人类堕落过程。从“天下为公”到“天下为家”的世风转变，自然也可由人类道德的衰败去加以解释。

顾炎武尝云：“老氏之学，所以异乎孔子者，‘和其光，同其尘’，此所谓似是而非也。《卜居》《渔父》二篇尽之矣。非不知其言之可从也，而义有所不当为也。”[1]孰不知老氏之学与孔氏之学分别代表着一个圆圈的两半，分开来看确实有很大区别，乃至有相反的运动方向，但合起来看却又是相反而相成的，正像创生与衰亡本身都是生命运动的相反相成方面。

七、馄饨与鸡卵：新年礼俗的破译

在以老子为创始人的道家思想中，由于初始之完美体现于创世前的混沌状态，而不是创世之后的秩序世界，所以自无到有的创生过程本身也是脱离理想境界的过程，亦即衰败和堕落的开始。准此，复乐园神话主题直指宇宙开辟前的无极境界也就是理所当然的了。金岳霖先生说：“我们所谈的既然是无极，混沌是未开的混沌而已。未开的混沌真正是混沌，我们对于真正的混沌没有甚么可以说的，我们只能说无极之所以为混沌的道理。无极之所以为混沌，因为它是万物之所从生，它是万物之所从生，因为它是无始底极限。”[2]研究《圣经》创世观的丹麦学者本尼迪克特·奥森也指出，《旧约·创

[1] 顾炎武：《日知录集释》卷十三，“乡原”条，上海古籍出版社，2006年，第780页。
[2] 金岳霖：《论道》，商务印书馆，1987年，第194页。

世记》所描述创世之前的混沌状态相当于介于无和有之间的初始无形（original formlessness）阶段。[1] 回返这种无始的极限，不仅仅是以哲学主张的形式出现在老子庄子的言论之中，还会以各种其他的形式遗留在文明传统中。在此，我们特别要提出讨论的是以无意识的行为方式保存在民俗礼仪方面的中国式永恒回归信仰的实践，那便是中华饮食文化中最为独特的一面——新年之际礼仪性地同食饺子。

如果我们从语源学方面了解到饺子在古代的本名是“馄饨”，那么大年初一早晨合家吃馄饨的新年礼俗与道家复归混沌理想之间的潜在联系也就一目了然了。

《齐民要术》卷九有“水引馄饨法”，《北户录》注引作“浑屯”，犹言“混沌”。

《正字通》云：“饨，今馄饨，即饺饵别名。俗屑米面为末，空中裹馅，类弹丸形，大小不一。”

《通雅·饮食类》引程大昌说：“馄饨，出于浑氏屯氏。”方以智按：“乃浑屯之转声也。……近时又名鹘突，《释稗》曰，鹘者浑之入，突者暾之入。”[2]

《食物志》：“馄饨，或作浑饨。馄饨像其圆形。”

从以上材料判断，作为食物品种之汉字的馄饨，其起源在于模拟神话中无窍无面目的浑圆之神——浑沌。后人把馄饨的制作形状由圆变长，类似耳朵，所以才又衍生出“饺子”或“饺饵”的新名称。

值得注意的是，按照远古风俗，馄饨并不是一年之中随时可以享用的食品，而是规定在正月初一第一餐时食用的。而包制馄饨（饺子）的时间则在年三十晚上。这一习俗在北方许多地区至今相沿未改，但其所蕴涵的神话本

[1]〔丹麦〕奥森（Benedikt Otzen）：《〈创世记〉中的神话运用》（*The Use of Myth in Genesis*）见《旧约神话》（*Myths in the Old Testament*），蒯耶尔（F.Cryer）英译本，SCM出版公司，1980年，伦敦，第31页。

[2] 转引自许瀚：《别雅订》，《攀古小庐全集》，齐鲁书社，1985年，第390页。

义却早已湮没无闻了。

神话学研究表明，社会的礼仪活动同神话往往是一而二，二而一的。神话是用语言符号记述远古曾发生的神圣事件；仪式则用象征性动作重演远古曾发生的神圣事件。因此，研究者可以通过留传下来的仪式去追索已经失传的神话，也可以按照现存的神话去重构已失传的仪式模式。艾利亚德曾特别指出，原始部落社会的新年礼仪几乎没有例外都是对创世神话的象征性表演，一年一度的庆典活动具有促进宇宙的周期性自我更新的作用。神话的信仰者们也正是借助于新年的礼仪性活动强化复归乐园希望的现实性，体验重返初始之际的神秘与欢欣。

很可能新年的神话礼仪在人类历史上具有这样重要的作用，因为通过宇宙更新的确认，新年提供了希望：初始的极乐世界是可以复兴的。[1]

现在看来，中国古人在新的一年的第一天的第一顿饭中共同食用馄饨（饺子），不也是这样一种全民性复归混沌玄同状态的象征性模仿吗？馄饨本身特有的浑圆无窍、中空裹馅的特征不是完全符合未开窍以前的中央之帝浑沌氏的外观吗？用这种食品作为老庄所向往的初始之完美的象征物，看来也是完全符合神话的类比逻辑的。至于这种新年食品的命名，仅从其形音义都与“混敦”相通，就知道它最初是取法于道家的理想了。

李约瑟便曾指出：“浑沌留下的最古老的遗迹，就是今天中国人普遍食用的馄饨，馄饨即混沌二字换上食字旁。这是一道汤菜，用很薄的面皮包肉做成。戴埴在《鼠璞》（约1260年）中论及馄饨的起源，在唐代以前，找不到线索，不过从那时开始就流行了。”[2] 他提醒我们注意“馄饨”作为新

[1]〔美〕艾利亚德：《神话与现实》，英译本，哈波出版公司，1963年，第50—51页。
[2]〔英〕李约瑟：《中国古代科学思想史》，陈立夫主译，江西人民出版社，1990年，第144页。

年的吉祥物还有其防避敌害的积极巫术作用。“他（指戴埴）提到一本医药的书（没有特别说明）上面说如果馄饨用艾来炸，以艾能驱邪气，则效果更佳。他说由此可见馄饨一定与上古的浑沌有关。换句话说，一定与上古的祭祀和驱邪的风俗有关。今天爱吃馄饨的人，（却）鲜有知道其上古渊源的！”[1]清儒沈自南《艺林汇考·饮食篇》除了引证过《鼠璞》所本的《资暇录》外，还引了另一则材料：《演繁录》说世言馄饨是胡中混氏沌氏为之。沈自南认为馄饨由来甚古，非后之胡人所为。[2]

艾利亚德还指出，按照世界年年更新的循环信念，前一周期的结尾被信仰者们认同为创世之前的混沌。[3]从季节循环过程上看，也就是把冬季的到来看成是世界重返混沌，而冬去春来（新年）无疑被认作是新创世的来临。在中国古代，冬季被认为是万物藏伏的“玄冥”时节，而馄饨也自然在此时就派上了用场。《南粤志》云：

闽人十月一日，作京饨，祀祖告冬。

在这个南方民俗中，一年之末季被看成新创世前的混沌，做京饨祀祖告冬表明了“馄饨”与混沌的象征对应关系。

吉拉道特认为，道家的混沌神话是“宇宙卵”型创世神话的一种变体。[4]尽管这种看法有简单化之嫌，但从中国古书中形容创世前的“天地浑沌如鸡卵”之类的说法，可知混沌与鸡卵确有象征对应关系。研究中国文化中象征系统的美国学者爱伯哈特说：“在南方发现的许多神话中，蛋具有很大的作用。据说世界是一个蛋，万物皆出自蛋中。在大洪水后，只剩下兄妹二人，

[1]〔英〕李约瑟：《中国古代科学思想史》，陈立夫主译，江西人民出版社，1990年，第144页。
[2]沈自南：《艺林汇考》，中华书局影印《四库全书》本，1988年版，第197页。
[3]〔美〕艾利亚德：《神话与现实》，英译本，哈波出版公司，1963年，第48页。
[4]〔美〕吉拉道特：《早期道家的神话与意义》，美国加州大学出版社，1983年，第83页。

他们在这种情况下，只好乱伦结婚，以使人类能繁衍下来。女的后来生下一个蛋，其中出来无数的孩子。”[1] 在这里，蛋重复出现在宇宙起源和人类起源的双重解释中，确可认为是混沌的变形，作为创世之前状态的象征。

与新年礼仪中食馄饨的习俗相似的是正月初一食蛋的礼俗。据宗懔《荆楚岁时记》所载：“正月一日，是三元之日也。《史记》谓之端月。鸡鸣而起，先于庭前爆竹、燃草，以辟山臊恶鬼。于是长幼悉正衣冠，以次拜贺。……各进一鸡子。”同书注引周处《风土记》亦云：“正旦，当生吞鸡子一枚，谓之炼形。”[2] 在我们已经搞清了新年食馄饨的礼俗背后潜在的神话蕴涵之后，对于新年食生鸡卵的这种记载也就可以通过混沌与卵的象征转换而得到透彻的理解了。

吞食馄饨或鸡子的礼仪性行为并不是单纯的饮食行为，从永恒回归的神话和信仰背景上看，这实际上是一种宗教行为。其潜藏的宗教哲学主题是，使个人和社会在循环转换的时间周期中获得象征性的归根反本，从而汲取新的生命能量，达到弃旧图新，重新开始循环的目的。

混沌与馄饨及卵的象征性类比还同另外一种中空无窍的物体发生了关联，那就是袋子。前文中曾提到的《山海经·西次三经》中记载的“浑敦无面目”的帝江，据爱伯哈特的看法便是位布袋之神。

> “袋神”帝江住在天山，他无面无目，但却有六足四翼，他又歌又舞，与想象中最初的大地混沌相似。由于这个原因，中国人常将袋子又称作混沌。[3]

由混沌与袋子的认同又引出了另一种有关混沌的象征礼仪——革囊盛

[1]〔美〕爱伯哈特：《中国文化象征词典》，陈建宪译，湖南文艺出版社，1990 年，第 91 页。
[2]（梁）宗懔：《荆楚岁时记》，岳麓书社，1986 年，第 1、3 页。
[3]〔美〕爱伯哈特：《中国文化象征词典》，第 285 页。

血。吉拉道特认为上古中国改朝换代之际举行的仪式性射革比赛，实际上是重演以浑沌君凿窍为主题的创世神话：把充血的皮制袋子悬在树上，然后由射手射穿袋子，用这种行为象征“混沌初开”，从而迎接新王朝开辟的“乾坤始奠”。[1] 仔细辨析不难看出，射革仪式中虽然出现了象征混沌的袋子，但是该仪式活动的主题并不是回归混沌，而是新的开辟。通过这种射破革囊的行为，仪式的举行者旨在为改朝换代的现实寻找神圣的证明和根据。因此可以说这同道家回归混沌无为状态的神话本义恰恰是南辕北辙的。

[1]〔美〕吉拉道特：《早期道教的神话与意义》，英文版，美国加州大学出版社，1983 年，第 92 页。

THE FOURTH PART

第四章

祭司王与大母神

- 祭司王：儒道同源
- 大母神：远古女神宗教
- 大母神与混沌：老子的性别政治
- 母神乌托邦的意识形态作用

在老子的回归意识和政治理想之中，除了“小国寡民”式的原始淳朴与创世之前的混沌状态之外，还有两个源自史前神话时代的重要原型扮演着相当明确的角色。这两个原型分别为“祭司王”和“大母神”。本章将运用同样的比较文化的方法对这两个原型依次进行纵向的考察，以期说明老子政治哲学的深远文化背景及基础。

一、祭司王：儒道同源

《老子》第七十八章在说明柔弱胜刚强的道理时，曾搬出远古圣人之言作为有力的旁证。这一章的全文如下：

天下莫柔弱于水，而攻坚强者莫之能胜。以其无以易之。弱之胜强，柔之胜刚，天下莫不知，莫能行。是以圣人云：“受国之垢，是谓社稷主；受国不祥，是谓天下王。”正言若反。

用水的特性为喻说明道理，在《老子》中多见，弱胜强的原理也是贯穿于全书之中的。唯独这里所引以为据的圣人的话特别引人注目。对这两句格言式的引语，注释家们早有多种多样的解释。我们今天从人类学的立场上看，发现此话是对初民社会中“祭司王”现象的一种理想化概括。

为什么说当社稷之主要“受国之垢”，为天下之王要“受国不祥”呢？这一问题放置在文明社会中发达的集权统治的国家之中是难以理解的。因为这时的国君帝王们早已废弃了“受国之垢”“受国不祥”的远古传统，成为高高在上的专制者，养尊处优、发号施令的“天之骄子”了。然而，若把问题回溯到国家的原始雏形阶段，通过人类学家从初民社会中归纳出的“祭司王”原理，或许可以得到透彻的理解。

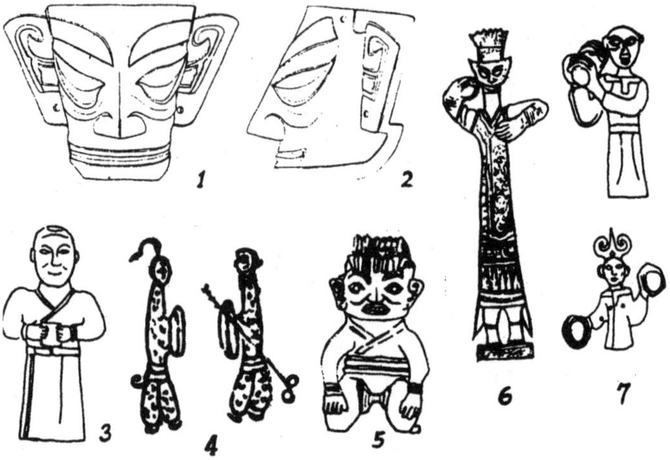

图 24 巫史的造像

1.2. 四川广汉三星堆出土青铜人面像（$K_2$②：119，$K_2$②：60）。3. 河北易县武阳台乡高陌村出土青铜立人像（战国，燕下都）。4. 江陵凤凰山汉墓（M_8）盾像漆画。5. 广汉三星堆青铜人像（K_1：293）。6. 三星堆铜立人像（出于器物坑，相当商代；孙华以为是“瞽史”的造像）。7. 陕西宝鸡茹家庄小铜人像（M_1，采自孙华）。这些都很可能是巫觋（甚至即是“巫史”）的形象；就是在战国秦汉，“巫史”的社会地位也很高。

所谓“祭司王”（Priestly Kings）又叫“巫师王”或“巫祝王”（Magicians as Kings），这是英国人类学家弗雷泽（James Frazer）在其十二卷巨著《金枝》中提出并给予了详细论证的概念。弗雷泽指出，最早的帝王是从原始社会中的祭司、巫师一类的神职人员发展而来的。他们原本不是执行政治统治职能的社会领袖，而是被社会成员视为半神半人的宗教性领袖，后来逐渐发展为政教合一的部落首领，再后来才演变为国王。弗雷泽《金枝》第二章“祭司兼国王”写道：

当我们指出古代国王通常也是祭司的时候，还远未详尽阐明其官职的宗教方面的内容。在那些年代里，笼罩在国王身上的神性绝非是空洞的言词，而是一种坚定的信仰。在很多情况下，国王不只是被当成祭司，即作为人与神之间的联系人而受到尊崇，而是被当作为神灵。他能降福给他的臣民和崇拜者，这种赐福通常被认为是凡人力所不及的，只有向超人或神灵祈求并供献祭品才能获得。因而国王们又经常被期望着能赐与国家风调雨顺五谷丰登等等。这种期望，必然使现代人感到奇怪，但对早期人类来说，这是一种十分自然的思想方式。[1]

弗雷泽进而指出，支配早期人类思想方式的是巫术逻辑，即自然现象与人类活动之间可以产生神秘的交相感应的逻辑。巫师和祭司之所以被奉为“人神”，就在于他们掌握着人类通过象征性活动支配和干预自然，从而保证全社会福利的巫术力量。一旦人间遇到自然灾害，如旱灾、洪水、荒年等，人们便认为应当由巫师、祭司承担全部责任：或是由于他们操纵自然的活动失败，或是由于他们本人生命力的衰老。“处罚”的方式通常是由当事的巫师王以自身作为牺牲祭神“赎罪”。

巫师从前就是这样一种危险的职业。既然人们笃信巫师拥有呼风唤雨，让阳光普照，万物生长的神秘力量，因而也就很自然地会把干旱和死亡归咎于他的失职或罪恶。在非洲部落社会中，这样的例子随处可见。国王如果求雨失败便常被流放或被杀死。在西非的班查尔人中，大家把获得雨水或好天气的权力归之于国王，只要风调雨顺人们就给他大量的粮食和牛。但是假如过久的干旱或雨水变成了危害作物的威胁，人们就辱打国王，直到天气变好为止。当收成不好或海边风浪太大难以捕鱼时，中非的卢安戈人就咒骂国王是“坏心肠”，并将他废黜。在利比利亚、几内亚海岸地区，大祭司或被当作物神崇拜的国王，享有“波迪奥”的头衔，负责保持全体人民的健康、土地肥沃、河海多鱼。如果在这些方面遭到天灾，“波迪奥”便被撤换掉。对弗雷泽理论持保留态度的路西·迈尔在所著《原始政府》一书中也发现，主

[1]〔英〕弗雷泽：《金枝》，大象文艺出版社，1998年，第17—18页。

要分布在东非坦桑尼亚南部的尼亚库萨人（Nyakyusa）在其国王将死之时，由国王的下属将国王身体上所有的孔洞塞住，以防止土地的肥力随着国王的灵魂一起逃离而去。[1]

除了非洲，“世界其他很多地区，国王们曾被期待着要为他们人民的利益去控制自然进程，并在他们未实现人们的期望时受到惩罚。西徐亚人（Scythians）就是这样：一旦食物缺少时便将他们的国王监禁起来。在古埃及不但神圣的国王由于作物欠收要受到谴责，连那些圣兽也得对这种自然灾难负责。……在南太平洋的纽埃岛或“野人岛”等珊瑚岛上，从前曾由一系列国王统治过。但由于国王也是大祭司，并被人们认定可以使五谷丰收，因而在缺粮时，人们便愤怒地杀死了他们。就这样国王们一个接一个地被杀掉，直到最后再也没有人当国王了，其君主政治也随之告终。”[2]

在以上引述的一系列材料中，我们实际上已经看到了什么叫“祭司王”。在祭司王们因社会福利保障方面的不利而遭受责骂和辱打的实例之中，可以说明什么叫“受国之垢”；在祭司王们被流放、幽闭和被杀的牺牲行为中，可以理解他们为什么要“受国不祥”。老子所引圣人之言看来绝非无凭据之说，而是以远古社会中的神性首领为其现实原型的。

这一点，德国的思想家已经很敏锐地感受到了。例如黑格尔在他的《历史哲学》里说：“中国宗教含有以人事影响天然的那种原始的成分，即以为人的行为绝对地决定了事情的途径。”[3] 如果“皇帝仁善，必然会有丰年，‘天’一定降福的”[4]；如果皇帝残暴，必然会有灾歉，“天”也一定会赐祸的；特别是灾荒频仍、天变异常之时，君主就肯定要受邦之“垢”而遭遇“不祥”。

谢林更加明确地说过，中国人确信，“整个的自然都随着〔君主〕这位

[1]〔英〕路西·迈尔（Lucy Mair）：《原始政府》，企鹅丛书版，1962 年，第 232 页。
[2]〔英〕弗雷泽：《金枝》，大象文艺出版社，1998 年，第 133—134 页。
[3]〔德〕黑格尔：《历史哲学》，王造时、谢诒徵译，商务印书馆，1937 年，第 212 页。
[4]〔德〕黑格尔：《历史哲学》，王造时、谢诒徵译，商务印书馆，1937 年，第 212 页。

图 25 巫舞

1. 河南信阳楚墓锦瑟漆绘。2. 湖北随县曾侯乙墓鸳鸯豆漆绘。3. 云南晋宁石寨山铜器雕饰（采自李伟卿）。4. 江苏六合程桥东周铜器雕纹。5. 四川泸州汉代石棺刻画。

巫师装束奇特，动作怪诞。这里所展现的多是学者认定的巫术乐舞或祭享场面。巫师有时还扮演成动物，保留着图腾化装跳舞的遗风。

血肉之身的思想、意志和行为而运动”。所以，“如果人民遇到大灾祸，如果天象险恶或不同寻常的暴风骤雨，皇帝〔应〕马上引咎自身，并在自己的思想、愿望或习惯中寻找自然活动反常乖戾的原因：因为如果他天纲不乱，保护着真正的中心，自然界就不会有任何越出常轨之举。”[1]

中国上古社会中曾经在事实上流行过类似的祭司王或巫祝王的风俗礼

[1]〔德〕谢林：《中国——神话哲学》〔德〕夏瑞春译，中译文见〔德〕夏瑞春：《德国思想家论中国》，陈爱政等译，江苏人民出版社，1995 年，第 147 页。

仪，这一点已由中外学者一再证明过了。弗雷泽《金枝》中只是含含糊糊地涉及这种风俗在中国、朝鲜的存在。郑振铎则接受《金枝》的启发，对中国上古祭司王问题进行过专门研究。他在《汤祷篇》这篇以人类学方法研究古史的开创性论文中，详细论证了中国古书记载中最早的一位祭司王商汤以身为牺牲而祷于桑林的事迹。据《吕氏春秋》：

汤克夏而正天下。天大旱五年不收。汤乃以身祷于桑林曰："余一人有罪，无及万夫。万夫有罪，在余一人。无以一人之不敏，使上帝鬼神伤民之命。"于是剪其发，鄌其手，以身为牺牲，用祈福于上帝。民乃甚悦，雨乃大至。

郑振铎先生认为，这段有关3200多年以前的事件的记载，用今人眼光看，似乎是荒诞不经的神话。自《史记》始，已对汤王的这件事一字不提了。近代疑古派考据家崔述也曾引经据典证明此事的不会有。但是借助于《金枝》所提供的人类学视野，可以确凿无疑地把汤王祷桑林故事看成是为社会集体福利而牺牲的祭司王。类似的事件，周代也有反映。如《诗经·大雅·云汉》，便是周王在大旱之灾面前呼天喊地般叹求的祷辞。所谓"耗斁下土，宁丁我躬"，意思是王自己宁愿独当灾害之冲，不要再以旱来耗苦天下了。这正如汤王祷辞中说的"余一人有罪，无及万夫……"。原来古代社会之立"君"正是要他成为这种"挡箭牌"吧。[1] 从周代帝王在大旱面前尚且要如此引咎自责的事实，郑振铎认为可以上推商代帝王身祷之说的可信性。他同时还指出：

不仅如此，从殷周以来的三千余年间，类乎汤祷的故事，在我们的历史上，不知发生了多少。天下有什么"风吹草动"的灾异，帝王们便须自起而负其

[1] 郑振铎：《汤祷篇》，原载《东方杂志》三十卷一号，1933年1月；古典文学出版社，1957年；又《郑振铎古典文学论文集》，上海古籍出版社，1988年。

全责；甚至天空上发生了什么变异，例如彗星出现等等的事，国王们也便都要引为自咎的下诏罪己，请求改过。[1]

前后对比之下，后代帝王们的这种引咎自责与商汤的自我牺牲实有天壤之别，可以看作是古代祭司王传统的一种形式上的遗留，不免露出虚伪的一面了。老子生当去古未远的春秋时代，而且据传曾担任“周守藏室之史”。按照上古巫、史不分的传统，他一定对过去流行的祭司王的事迹十分熟悉，并以此为远古之榜样，希望当时的国君们能效法之，放弃专制压迫和横征暴敛，用勇于为全社会福利而承担责任的谦下柔弱精神，去实际感化下民，自然地获得人民拥戴。刘师培先生指出：“案《淮南子·道应训》引《老子》，‘受国’上均有‘能’字，‘不祥’上又有‘之’字，当为古本。”[2]据此，老子引圣人话当为：“能受国之垢，是谓社稷主；能受国之不祥，是谓天下王。”这样受国之垢和不祥，便成了充当帝王的先决条件了。《左传》宣公十五年宗伯曰：

图26 酋长、耆老或巫师（云南晋宁石寨山出土贮贝器雕铸人物，M13 ：2）
在所谓“纳贡”队伍的前列，是蓄须的酋长或巫师，其中一人须长过腹。胡须长则经验多，智慧深，本领大。原始社会多有“年龄一长老崇拜”，后代仍然不能全然幸免。

川泽纳污，山薮藏疾，瑾瑜匿瑕，国君含垢，天之道也。

这里的四个类比句已把“国君含垢”现象论证为自古而然的“天之道”了。

[1] 郑振铎：《汤祷篇》，原载《东方杂志》三十卷一号，1933年1月；古典文学出版社，1957年；又《郑振铎古典文学论文集》，上海古籍出版社，1988年。

[2] 转引自朱谦之撰：《老子校释》，中华书局，2000年，第303页。

可见老子所引圣人言是以上古民间舆论为依托的，它所反映的是祭司王传统衰微之际带有强烈怀古倾向的政治理想。同时也是对施行暴政的君王们的现实批判。这同《老子》第二十三章、第五十七章、第六十二章所申说的为君之道是一致的。其实，古汉语中的“王”字，按照《说文》的释义，便特指“天下所归往也”。可知上古“王”的概念中便包含着老子所说的“正言若反”的道理：只有具有忍辱负重、自我牺牲精神的人才能获得人民的信任，成为天下归往的统治者。

日本学者白川静也曾据弗雷泽的“巫祝王”之说解释中国古代的某些文化现象。他提出儒者的起源便是能适应社会之需而做出牺牲的巫祝：

> 牺牲系用巫祝，被当作断发而请雨的牺牲者，需也。需，系含有为需求降雨而断发髡形之巫的意思。如此的巫祝，乃儒之源流也。此牺牲者——巫，又有时会被焚杀，关于汤之神话亦有采其形式者。[1]

这种从语源上推考儒者本源的看法可谓别开生面。果真如此的话，道家理想中的圣王原来不是别的，就是原始的“儒”了。[2]

二、大母神：远古女神宗教

在把中国道家思想中的天堂乐园理想同其他主要文明中类似的神话理想相比较时，我们已经找到了一个至关重要的差异。一般的神话叙述总是把创世之际或创世后的第一时期作为黄金时代或天堂乐园时期，初始之完美体现

[1]〔日〕白川静：《中国古代文化》，加地伸行、范月娇译，文津出版社，1983年，台北，第121页。

[2]儒的起源问题牵涉颇广，在此不拟展开。请参看胡适《说儒》，《历史语言研究所集刊》，第四卷第三期，1934年；叶舒宪：《诗经的文化阐释》第三章十一节“从中人人格看儒的起源”，湖北人民出版社，1994年。

于宇宙万物的创造和秩序存在本身；而老子则将宇宙开辟之前的玄同混一状态视为至高理想和原型范本，庄子更将闭目塞聪、无窍无知又无欲的浑沌充当初始之完美的理想化身。这一特异之处足以构成中国式乐园神话及东方修道术的原型特征，值得深入探讨。

究竟为什么会出现这种情况呢？

从社会进化和文化演变的宏观视野上看，我们以为老庄哲学的这种特殊的价值取向植根于史前宗教的大母神崇拜，或者更确切地说，反映着保留在父权制文化之中的远古母系社会的女神宗教及神话原型。

神话学家认为，作为哲学宇宙论之基础和前身的创世神话具有几种典型的叙述类型。其中最为常见的两个基本母题分别是“造”与“生”。前一母题讲述某一至高的创世主神（常为男性神）用其特有的超自然力量与智慧创造出世界万物，并规定其存在秩序。后一母题则将宇宙的由来描述为生物性的生育过程。按照生育方式上的差别，“生”的母题又表现为以下三种形式：

图 27 大地女神（希腊浮雕摹本）
大地的女神从女神的大地里缓缓诞生，禾稼和果实也由是生出。这也标示着农业之伊始。

（1）双性生殖。由“世界父母”（the cosmic parent）交合后生育出世界。

（2）单性生殖。由一个原始大母神独立地生育出世界、诸神和人类。

（3）无性生殖。世界的由来过程被象征为宇宙卵（the cosmic egg）的破裂和分化。或从卵中生出一对孪生子，由他们最后完成世界秩序的创造。[1]

在“造”与“生”这两类创世神话中，由男性创世主创造世界的神话和

[1] 参见《新大英百科全书》1973—1974 年版，第 5 卷，第 239 页以下，《创世神话与教义》一文。

由世界父母双性生殖世界的神话都是父系制社会确立以后的产物；而由原始大母神独自生育世界的神话却是先于以男性为中心的父系社会而存在的，这种单性生殖观念反映着那种“知母不知父”的母系氏族社会。

当今国际最著名的神话学者约瑟夫·坎贝尔在四卷本著作《神之面具》中指出，东方和西方神话在起源上有一明显差别。西方神话主要发生于父权制的狩猎或游牧社会，反映着男神对女神的胜利取代或男神的统治地位。东方神话发生于农耕社会，反映着以女神为主的母权社会。由这一基本差异出发，坎贝尔还归纳出东西方神话的六大对立特征：

第一，西方神话强调男神对女神的统治和神对人的统治；东方神话强调男神女神平等和神人平等。

第二，西方神话强调男神女神之别和神人之别；东方神话强调男神女神和神与人之间的神秘“混一”。

第三，西方神话强调人的必死性；东方神话强调人的不死性。

第四，西方神话多表现野心与攻击欲；东方神话多表现被动性与和平。

第五，西方神话追求英雄主义；东方神话则不然，尤其当英雄主义体现为野心和斗争时。

第六，西方神话中的欲望在于建立独立的自我；东方神话中的欲望在于消解自我，回归于无意识。[1]

坎贝尔的这种观点在神话学界引发了持久的争论，神话研究本身也具有了文化寻根的理论意义。如果说坎贝尔所归纳出的东方神话特征并不能完全适应所有的东方民族的神话，那么它对于老子和道家神话而言却是较为贴切和恰当的。

细读《老子》便不难发现，大母神原型在老子的整个思想体系中发挥着

[1] 参看〔美〕罗伯特·西格尔（Robert A. Segal）：《约瑟夫·坎贝尔导论》，花环出版公司，1987 年，第 5 章。

十分重要的作用。这一原型有时被确认为是“天地之根”，即独自生育了整个世界的“原母”或“玄牝”；有时又被表现为神秘的“道”及其创生功能的隐喻：

有物混成，先天地生……可以为天下母。（第二十五章）

无名，天地始；有名，万物之母。（第一章）

天下有始，以为天下母。（第五十二章）

还有时被用做生命力的源头或生命力持久的隐喻：

我独异于人，而贵食母。（第二十章）

既知其子，复守其母，没身不殆。（第五十二章）

有国之母，可以长久。（第五十九章）

在老子的意识中，宇宙万物的出现不是男性创世神“造”的结果，而是作为“道”的大母神“生”的结果。“生”这一母题弥漫在整个老子哲学之中：

道生一，一生二，二生三，三生万物。（第四十二章）

道生之，德畜之，长之育之，成之熟之，养之复之。（第五十一章）

大道氾兮，其可左右。万物恃之以生而不辞，功成而不有。……万物归焉而不为主，可名为大。（第三十四章）

天门开合，能为雌乎？……生之畜之，生而不有，为而不恃，长而不宰，是谓玄德。（第十章）

老子提倡的这种“玄德”，从其“不为主”“不宰”“不恃”诸特征看，显然同男性创世主观念格格不入。或许可以说，玄德的实质在于母性的生命力。透过老子关于“玄德”和关于道的创生功能的各种表述及象征语汇，似乎在背后可以发现一种潜在的单一雌性生殖观念。追溯此种观念的史前发生根源，将把我们的视线引向人类最早的宗教崇拜形式——大母神崇拜。

大母神（the Great Mother）又称大女神（the Great Goddess），或译“原母神”，是比较宗教学中的专门术语，指父系社会出现以前人类所崇奉的最大神灵，她的产生比我们文明社会中所熟悉的天父神要早两万年左右。[1] 人类学家和宗教史学家认为，大母神是后代一切女神的终极原型，甚至可能是一切神的终极原型。换句话说，大母神是女神崇拜的最初形态，从这单一的母神原型中逐渐分化和派生出职能各异的众女神及男神。

西方学者对大母神的研究已经积累了相当丰富的材料，但有些问题至今尚未达成一致的结论。20 世纪以来，考古学家们在西起西班牙东至西伯利亚的整个欧陆区域陆续发现距今二三万年以前的女性雕像，大多数学者确信这些最早出现的女性偶像就是大母神信仰的对象化表现。这些女神像长约 5—25 公分，大多用石头、兽骨或象牙制成。其中最著名的是在奥地利威林多夫和法国列斯普格发现的女性雕像，其共同的特征是全裸体，鼓腹、丰臀和突出刻画的生殖部位（参见图 28）。现代西方的学者们为这些女神像起名叫“史前维纳斯”，因为这些女神曾一度被认为是旧石器时代人类所崇奉的性爱女神。[2]

随着进一步的发现和多角度研究的展开，学者们对史前维纳斯的性质提出了质疑：她们真是性爱女神吗？旧石器时代的人究竟有没有关于男女两性结合与生育之间因果关系的知识呢？

[1]〔德〕艾里希·纽曼（Erich Neumann）：《大母神：一个原型的分析》，英译本，普林斯顿大学出版社，1972 年，第 94 页。

[2]〔美〕艾利亚德：《宗教思想史》第 1 卷，芝加哥大学出版社，1978 年，第 20 页。

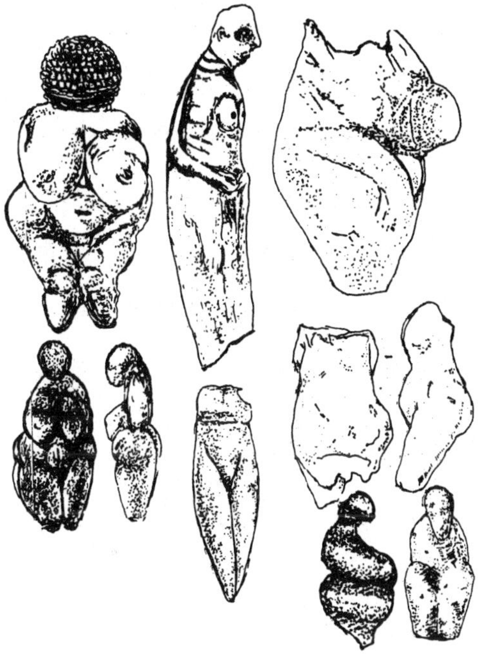

图 28 大母神：史前维纳斯
这些大多发现在欧洲旧石器时代的女神雕像都突出性和生殖的部位。

法国史前宗教和艺术研究家安德烈·勒鲁瓦－古昂在收集和分析了尽可能广泛的考古材料之后断言，在整个旧石器时代的造型艺术（包括雕塑和绘画）中，直到目前为止尚未发现过任何一种人或动物的交媾场面。[1] 这一事实似乎意味着，性爱还没有成为旧石器时代艺术的表现主题，当时的人之所以热衷于制作女性裸像，完全是出于另外的原因。

从时间跨度上看，女神雕像自旧石器时代晚期问世，经过整个新石器时代，一直延伸到文明社会中。由于父权制的男神宗教的确立和扩展，尤其是犹太—基督教的禁偶像运动，女神像逐渐失去了存在的条件，终于在欧亚大陆上陆续绝迹。学者们推测，在这些遍布欧亚大陆的女神像的背后，存在过一种延续了两万多年的女神宗教。默林·斯通在《上帝为女性时》（*When*

[1]〔法〕勒鲁瓦－古昂：《史前宗教》，俞灏敏译，上海文艺出版社，1990 年，第 105 页。

God Was A Woman）这部轰动西方的著作中对女神宗教的发生、分布及衰落过程做了系统论证。她认为女神宗教的崇拜中心是大母神；女神宗教发展的最高形态是女性创世主的神话观念：母神作为一切生物乃至无机物之母，是她生育出天地万物和人类。这样一种女性创世主的神话可见于苏美尔、巴比伦、埃及、非洲、澳大利亚土著和中国。[1] 至于女神宗教在石器时代产生的原因，学者们认为主要在于经验观察到的母亲的生育能力。一旦原始人将这种母性生育力与人类的永恒延续联系起来考虑，母神崇拜也就自发地形成了。史前维纳斯像虽然在造型特征上多种多样，但大都不约而同地突出表现女性隆起的腹部和生育器官，这显然是对怀孕和生产的特殊关注的表现（参见图 29）。

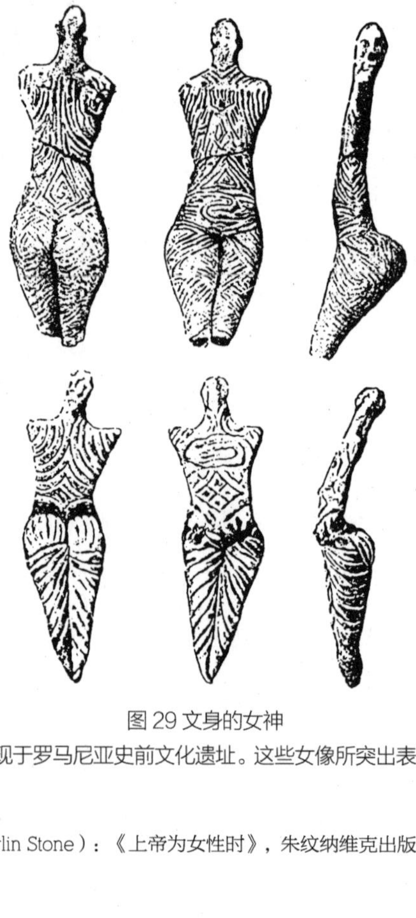

图 29 文身的女神

女性人体陶像，发现于罗马尼亚史前文化遗址。这些女像所突出表现的也是生殖区。

[1]〔英〕默林·斯通（Merlin Stone）：《上帝为女性时》，朱纹纳维克出版公司，1976 年，第 18—19 页。

法国学者伊·巴丹特尔写道："勒鲁瓦-古尔安常提醒我们注意当时的艺术中缺少表现性行为的作品，没有起码的生育交配……这是不是说生育权为女性严格把持着呢？也许男人也猜想自己参与了生育，但当时生物意义上的父亲概念毕竟十分模糊，不像母亲那样显而易见。因此，不能排除当时的人们认为人类的生育是一种孤雌繁殖，从而承认女性有创造生命的神奇力量。"[1]由于女性在原始观念中同生命的赋予相关联，母神崇拜实质上也就是对生命和生命再生的崇拜。由狩猎社会发展到农耕社会以后，女性又自然地同生养农作物的土地发展起象征对应的关系，这便导致了遍布全球各地的所谓"地母"的信仰[2]。德国比较神话学家，文化圈理论的倡导者之一施密特曾归纳出与父系游牧文化圈相对的母系农业文化圈的意识形态特点。他认为农业种植的发明是女性的功绩。最早从事耕作的也是部落社会中不从事狩猎活动的女性。因此早期农耕文化一般具有母系社会的性质，女子由于给部落社会提供了较稳定的食物来源，其地位也相应地获得了提高。反映在宗教神话方面，地母神、月神成为主要崇拜对象，二者混合后倾向于发展为至高无上的女神——女上帝。

在我们的传统观念中，男耕女织似乎是天经地义的性别分工，所以耕作自古以来就被视为男性的专职，妇女充其量只是农业生产中的辅助性角色，她们的专职是纺织和家务。《吕氏春秋·上农》中对男耕女织合法性的论证是很有代表性的：

后稷曰："所以务耕织者，以为本教也。"是故天子亲率诸侯耕地籍田，大夫士皆有功业。……后妃率九嫔蚕于郊，桑于公田，是以春秋冬夏皆有麻枲丝茧之功，以力妇教也。是故丈夫不织而衣，妇人不耕而食，男女贸功以

[1]〔法〕伊·巴丹特尔：《男女论》，陈伏保等译，湖南文艺出版社，1988年，第31页。
[2]〔美〕艾利亚德：《比较宗教学模式》，希德与沃德出版公司，1958年，第332页以下。

长生，此圣人之制也。[1]

考古发现表明，在黄河流域，男耕女织的两性分工模式不是什么“圣人之制”，而是新石器时代农耕文化发展后的产物。纺织业的出现晚于农业，即在母系氏族社会趋于解体之际。那时，耕作已从女性专职转移到男性手中。在甘肃马家窑新石器时期墓葬中，农具与纺具已经成为两性分工的象征物了。

据柳湾马厂类型墓葬统计：五十三个男性墓主，有四十五个随葬斧、锛、凿，只有八个随葬纺轮；三十一个女性墓主有二十八个随葬纺轮，可见当时男耕女织的分工更为明显了。[2]

按照年代测定，马厂类型文化约相当于公元前两千年前后，也就是传说中的夏代，即自新石器时代向文明国家演化的过程当中，与农耕起源的时代已有相当的距离了。如果说在人们熟悉已久的“男耕女织”模式存在之前还曾有过一个更为古老的“女耕女织”的模式，也许乍听起来有些耸人听闻之嫌。然而，人类学研究表明，施密特、汤姆森等人坚持的女性发明农业说是有足够依据的。最初，妇女发现了育种原理并开始种植的尝试，随着农业收成的优越性和稳定性逐渐被狩猎社会完全认可，这才吸引着越来越多的男性放弃狩猎而转向农耕。即使在男女共同参加农业生产的社会里，对于妇女发明育种技术从而使耕种成为现实的功绩依然是记忆犹新的。神话与仪式在这里起到了重要作用。我国珞巴族中流行的农耕祭礼便可作为一个实例：

庄稼收完后，举行称为“昂德林”的丰收节。丰收节的时间约两天，全

[1]《吕氏春秋》毕沅校本。
[2] 中国社会科学院考古研究所编：《新中国的考古发现与研究》，文物出版社，1984 年，第 114 页。

村男女共饮丰收酒，晚上喝酒对歌至通宵。男女对唱的内容是关于农业的起源及男女在农业生产中的作用。如名叫“虾依·亚李波”的歌中唱道：“我们男子不帮忙开天辟地，你们女子到哪里去找地种庄稼？”“我们女子不育成种子，学会种庄稼，你们男子怎么能喝上这样甜蜜的美酒？没有花蜜蜂蜜自然不会甜，没有我们女子育成种子，人类也不会有像今天这样多的粮食吃！”[1]

在这首词义分明的农耕仪式歌中，女性尚能以充分的自信和自豪向男人们夸耀她们发明育种技术，开创农业新纪元的伟大业绩（图 30）。这正是潜存于“男耕女织”流行模式背后的“女耕女织”时代的遥遥反响。如人类学家所指出的那样：“农业的发明是妇女的功绩，不仅因为妇女是主要的采集者，其后又成为初期农业的发明者；还因为初期农业主要是由妇女们承担和领导的。北美印第安人如易洛魁人、祖尼人、亥达沙人，非洲东南部的许多部落，以及新几内亚的巴拿罗人等，在农业活动上就是以妇女为中心的。由妇女们选出一个年长而精力充沛的管理人领导农耕工作，而这个管理人还可

图 30 丰殖仪式（古埃及瓶画）

发现于古埃及，属于公元前四千年。双臂上扬的女性，有人说表现了繁殖崇拜仪式中的祭祀舞蹈，也有人说是表示“伟大”的身姿符号，可以跟中国内蒙古、云南沧源、广西左江等地发现的表现祭祀性乐舞的岩画相参照。

[1] 刘芳贤、李坚尚：《珞巴族的原始宗教》，见宋恩常编：《中国少数民族宗教初编》，云南人民出版社，1985 年，第 126—127 页。

以选择一两个人做自己的助手。随着锄耕农业的发展，特别是发展到犁耕农业阶段，男子就成为农业方面的主要劳动者了。”[1] 从以上材料中可以推测出，在妇女发明农耕技术之后，男子取代妇女成为农业的主要劳力之前，一定存在过一个主要由女性从事农耕生产的历史阶段。当时意识形态的核心观念在于将女性的生育能力同大地的生产能力相互认同，使大母神信仰向地母信仰方向演进。

大母神在农耕文化中同土地的生养能力相认同的另一结果是，农作物乃至整个植物世界的周期性荣与枯的循环被看作是地母特别掌握的死亡与再生功能的体现。于是，原来只作为生育之象征的母神神格现在发展为兼管死亡、复活的命运之神、月神和阴间主宰神。这样一来，从单一的生命赋予者，到“生—死—再生”这样一种生命循环过程的主宰者，大母神观念的发展同源于日、月循环运行的神秘的“道”的观念也就相距不远、日趋融合了。杜而未坚持认为老子所说之“道”本为月神，虽不免以偏概全之嫌，但毕竟还是包含着某些真实的信息的。

由儒家礼法制度所代表的典型的父权制上层建筑与意识形态从一开始就表现出强烈的性别偏见，在其统治下，中国远古的母系社会的宗教与神话必不可免地受到空前的毁灭性打击而难以完整地留传后世。只有在作为儒家的男性中心文化之对立面的道家传统中，特别是在道家思想的早期代表老子的文本中，还多少保留着一些使我们可以窥视被父权文化所吞没的远古女神宗教的蛛丝马迹的原型与象征。若能结合近年来我国考古工作者关于女神宗教的某些新发现，对于这个问题的宏观理解似可更深一步，获得某些实证性的证据。20 世纪 70 年代以来，中国东北红山文化遗存不断传来关于女性裸像发现的消息（图 31），这足以使西方考古学界对史前维纳斯分布的有限理论

[1] 林耀华主编：《原始社会史》，中华书局，1984 年，第 233 页。

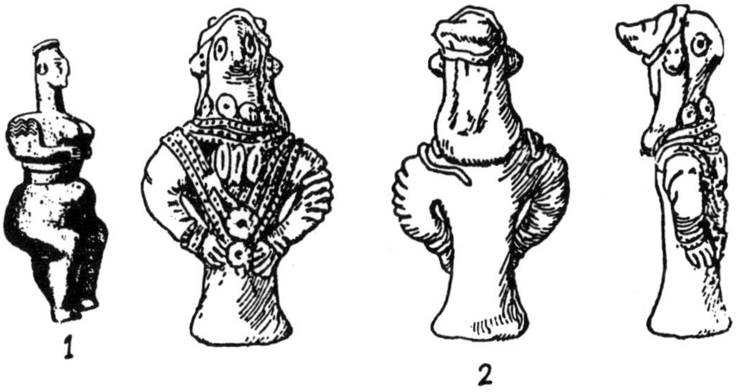

图 31 原始女性陶塑像（三面观）

1. 所谓“岛屿母神”像，石制，发现于斯巴达附近，约公元前 15 世纪。2. 发现于巴基斯坦俾路支史前文化遗址。可能在祭祀和巫术仪式里使用。这一类女性陶像往往都表现丰殖与多产。岛屿女神像更特别突出腹部，表现孕育，祈求蓄庶，可与中国辽宁牛河梁红山文化妇女造像比较。

大为改观，也给中国史前女神宗教的考索提供了有利的依据。辽宁省喀左县东山嘴祭祀遗址出土的女神像和辽宁省牛河梁“女神庙”与积石冢群的发现，都以五千年前的实物证据无可辩驳地证实了我国史前新石器时代曾盛行过对女性神灵的崇拜和祭祀礼仪。[1] 这就为了解《老子》书中有关母神原型的种种表述提供了现实基础。看来无论是东方还是西方，人类在石器时代信奉过以女神为崇拜对象的宗教，这一点是不约而同的。只是由于父权制文明的确立才最终导致了最高神性别的由女变男。

红山文化中首次发现的中国史前维纳斯（参见图 32）已经引起各方面学者的注意。考古学界倾向于把女性陶像认定为农神和地母神。俞伟超认为：“在母权制的农业部落中，把妇女像作为崇拜的神像，还可能具有另一种意义，即作为农神的象征。美洲的一些印第安人，当年曾把对生活有重 要关系的三种农作物——玉米、豆子和南瓜，作为农神，祭祀时则以妇女代表之。

[1] 参看郭大顺、张克举:《辽宁省喀左县东山嘴红山文化建筑群址发掘简报》,《文物》, 1984 年, 第 11 期; 辽宁省考古研究所:《辽宁牛河梁红山文化“女神庙”与积石冢群发掘简报》,《文物》, 1986 年, 第 8 期。

图 32 女神头像（辽宁牛河梁新石器文化遗址出土）
红山文化女神像是中国首次出土的原始社会母神造像，下面我们还可以看到“怀孕”的女神像躯干。

从东山嘴陶塑像的形态看，能够直接表现出的含义是生育神，但联系到红山文化的生产状况看，也许是农神，还可能兼有两种意义。……长方形的祭坛，应是祭祀地母的场所。在原始的农业部落中，人们依靠农业来维持生活，因为见到农作物是从土地中生长出来的，便以为农业收成的好坏，在于土地神的赐予，于是，普遍信仰土地神。”[1]

20 世纪 90 年代，一个更为惊人的发现来自黄河流域的腹地陕西扶风县，考古工作者在那里的新石器遗址中发掘出一尊高 7 厘米的裸体女像，其造型特征竟与西欧史前维纳斯像如出一辙。[2] 由此可知，史前女神宗教的存在绝不限于一时一地，而是具有跨文化、跨种族的普遍性。可以确信在中国其他地区的史前文化遗存中将还会有更多的史前母神像陆续问世。

通过上述背景分析，本节开篇时所提出的问题似乎可以有一个合理的解答了。老庄生于父权制文明之世，但是却顽强地坚持为父权制文明的正统意识形态所不容的远古女神宗教的思想遗产。他们让“可以为天下母”的混沌充任宇宙发生神话的主角，这样便有效地排斥了男性中心文化所推崇的男性

[1] 俞伟超等：《座谈东山嘴遗址》，《文物》，1984 年，第 11 期。
[2] 据陕西电视台 1991 年 12 月 5 日陕西新闻报道。

创世主的观念。他们还竭力地表达这样一种思想：宇宙万物是原始母神“生”的结果，而不是男神凭借其至高无上的意志和权威“造”的结果。这样就把道家理想中的黄金时代落实到“生”之前的孕育状态，而不是“造”以后的伊甸乐园了。从象征意义上看，宇宙创生以前的混沌状态同婴儿诞生以前的母胎状态是可以相互指涉的，所以老子所标榜的“贵食母”与“复归于婴儿”同重返混沌一样，其价值指向是完全一致、互为表里的。诚如西方女权主义理论家西蒙娜·德·波伏瓦所说：

> 母亲即是混沌（chaos）……因为混沌既是一切生命所由出之源，又是一切生命所当归之处；她乃是无（nothing-ness）。[1]

老子不是也把混沌状态视为“无极”和一切生命之源吗？看来他的婴儿说与混沌说都是以母神为本源的。艾利亚德指出，与复归混沌的神话主题相对应，在原始部落中流行一种叫做“复归子宫”（regressus ad uterum）的启蒙仪式，使成年者通过象征性地回返母体（地母）——即神话意义上的“回归初始”（return to the origin），获得新生的准备条件。不过，这种“回归子宫”所获得的新生同第一次的肉体诞生不同，它侧重于精神、人格方面的“生”，即获得一种为社会群体所认可的新的存在方式，更确切地说，

图 33 大地—母亲之神（西亚梯尔·阿斯玛遗址出土，约公元前 250 年）
1. 所谓“阿斯玛圣母”；2. 沃野女神。她们是大地—丰饶—蕃庶的象征和掌管者。但又被称为“母亲”，就像 Motherland 以母地代表“祖国”一样，证明着在原始思维里“食”“色”这“两种生产”是互渗和互促的。

[1]〔法〕西蒙娜·德·波伏瓦：《第二性》，1974 年，英译本，第 166 页。

是神话式的再生。[1]

无疑的是，这样一种以回返母腹而获再生条件的原始观念正是史前大母神信仰的重要遗产。它以不同的方式残存下来，曲折地保留在东西方文明传统之中，转化为集体无意识和某些礼仪性的象征行为。瑞士心理学家荣格所说的双重母亲的原型在基督教的再生信仰中的表现便是显而易见的例子。

圣子基督本人便是“重生的”，通过在约旦河的洗礼，他从水中和精神上再生和复活了。所以，在罗马天主教礼拜仪式上，圣水盆被称为“子宫堂”，而且，正如你们可以在天主教祈祷书中读到的，在复活节前的圣星期六举行的圣水盆祝祷中，它甚至今天仍被这样称呼。[2]

除了基督教的洗礼观念和老子的回归哲学之外，归返母体的原型还突出表现为世俗文学的常见主题。尼采写道：“无生物就是母亲的胸怀。从生活中解脱意味着再度变得真实，意味着臻于完美。谁都应懂得：复归于无情感的尘土是件乐事。”乔叟通过一个不能死去的老人之口说：“日日夜夜，我拿着拐杖，敲着母亲的门说：‘噢，亲爱的母亲，让我进来吧！’”[3]

与西方宗教和文学中的回归母体主题不同的是，中国道家和道教经由老庄对“抱一”理想的阐发，将回归母体的理念发展为闭目塞听式的东方修道实践：谁说那无知无欲无为的混沌状态不是对母腹中胎儿“食母”形态的无意识模仿呢？“玄牝”这一隐喻词汇的运用本身已经足以说明老子对于混沌与子宫之间的象征性认同关系是了然于心的。“玄牝之门”作为“天地之根”，自然隐喻着世界万物的总根源，这同作为创世之前混沌状态的万物总根源在

[1]〔美〕艾利亚德：《生与再生》，哈波兄弟出版公司，1958 年。第 51—54 页。

[2]〔瑞士〕容格：《集体无意识的概念》，中译文见叶舒宪：《神话—原型批评》，陕西师范大学出版社，1987 年，第 107 页。

[3]〔法〕西蒙娜·德·波伏瓦：《第二性》，1974 年，英译本，第 167 页。

象征的意义上是一致的。

我愚人之心，纯纯。俗人昭昭，我独昏昏。俗人察察，我独闷闷。（第二十章）

只有基于对混沌天堂信仰的理解，方可洞悉老子倡导的胎儿战略（以母腹之中的“纯”“昏”“闷”状态为特征）同原始启蒙仪式的回归子宫训练之间的一致性。而庄子那种以生为丧、以死为归的超然态度，也只有同母腹即再生之源的信念相联系，才能获得溯本求源的透彻观照。

三、大母神与混沌：老子的性别政治

大母神信仰的衰落是父权制文化确立统治地位以后的必然结果。关于父权制文化如何最终战胜并取代了远古的母系社会，由于没有文字记载，也许人们只能依靠猜测或推论去了解其大概了。在这方面只有神话保留下来一些珍贵的线索。自 19 世纪瑞士学者巴霍芬首先借助于神话传说的启示创立“母权论”以来，在这个方向上继续进行探索的神话学家代不乏人，借鉴他们的方法和观点，对于理清古代思想史上的一些难解之结是大有益处的。

古希腊诗人赫西俄德所作《神谱》是父权制文化的典型作品，其中全面描述了男神的胜利与确立统治的过程。以宙斯为首的新辈神经过多次较量而战胜了与母系文化相联系的提坦旧神。尽管如此，代表失势的母系文化的地母神及其后继者赫拉依然拥有强大的实力。甚至男性文化的大英雄巨人安泰也只有在同大地母亲相联系时才具有力量，一旦离开地面，他马上就丧失了全部体力。

在古巴比伦史诗《吉尔伽美什》中，男性英雄早已取代大母神成为神话叙述的第一主人公，但大母神并未完全退出神话舞台，她以多少被丑化的方式表现为专横任性的“生物之母”伊什塔尔（参见图34）。在她同男性英雄吉尔伽美什的较量中，虽然表面上看女神屡遭失败，但从最后结局上判断，男性英雄所获不死之草被蛇所窃，实际是被女神所剥夺。这一结局表明已失势的母系文化以收回不死性的方式惩罚与父权文化相认同的人类。[1]

图34“生物之母”伊什塔尔女神（银瓶镌刻，藏苏联列宁格勒博物馆）
后期的伊什塔尔女神虽然不再“唯我独尊”，却仍然保持着“大母神”的许多特征。

据约瑟夫·坎贝尔的看法，甚至《圣经》中的伊甸园神话也隐约体现着失势的母权文化对男性权威的继续挑战。夏娃怂恿亚当违背上帝诫命偷食禁果，这一行为就是对父权至上权威的大胆反叛。而亚当、夏娃被造时所用尘土这一物质，乃是大地母神在男性中心文化中的非神圣化、非人格化形式。犯了“原罪”的人类祖先在死后归于尘土，这从象征意义上看是指回归母体。母体中是无差别的世界：既无善恶之别、智愚之别，也无男女之别。在母腹中亚当、夏娃将复原为一体，就像被取下肋骨造夏娃之前的亚当那样，那是一种兼容两性的状态。[2]坎贝尔的这种观点与当今女权主义者将双性同体作为至高理想的做法有不谋而合之处。不过，他把亚当和普罗米修斯这样一些神话中的男性角色解说为母权文化的英雄，倒是打破了女权主义者们的纯性别偏见。

参照西方神话学家的上述见解，我们也许可以在老子惯用的母神原型和混沌主题之间建立一种早已失传的联系。

由于父权制文化的意识形态总是本能地对女神宗教的遗产加以丑化改

[1]〔美〕坎贝尔：《神之面具》第3卷《西方神话学》，海盗出版公司，1964年，第92页。
[2]〔美〕坎贝尔：《神之面具》第3卷《西方神话学》，海盗出版公司，1964年，第29—30页。

造，从而确立阳尊阴卑，天尊地卑，男尊女卑的新秩序，所以大母神总是以变相的形式遗留下来。日本神话学家伊藤清司非常敏锐地指出，神话中的葫芦、混沌等非人格化的东西往往是母体的隐喻或女性、阴性的象征物（参见图 35）。[1] 不过实际上，混沌也可以表现为某种人格化的形式。作为宇宙万物创生之本源，混沌的人格化形式几无例外总是女性。这就透露了混沌与大母神之间的渊源关系。如前所论，在父权制的男性创世主观念流行以前，大母神已演化为女性创世主，用"生"的方式创化万有与人类。《说文解字》释"娲"字说："古之神圣女，化万物者也。"这已暗示出远古大母神信仰的某种迹象。在父权文化对原始神话改制之后，创世主的性别由女变男，原来的女创世主不仅失去了原有的至上地位，反而一落千丈，被贬低为男性创世主的对立面——阴性或女性的混沌。

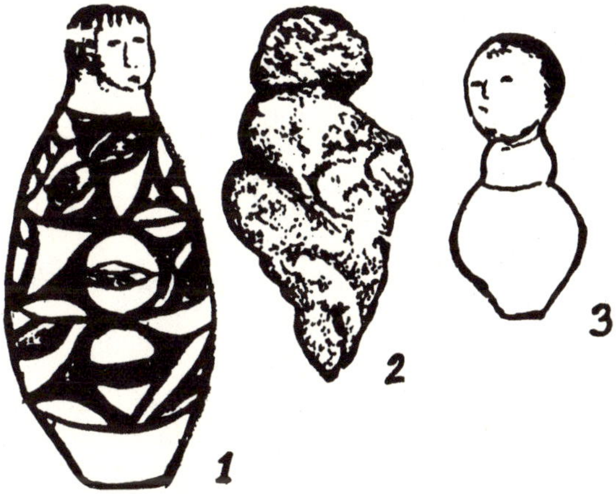

图 35 葫芦形女性造像（采自曾凡）

1. 仰韶文化彩陶壶（甘肃大地湾出土）。2. 所谓"威林多夫的维纳斯"（旧石器时代，奥地利）。3. 仰韶文化史家类型陶器（陕西洛南出土）。女性，尤其是女性祖先神，制作成葫芦的样子，以供祭祀和巫术使用，证明着母体——玄牝与"朴"（匏）的一致，犹如"女娲"就是"女瓜"。

默林·斯通认为，古代近东地区曾经盛行的女神宗教的衰微是来自北

[1]〔日〕伊藤清司：《神话中的性》，中译文见《民间文艺季刊》，1987 年，第 4 期。

方的印欧语系民族的父权制文化入侵的结果。与这种现实中发生的权力交替相对应，在巴比伦神话中，晚辈的男性神马杜克依靠法力跃居众神之首，他经过殊死较量而杀死了女创世神提阿马特，从而确立了他自己作为众神之王和世界创造主的地位。[1] 后来的巴比伦创世史诗《艾努玛·艾利什》把战败的女神提阿马特描绘为与创世主为敌的混沌女妖，她的形象还被进一步丑化为凶恶的海中怪兽。这样一种铭刻在创世神话叙述之中的父权制文化的性别价值模式——以男性创世主为代表的善与秩序，以女性混沌为代表的恶与混乱，成为希伯来人《圣经》神话所因循的叙述准则。《创世记》中光明之上帝与黑暗之混沌的对立可以说是巴比伦创世观的某种翻版。[2]《以赛亚书》第二十七章中上帝与蛇的对立，《诗篇》第七十四首中上帝与海中怪兽的对立亦可作如是观。远古大母神就是这样在极端的父权制宗教中演化为罪恶和黑暗的化身，成为光明、阳性、善和正义等等正价值的永恒对立面。与此相似的是，“浑沌”在中国父权文明中也演变为标准的骂人话语“浑蛋”或“昏蛋”。丁惟汾写道：昏头谓之昏蛋。昏字当作浑，蛋为敦（沌）之双声音转。[3]

比较起来看，《老子》一书的独特性就更为突出了。书中使用了一整套与父权制的阳尊阴卑的价值模式完全格格不入的象征语汇，把“德”同“玄”即黑暗相联系，称为玄德；把作为创世本源的“道”同混沌状态相联系，视之为理想化的黄金时代，把以儒家为代表的男性中心文化的礼法和仁义道德视为人类堕落的表征。这些都表明老子试图借用早已逝去的女神宗教的信念和语汇来批判西周以来逐渐完备的父权制意识形态。他是那个把女性视为小人与祸水的时代的叛逆者。这不能不使他的哲理充满性别政治（sexual politics）的色彩。

[1]〔英〕默林·斯通：《上帝为女性时》，朱纹纳维克出版公司，1976 年，第 59 页。

[2]〔丹麦〕本尼迪克特·奥森（Benedikt Otzen）：《旧约神话》，蒯耶尔（F.Cryer）英译本，SCM 出版公司，伦敦，1980 年版，第 31—35 页。

[3] 丁惟汾：《俚语证古》，齐鲁书社，1983 年版，第 103 页。

关于老子哲学的阴性色彩已有不少中外学者有所涉及（参见《老子的文化解读》论玄牝与谷神章节）。汉学家李约瑟在评述道家思想时就曾专辟一节题为“水与阴性的象征”，从中发掘老子思想的现代意义。为此，他引述了 20 世纪最伟大的生物学家之一艾弗莱恩·赫奇农（G.Evelyn Hutchinon）的如下见解：

……我们的文化中那种过分阳性的，虐待狂的，操纵欲的态度，是非常危险的，除非有一天我们接受类似 Arapesh 土人的思想，而有所改变，否则我们大多数的发明，都会变成毁灭自己的工具。这并不是因为发明家存心不良，也不是因为他们的发明自来就是摧毁性的，而是因为现代人类思想不健全，所以看见刀子就想用来杀人。[1]

在李约瑟看来，现代社会的不健全在一定程度上正是文化中阳性因素借助于父权制而过度发展的产物，纠正的策略在于发扬被压抑了的文化中的阴性成分。就中国传统而言，以老子为首的道家思想正代表着这种阴性成分。他写道：“我们要知道，道家的心理状态在根本上就是科学的、民主的；儒家与法家是社会的、伦理的，儒家的思想形态是阳性的、有为的、僵硬的、控制的、侵略的、理性的、给予的。——道家激烈而彻底地反对这种思想，他们强调阴柔的、宽恕的、忍让的、曲成的、退守的、神秘的、接受的态度。道家推崇‘谷神’正是对儒家的打击，《论语》上不是说过吗，君子恶居下流，天下之恶皆归焉。道家在观察自然时所表现的阴柔含容的态度，与其柔弱退让的处世哲学，有着不可划分的关系，因此他们也就势必要反对封建社会。”[2]李约瑟的这段话指出了老子反对专制的政治态度与尚阴哲学之间的联系，但

[1] 转引自〔英〕李约瑟：《中国古代科学思想史》，陈立夫等译，江西人民出版社，1990 年，第 72 页。
[2] 转引自〔英〕李约瑟：《中国古代科学思想史》，陈立夫等译，江西人民出版社，1990 年，第 71 页。

并未从根源上说明尚阴哲学的起源。西方汉学家大都持类似的看法，却未能再深入一步。如美国学者刘达所著《道与中国文化》（*Tao and Chinese Culture*）也认为，“道的阴性方面对于道家至关重要”。[1]

从性别政治的角度看，老子的尚阴崇母思想自然可以追溯于史前宗教。老子生逢父权制文化勃然兴起的世代，却高高擎起一面大母神的阴性旗帜。他的这种态度使我们联想到人类历史上的第一位政治改革家——四千二百年前的苏美尔王乌鲁卡基那（Urukagian）。因为这位生于父权制文明曙光初照之际的改革者也同老子一样以“永恒回归”的神话主题为政治策略，他所标举的口号“amargi”具有两重语义：自由解放与回归母体。

从理论意义上说，改革者或叛逆者为超越他们所处的父权制文化而倡导复归于混沌或复归于子宫，这似乎并不只是出于政治上对母系氏族社会的价值观念的留恋向往。更深一层的原因在于，化为集体无意识的大母神原型的顽强作用。虽然父权制社会把远古女神宗教从正统意识形态中驱除出去，但是这并不意味着拥有两万年历史的女神宗教就此彻底灭绝，它势必因意识的压抑作用而潜入集体无意识之中。纽曼指出，大母神原型是人类深层心理中的重要作用力量，它在构成儿童心理发展之基础的原型世界中占据着核心的位置。儿童个体在发展其自我人格的过程中，大母神原

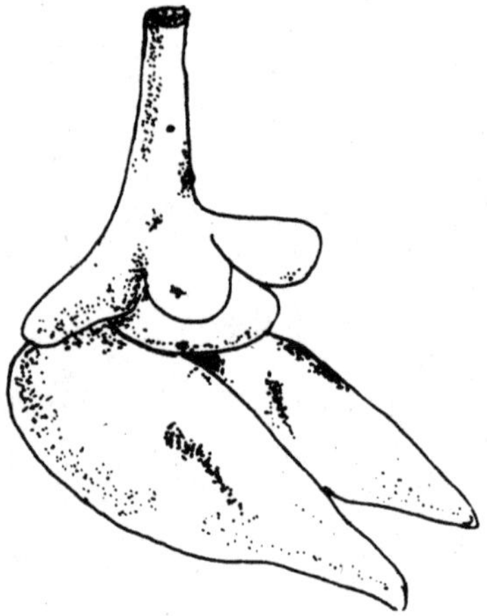

图 36 地母神像（两河流域，德·沛·萨拉阜出土，约公元前 6000 年）
这种夸张和变形分明是为了突出生殖部位，而有意“削弱”头部与四肢。其目的在于祝祷“两种生产”的大丰收。只重性器官，而“轻视”那“劳力”和“劳心”的部分，这是石器时代多数母神的造型特征。

[1]〔美〕刘达：《道与中国文化》，刘泰山等译，广西人民出版社，1990 年，第 8 页。

型必然会同以男性、父亲为中心的现实世界发生冲突，也就是同整个男性中心文化的价值常规和社会意识发生冲突。一般而言，大多数人在接受文化教育的过程中逐渐放弃母性原型世界，同父亲原型相妥协、相认同，变成循规蹈矩的父权社会中的一成员，现存秩序的维护者。但是，极少数创造性强烈的个人往往不会放弃母性原型世界，因而也不易同现实环境相妥协。他们就好比神话中的英雄，站在父亲世界的对立面，成为敏感而痛苦的异己者。[1]这样，孤独感就成了天才思想家、艺术家们与生俱来的不幸。

老子也许正是这样一位思想家。

老子的智慧如今早已跨越国界，为全世界的爱智者所分享，老子哲学已成为人类的共同遗产。可是，老子当年只身反抗父权制文化的艰难处境，他们孤寂和苦楚之心又有谁能够设身处地为之体味呢？

四、母神乌托邦的意识形态作用

从历史哲学的意义上看，人类历史上第一位政治改革家乌鲁卡基那之所以标举出“回归母体”的改革大旗，正是出于对业已确立的父权制意识形态的不满和敌视。由于整个一部人类文明史全都是父权制社会的一统天下，或者说是以威严的父亲形象为至上权威和统治象征的历史，像希伯来人《旧约》中的严酷而杀气腾腾的天父上帝，希腊奥林帕斯山上端坐王位的雷神宙斯，印度《梨俱吠陀》中威武而残忍的因陀罗以及殷商卜辞中处处受到膜拜和血祭的天帝……这些作为神圣之父的幻影而以其权威震慑人间的男性家长形象，分别透过神话和信仰的五彩光环，异常鲜明地映射在文明社会的意识形态之中。日本文明因其社会历史的特殊原因，为后世保存了女性主神的光辉

[1] 参看叶舒宪：《探索非理性的世界》，四川人民出版社，1988 年，第 187—188 页。

地位，女太阳神至今仍为神道教崇奉之主。这可视为众多父权制意识形态中罕见的特例。[1] 这为观念和思想的发展史确定了男性中心的内核和主调。这样一来，在各不同文化和不同历史时期中出现的反叛和抨击现存秩序的思想家们会不约而同地打出母神旗帜，这也就并不值得大惊小怪了。从这种对应和暗合中确实可以悟出某种思想史的必然规律来。甚至到了 19 世纪的科学和理性昌明的时代，回归母亲的执着，努力仍然能够发挥出巨大的冲击力，乃至发展为声赫一时的母权制理论。尽管 20 世纪的人类学研究对于巴霍芬的母权制学说并不十分有利，反而有更多的证据表明并不存在一种先母权后父权的社会进化普遍模式[2]，但是这种理论却并不因为科学实证方面的失利而销声匿迹，退出思想史的舞台，反而以顽强的再生能力一次又一次地在理论家和作家、艺术家的关注之下掀起新的影响波澜。前文中提到的人类学家布

图 37 西南民族的女神

1. 普米族巴丁拉木女神；2. 摩些人女神（现代绘画，采自宋兆麟等）巴丁拉木女神的偶像原是钟乳石柱，形似妇女而有双“乳”突起，在四川省木里县屋脚村“拉孜龙杞”（普米族虎山）洞穴之内。该图据当地民众构想绘制。女神司妇女病和生育等。据说，饮该洞内池水容易受孕。摩些人的女神与之基本一致。她的弓箭带着性象征的意味。她似乎还兼摄着战神格，以大母神的崇高身份控制水火。

[1] 参见叶舒宪、李继凯：《太阳女神的沉浮——日本文学中的女性原型》，陕西人民教育出版社，1992 年，第 6—18 页。

[2]参见叶舒宪：《高唐神女与维纳斯——中西文化中的爱与美主题》第一章第五节，中国社会科学出版社，1997年，第27—38页。

里福特、心理学家纽曼、女权主义思想家波伏瓦和默林·斯通等，还有一大批尚未提到的思想理论界精英，如乔治·汤姆森（George Thomson）和艾里希·弗罗姆（Erich Froom），都曾从各自的角度对巴霍芬的母权论表示赞许和由衷的倾心。为什么会有四千年历史上不断重复出现的这种类似现象呢？

也许被奉为 20 世纪思想史上经典之作的卡尔·曼海姆（Karl Mannheim）《意识形态与乌托邦》[1]一书能够为上述疑问提供必然性的说明。作者将精神分析学的“集体无意识”概念引入黑格尔、韦伯的社会学体系中，论证了深层心理因素对意识形态斗争的制约作用。沿着这一思路，日本学者上山安敏在他的《神话与理性——十九世纪末二十世纪初欧洲的知识界》一书中把母神旗帜同欧洲思想中的“乌托邦”传统联系起来，对母权论在当代的复活和流行原因做出了历史哲学性的透析：“这是因为母权制是确认了这样一个事实：作为欧洲市民社会规范基石的基督教也好，文化教育的根基希腊文化也好，都是支撑着父权制原理的基石。……母权制理论如果从母权制向父权制发展的这种进化论来阐释的话，那么，这种理论也就成了一种拥护基督教市民社会的安定剂，相反，避开这种进化论，却成了一张从压抑的父权制原理之下的被合理化、规范化了的欧洲基督教社会中解放出来，走向‘向自然回归’‘母亲的大地’的乌托邦处方笺。对欧洲的政治和伦理来说，进步和复旧，现代化和超现代化，成了追求完全异质目的的一把剑的两个刃口。”[2]从政治理想的这种性别原型上看，中国历史上始终不衰的儒与道两家之争，也许还要从意识形态与集体无意识心理的相互作用关系着眼，做出新的理解和阐释吧。

---

[1] 曼海姆：《意识形态与乌托邦》（*Ideology and Utopia*），英译本，罗特累齐与凯根保尔出版公司，1936 年。对该书经典地位的评价，参见美国艺术与科学学院院刊《代达罗斯》（*Daedalus*），1974 年冬季号“20 世纪经典重估”中希尔（E.Shils）的评论，第 83—90 页。

[2]〔日〕上山安敏：《神话与理性——十九世纪末二十世纪初欧洲的知识界》，孙传钊译，上海人民出版社，1992 年，第 204 页。

THE FIFTH PART

第五章

无名与有名

- 无名之“妙”与有名之“皦”
- “泰初有言”与“得意忘言”
- 语言、创世、存在
- 老子对语言创世观的解构
- 思维、符号与文化

语言是人类进化过程中超生物变革的伟大前提之一。语言的生成构成了人类本质力量的一个主要方面。现代哲学家倾向于把人界定为语言动物或符号动物，其主要理由是：世界上没有一种动物群体使用分节语言，也没有一个人类群体——不论其发展水平如何原始和低下——不使用发达的语言符号系统。

人类的每一种文化共同体都有其特有的语言系统，该文化共同体的成员不仅凭借这语言系统相互交际，建立社会关系，而且依靠这系统对世界进行分类编码和命名。分类编码和命名的直接结果便是构成该文化共同体成员世界观的基础和概念框架，它无意识地主宰着人们的思想观念，认知能力和思维方式。[1]因此，“无名”与“有名”的区别，实际上也就是动物与人类的根本差异所在，是人诞生于自然世界又超越自然世界的一大关键和一大契机。当今的人类学家把每一种有声语言都视为使用该语言的社会集团的“文化载体”（Culture-bearers）[2]，这一命题已充分显示出语言与文化之间的表里依存关系。由人类学和语言学交叉而成的新兴分支学科“语言人类学”（Linguistic Anthropology，或译“人类语言学”）认为，语言的结构和文化的结构虽然不尽相同，但是二者之间毕竟有着相互对应与相互作用的微妙关系。因而，要想深入了解某一文化的内质，有必要首先了解该文化成员进行社会交往、传递信息的符号方式，了解该文化的第一载体——语言的特性和该文化对语言的态度。

老子是中国文化中最早表明语言观的一位思想家，他对语言的积极作用和消极作用都有深刻的洞察和预见性的超前论述。由老子所奠定的道家语言观在

---

[1] 参见〔美〕萨丕尔（Edward Sapir）：《社会中的无意识行为模式》（*The Unconscious Patterning of Behavior in Society*），见休斯（Charles C.Hughes）编：《人之为人：文化人类学导读》（*Make Men of Them: Introductory Readings in Cultural Anthropology*），兰德·迈克那利出版公司，1972年，第135—138页。

[2]〔美〕亨利·塞尔柏（Henry Selby）：《文化人类学》（*Cultural Anthropology*），布朗出版公司，1981年，第70页。

后世成为中国文化传统中最有代表性的语言观，是我们认识中国文化诸多层面的一个有益基点。本章仍从比较文化的角度展开讨论，期望能从横向的共时性对比和纵向的历史观中揭示老子及道家语言观的神话渊源和文化价值。

一、无名之“妙”与有名之“曒”
——《老子》第一章的训诂难题

《老子》第一章历来是争议最大、歧解最多的一章。这是老子表明他对语言符号的认识和态度的一篇言简意赅的正面宣言，在人类思想史上似有破天荒的意义。

道，可道，非常道；
名，可名，非常名。
无名，天地之始；
有名，万物之母。
故常无，欲以观其妙；
常有，欲以观其徼。
此两者同出而异名，
同谓之玄，玄之又玄，众妙之门。

任继愈对这一章的译文较为明晰晓畅：

“道”，说得出的，它就不是永恒的“道”；名，叫得出的，它就不是永恒的名。“无名”是天地的原始；“有名”是万物的根本。

所以经常从无形象处认识“道”（无名）的微妙，经常从有形象处来认识万物（有名）的终极。这两者（有形和无形）是同一个来源而有不同的名称。它们都可以说是深远的。极远极深，它是一切微妙的总门。[1]

我们以为老子在这开篇一章中讲述的是他的哲学本体论和认识论之间的关系。老子没有架空来谈这种关系，而是站在一种近似于语言人类学的立场，通过语言本身的利和弊来说明人类认识的可能及限度的。如众所解，“道可道”中的第一个“道”字指宇宙本体，第二个“道”指人的语言表达。全句意在先声夺人地申明一个真理：人类的语言是有限的，它并不能真正地、完全地把握宇宙之本体和规律。

既然语言名称和实际事物之间并不等值，那么如果偏执于语言名称的话，人的认识就可能被引向歧途，反倒离客观事物的真相更遥远了。这就是老子首先要破除的“可道”“可名”的幻觉，旨在提醒人们在使用语言时应有的不偏执、不拘泥的灵活态度。

语言虽不能穷尽事物的本相，但人类认识却还少不了语言的帮助。这个矛盾被老子表述为“无名”和“有名”的辩证关系。无论是凭借语词名称的符号作用实现对客观世界的分类与抽象，还是在语词、概念的抽象作用之外去直观地体验和把握事物，在老子看来只是认识手段上的差异。作为人对世界和自身的认识来说，二者毕竟是殊途同归的，故曰：“两者同出而异名”。换言之，老子说的“有名”和“常有”，指的是语言符号的生成和借助于语言符号去把握外界

图38 伊斯塔（或阿斯塔特）女神两面像（公元前 19 世纪，尼姆罗德发现）
这位显赫的西亚大母神，她的“两面”或“双身”意味着什么？——是男女、阴阳？还是日月、天地？抑或明暗、善恶？

[1] 任继愈：《老子新译》（修订本），上海古籍出版社，1985 年，第 61—62 页。

事物；他所说的“无名”和“常无”，指的是先于语言而存在的本体和用非语言方式直观本体的可能。老子的认识论主张的精义就在于综合“有名”与“无名”、语言概念的和非语言概念的、抽象的和直观的两种认知方式，力求更为全面、更为完整地把握客观万物及宇宙本体。

所谓“常无，欲观其妙”和“常有，欲观其徼”，是将两种认知方式作为各具特色、相辅相成的途径而并列对待的：用语言之外的直观体悟去领略万事万物之“奥妙”；用凭借语词名称的抽象分类去认识事物之间的差别和秩序存在。老子这两句话可谓穷尽了认识的实质。任继愈先生将“徼”译为“万物的终极”，似乎是因袭了旧注之误解。河上公注：“徼，归也，常有欲之人，可以观世俗之所归趣也。”河上公以“欲”为名词，将“常有欲”连读，其误已由高亨先生纠正，今人多采高说，“常无”“常有”连读。[1] 王弼注亦云：“徼，归终也，凡有之为利，必以无为用，欲之所本，适道而后济，故常有欲，可以观其终物之徼也。”陆德明《经典释文》则以“边”释“徼”。《道藏》本《三圣注道德经》据陆氏说而立论，明祖注即以“边际”为说。柳存仁先生阐述其义云：

明祖之《注》最坦实，以“无”为“道既行而不求他誉”，以“观其妙”为“以己诚察于真理”。释“无”为不求他誉，又以“欲”字为动词，……关键在明祖释“徼”为边际，研究事理由其根本发越至于边际，故有周备细微之义。元吴澄注《道德经》收《道藏》三九二，注此处言：“徼者，犹言边际之处。”明太祖或本此。[2]

以“终”或“边”释“徼”均未得其解，今人更多有另创新说者，张松如据《说文》及段注，解为“追求”；马叙伦以为“徼当作窍”，意思是“空”；

[1] 参见高亨：《老子正诂》卷上，开明书店，1943 年，第 3 页。

[2] 柳存仁：《道藏本三圣注道德经会笺》，《和风堂文集》，上海古籍出版社，1991 年，第 225—226 页。

陈鼓应则从“边际”说，译为“端倪”。唯于省吾先生据敦煌本和《老子》书中其他内证，证明“徼”当为“皦”（曒）。

……十四章“其上不皦”、景龙本作皦，敦煌丙本作皎。是徼儌窽皎并皦之假借字也。《一切经音义》四，引埤苍“皦，明也。”《论语·八佾》“皦如也”，《释文》“皦如其音节奏分明也。”上言“故常无，欲以观其妙”，妙谓微妙；十五章“微妙玄通”，微妙与皦明为对文。“常”俞樾读“尚”，是也。金文皆作尚，故尚无者，欲以观其微妙，尚有者，欲以观其皦明。有无既分，则可别其微明，有无不分，则显晦一致。十四章云“故混而为一，其上不皦，其下不昧”，是上下为对文，皦昧为对文。四十一章“明道若昧”，明即皦也，明与昧为对文。王弼谓妙者微之极也。《易·彖传》“天道草昧”，董遇章句：“草昧微物”，是昧与微妙义相因。[1]

于先生这一段分析充分证明了“妙”与“徼”的对文见义关系，为我们进而追索老子认识论的神话渊源奠定了训诂学基础。简言之，“妙”与“玄”“昧”“混一”等标示前语言状态的象征语汇密切相关；“徼”即“皦”则与从一到多的万物秩序生成相联系，指的是人类借助于语言（有名），而达到的那种意识澄明状态。无与有的对立、前语言或非语言与语言的对立，可以用象征性的“暗”与“明”“昧”与“晰”等相关意象来表达。这种象征表达之根源无疑还在于神话思维。可惜人们不能从语言和认识的关系着眼去理解老子所说的“有”与“无”，即“有名”与“无名”，所以单纯的训释和义理发挥都有误入歧途之嫌。

美国哲学家威尔赖特对神话思维中光明意象的原型分析十分有助于理解

[1] 于省吾：《老子新证》，《燕京学报》第二十期，“十周年纪念专号”，1936 年。

老子认识论的象征语汇，兹引录如下：“在所有的原型性象征中，也许没有一个会比作为某些心理和精神品质象征的‘光’更为普及，更易为人所理解的了。甚至在我们的有关精神现象的日常流行语汇中，仍然有许多由早先关于光的隐喻所产生的词和词组：阐明、启发、澄清、说明、明白的，等等。这些词语大体上都已不再作为积极的隐喻而发挥功能了，它们都失去张力感的特性，成了纯粹的日常语汇。”[1]威尔赖特还指出，由于神话的类比作用，光很容易在人们心中成为象征。“第一种也是最明显的一种便是，光产生出了可见性，它使在黑暗中消失隐匿的东西显现出清晰的形状。经过一种自然的、容易的隐喻转换，我们可以从物理世界中这种光的可见的活动——呈现出空间的界限和形状，转到另一种心灵的活动——使观念的界限和形态显现为清晰的智力状态。于是，光便自然地变成了心理状态的一种符号，也就是说，变成了心灵在其最清晰状态时的一种标记。”[2]了解到物理世界之“光”向心理世界之“明”的隐喻转换的必然逻辑，“徼”和“妙”的对立为什么以“名”之有无为背景条件，也就不难理解了。原来在老子的象征语汇背后，神话式的类比发挥着重要作用。语言名称（概念）不正是行使着“使观念的界限和形态显现为清晰的智力状态”这一认识职能的吗？“有名”作为“观其徼”的前提条件，不正是认识主体通过符号活动将观念秩序赋予宇宙万物的手段吗？

这样看来，《老子》第一章所讲述的“无名”和“有名”既是理论上共时并存的命题，又是神话中历时性展开的过程的一种抽象。这种过程就是创世神话普遍叙述的从混沌到有秩的过程，即从“无”到“有”的世界创生过程。《圣经·旧约·创世记》便把从“无”到“有”的宇宙创生描述为上帝话语给世界带来光明。赫尔德尔追问道：

[1]〔美〕威尔赖特（Philip Wheelwright）：《隐喻和真实》（*Metaphorand Reality*），中译文见叶舒宪：《神话—原型批评》，陕西师范大学出版社，1987 年，第 221 页。

[2]〔美〕威尔赖特（Philip Wheelwright）：《隐喻和真实》（*Metaphorand Reality*），中译文见叶舒宪：《神话—原型批评》，陕西师范大学出版社，1987 年，第 222 页。

“上帝说：要有光。”是词带来了光？抑或词就是光？当刻有日耳曼族最古老文字的石碑被我们译辨出来从而开始用语言交谈的时候，难道真的还没有光吗？或者说，只是经过几百年的努力，那些意义不断更新的流传下来的记载和历史为我们照亮了过去年代的黑暗的时候才有光的吗？[1]

在人类语言与光的这种隐喻依存关系中，老子关于“无”与“妙”“有”与“皦”的神秘认识论便可获得原型性的观照，从而反过来确认训诂家们解“徼”为“终结”“边界”的误读性质，肯定于省吾以“皦”“明”训“徼”的精确不移。

值得注意的是，老子表面上把“有名”和“无名”两种认知方式等量齐观，把“观其妙”和“观其皦”并列为认识的目标，但在以下的篇章中不难看出，他实际上更偏爱“无名”状态，更倾向于非语言的“观其妙”的认知方式。这同他在本体上“贵无”“归一”主张完全相通。由此可以理解，他为什么要说出“明道若昧”这样十足神秘的话。在皦明与玄妙的两种境界中，他显然自有价值高下之分。老子的这种语言观和认识论对后世的深远影响，若从跨文化的立场上着眼或可看得更为分明和透彻。

二、“泰初有言”与“得意忘言”
——中西文化中的语言观

各大文明初期的思想家大都关注过语言的作用。最初的一些看法总是将语言的认识作用混同为语言的本体作用。西方文明的两大源头是古希腊文化和希伯来文化。从语言观上看，这两种文化具有殊途同归的性质，即不约而

[1] 转引自〔德〕伽达默尔（H.G.Gadamer）：《文化和词》，见《赞美理论——伽达默尔选集》，夏镇平译，上海三联书店，1988 年，第 4 页。

同地突出语言的本体作用。希伯来文的《旧约·创世记》所述耶和华的口说创世方式，到了希腊文的《新约·约翰福音》中已被概括为一个充分体现文化意义的命题：泰初有言。[1] 这可以同中国文化的语言观进行比较。

在中国文化中具有代表性的语言观出自儒道两家，其中在理论建树上更大一些的当属道家。《庄子·外物篇》中为历代读书人所熟知的一个典故“得鱼忘筌，得意忘言”，也许最能概括汉文化对语言符号的一般态度，这实际上是源自老子的。

《圣经》的“泰初有言”，意指语言是宇宙发生的本源和动力：在世界万物尚未出现以前，唯有上帝的话语，宇宙时空的开辟，人类和生物的产生都直接出自上帝的神圣语言。这种语言创世观的哲学引申使语言同存在、本体之间确立起逻辑上的因果关系。影响所及，西方文化视语言为神圣崇高的东西，犹太教和基督教也都被从本质上确认为是“言语的宗教”[2]。

如果说对语言的极度重视在基督教传统中表现为某种信仰和膜拜的话，那么，同样对语言的关注在希腊思想传统中则体现为某种理性上的认识。希腊人的祖先原属印欧语民族，在公元前 2000—前 1900 年间自南部俄罗斯和巴尔干地区移居希腊半岛[3]，印欧民族本来就有语言崇拜的强烈原始宗教倾向。该族分化以后，南支印度人继承了这种语言崇拜，并在《吠陀》宗教中将它推向极致[4]；北支的希腊人在受到地中海文明的影响后，使语言崇拜趋于理性化，发展出以“逻各斯”（Logos）为核心范畴的哲学传统。“逻各

[1]“言”原文为 Logos，兼有言词、理性二义。中译本常译为“道”。详细的讨论请参看本书中篇第一章第一节。

[2]〔日〕镰田东二：《西洋じすけゐ宗教言语研究の问题史的考察》，国学院大学《大学院纪要》第 13 辑，254 页。

[3]〔法〕维尔南特（Jean-Pierre Vernant）：《希腊思想的起源》（*The Origins of Greek Thought*），英译本（作者自译），墨休恩公司 1982 年，伦敦，第 16 页。

[4] 关于《吠陀》中的语言崇拜，参看高楠顺次郎：《印度哲学宗教史》中译本，商务印书馆，1935 年，第 97 页。

斯”本义为语言、语词，引申为思维、理性等。在赫拉克利特的著作中，“逻各斯”作为至高范畴，具有了“支配一切的主宰”和世界普遍规律的意思。[1]这个范畴通过整个希腊哲学，把语言和逻辑问题推向了西方思想史的中心位置。在同基督教的言词信仰汇流之后，“泰初有言”即“泰初有逻各斯”的观念统治哲学史一千余年，只是在歌德笔下的浮士德博士那里，我们才看到对这种根深蒂固的语言观的根本性怀疑。那是浮士德着手重译希伯来文《圣经》之时，第一句就碰到这个难题：

“泰初有言！”
译不下去了！谁来帮助我一番?
我不能把言语估计得这样高。[2]

经过反复推敲，浮士德终于决定把“泰初有言”改译为“泰初有为”。然而，可想而知的是，由两大文化源头所强化了的传统语言观是不会因这位书斋先生的擅改而有所动摇的。实际上，对《圣经》本文的这一斗胆改动只不过是歌德用诗化形式重演了康德哲学从纯粹理性到实践理性的过渡而已。理性本身并不因由“言”到“为”的转变而削弱，反而借助于德国人特有的思辨威力，在黑格尔的逻辑理念语言中达成了前所未有的抽象化体系。

西方文化中的语言观的真正分化与解体是在 20 世纪才实现的。一方面是现代语言学的蓬勃兴起和横向渗透，并且日益同计算机科学相汇合，跃居于人文科学中的领先地位；另一方面则是海德格尔现象学对自柏拉图至黑格尔的理性异化史的全面清算，和后结构主义思想家们对传统的“逻各斯中心主义”及语言崇拜的彻底“解构”。在这强有力的双重夹击之下，“泰初有言”

[1] 北大哲学系编：《西方哲学原著选读》，商务印书馆，1981 年，上卷，第 22 页。
[2]〔德〕歌德：《浮士德》，钱春绮译，上海译文出版社，1981 年，上册，第 74 页。

的千年信条终于露出了破绽。

当我们把视线转向中国传统文化的语言观时，所看到的是完全不同的情况。汉民族语言所流传下来的历史文献和典籍在数量上足以使任何其他民族望洋兴叹，但这个民族对语言本身却表现出一种惊人的轻视态度。从道家的早期代表老子和庄子的著作看来，对语言符号的不信任感并非出于无知或偏见，而是基于对语言有限性和副作用的一种具有超前性的理性洞察。由此而引发出了中国思想史上对“意”的青睐和对“言”的鄙视。为了说明这种褒贬分明的态度，庄子一连用了两种比喻。

筌者所以在鱼，得鱼而忘筌。蹄者所以在兔，得兔而忘蹄。言者所以在意，得意而忘言。[1]

自庄子所说的“三得”“三忘”原理之后，“言筌”之喻几乎尽人皆知，语言的贬值也就成了不可逆转的定势。筌同鱼和兔的关系是一种外在的关系。而语言和语义则是同一事物的两个方面，就好比一张纸的正反面那样，有其不可分割性。[2] 可见，庄子的筌蹄之喻虽然体现了罕见的超前智慧，意在唤起人们对语言异化的警戒，但他所使用的喻体与被喻之间并不具备充分的可比性，其偏激之处也就在所难免了。筌蹄之于鱼兔，同庖丁手中之刀之解牛工作一样，是目的和手段的关系。而言与意之间的关系，从符号学立场看，是能指与所指的关系，代码与信息的关系。对能指和代码的轻视，必然导致对文化信息的交流和传递方式的轻视和对抽象思维借以实现的符号载体的轻视，其间接的后果是造成文化结构和思维方式上的某种偏至现象。这种由“得意忘言”的语言观所导致的文化偏至可以从下述事实中略见一斑：中华学术

[1]《庄子・外物》。

[2]〔瑞士〕索绪尔：《普遍语言学教程》，高名凯译，商务印书馆，1980 年，第 158 页。

传统中培育出了作为经学附庸而存在的异常发达的“小学”——训诂学乃至文字学、音韵学，但却不能催生出独立的语言学和逻辑学理论。[1]中国第一部研究汉语语言规则的著作《马氏文通》是近人移植西方语言学模式的产物。

与道家思想重意轻言的态度相比，儒家的语言观似乎显示了另一种偏向。孔门设有四科之学，言语亦为其一。孔子对弟子在这方面的特长曾特别给予肯定：长于“言语：宰我、子贡”。[2]不过这里的“言语”并不是作为学科对象的语言。据注经家们的看法：发端曰言，答述曰语。[3]由此看来，宰我和子贡远不能算语言学家，充其量只是儒生中能言善辩者。

儒家还有所谓“正名”说。孔子曾主张确认语言名称同所指代事物之间的对等关系，认为“名不正则言不顺”。不过，正名说也不足以给中国带来研究语言的科学，因为它的目的不在语言本身，而在政治伦理方面，在于明确君臣父子尊卑等级的严格划分，在于帝王公卿的名号、爵号、谥号的不厌其烦的讲究。注经学者们对《论语·子路》中“必也，正名乎”一句的解说是：“是时出公不父其父，祢其祖，名实紊矣，故孔子以正名为先。人伦正，天理得，名正言顺而事成矣。”可见正名说表面上是对语言的重现，实际上关心的却是语言应用中的褊狭的一面，可以说对语言符号本身的兴趣在这里完全被功利目的所扭曲了。

从以上粗略对比可以看出，西方文化的语言观源自希伯来的言词信仰和希腊的逻各斯哲学，它强调语言符号本身的价值；中国文化的语言观源于儒道两家思想，它从一开始就表现出对语言作为交际工具的轻视、不信任和对语言作为政治、伦理编码符号的片面强调。

---

[1] 参看胡适：《先秦名学史》导论部分，学林出版社，1983 年。

[2] 刘宝楠撰：《论语·正义》，中华书局，1990 年，第 441 页。

[3]《周礼·春官·大司乐》注。

三、语言、创世、存在

中西不同的语言观是如何产生的？这个问题的追问也许比指明中西语言观的差异现象更加具有比较文化的意义。下文便从比较神话学的立场上对中西语言观的发生作溯源性的考察，希望能从深层次上揭示差异的某些原因。

大致说来，犹太教和基督教、伊斯兰教的言词信仰具有同源性质。“在犹太教、基督教与伊斯兰教中，语言的力量都以一种大一统的性质，被看作蕴含于各自的圣典之中：《摩西五经》《新约》与《古兰经》。”[1]这三部圣典中的最早一部的最早一篇《创世记》所讲述的耶和华创世事迹奠定了这三大宗教的言词信仰的根基。借助于考古新发现，现代《圣经》学已经确认，《旧约·创世记》神话的直接来源是巴比伦泥板文书中的创世史诗。[2]在这部题为《艾努玛·艾利什》（*Enuma Elish*）的三四千年前的作品中，可以看到人类关于宇宙发生过程的最早的完整叙述。该诗开篇说到：

在上天还没有命名，
下地也还无名可称的时候，
只有天地之父阿卜苏和摩摩，
以及万物之母提阿马特，
那时沼泽还未形成，
岛屿还无处可寻，
神灵尚未出现，
既没有获得名称，

[1]〔美〕斯特伦（F.J.Streng）：《理解宗教生活》（*Understanding Religious Life*），沃兹莫斯出版公司，1985年，第54页。
[2]〔英〕弗雷泽：（J.G.Frazer）：《旧约民俗学》（*Folklore in the Old Testament*），麦克米兰公司，1923年，第1章。

也无法确定身份。
在这众水混流之中
后来才造出神灵，
并且获得了名称。[1]

作品接着叙述了由混沌母神中产生出的新神同母神的冲突，以及新神在马杜克率领下战胜提阿马特，将她尸体肢解后造成天地万物的过程。把这个创世神话的表层叙述概括出来，可以表现为如下公式：

混沌 $\xrightarrow{\text{创造}}$ 秩序

进一步的文本分析可以发现，创世神话表层所叙述的客观世界的发生过程构成一种象征性实体（能指），它的真正蕴涵（所指）是潜藏在象征背后的深层结构意义：人类主观世界的发生过程。它亦可简化为一个公式：

无名（混沌思维）$\xrightarrow{\text{语言}}$ 名称（理性思维）

从这种深层结构意义中可以明显看出语言创世观的存在。正是由这种语言创世的信念出发，世界各地的许多创世神话才不约而同地转换出各种各样由混沌状态到有序世界的表层叙述，如印度的《吠陀》神话、希腊的《神谱》、中国的《淮南子·精神训》和《天问》创世观，以及日本、大洋洲和美洲土著的神话。值得注意的是，从混沌到有序的叙述模式普遍出现在各民族创世神话中，这并不是神话学和宗教学所能解释的，因为这种趋同性应当是发生

[1]〔美〕李明（David Leeming）：《神话学》（*Mythology*），“每周新闻丛书”，1976年，纽约，第157页。

认识论即认知科学的问题。神话叙述表层的雷同实质上取决于人类认识发生过程的普遍性。

皮亚杰在研究儿童认知发生时提出的“混沌思维”[1]概念已经暗示出客观世界的发生和主观认识的发生之间的深层对应。从混沌思维到理性思维的过渡恰恰是以语言为中介和动力的。语言命名使客观事物之间的差别得到编码，使抽象的意识中的主客体关系得以建立。《庄子·齐物论》说：“道，行之而成；物，谓之而然。”事物由于有了称谓才能在理性秩序中找到位置，没有称谓加以区别和归类，无差别的万事万物似乎只能存在于一团混沌之中。

根据人类学所研究的原始信仰，称谓与事物之间具有同一性。语词与它所表示的东西或所要达到的意愿被看成是一回事，二者之间可以产生交感作用。如原始部落成员对自己和亲属的名字施行保密，恐怕敌对者得知后对名字施咒术而害及本人。[2]这种语词与事物同一的观念在儿童心理中亦普遍存在。研究者报告说，儿童画某一事物时总是只画自己知道的名称的部分。这表明在认识发生的早期阶段，事物的存在和事物的名称具有难以分离的认同关系。

从原始信仰到创世神话，语言的神圣性被表现为语言创世观。巴比伦神话开篇所讲的“上天无名，下地无名可称”的状态，表面上指宇宙开辟之前的原始混一状态，实际上则暗喻着前语言阶段主体认识的混沌状态。随后的神灵诞生、天地万物出现的创造过程实际上也是语言命名的展开过程。巴比伦创世神话的作者以不自觉的方式把主体自身的认识发生过程对象化投射到关于世界由来的象征性叙述中，这便是语言创世观的定型：天地与名称同在，宇宙与言词共生。

古埃及人的创世神话说，最老的神泰姆是“自造者”和“造神造人者”。当他独立存在时，没有天地万物，众神也未诞生，也不存在死亡。他曾一度

[1]〔瑞士〕皮亚杰：《儿童的语言与思维》，傅统先译，文化教育出版社，1980年，第4章。
[2] 参见李安宅编译：《巫术与语言》，商务印书馆，1936年，第13—18页。

孤独地生活在混沌大水中。然后，经过一番努力思索，他开始了从无到有的创造工程：

他就在自己的头脑中创造了天和其中的天体，众神，地，男人和女人，动物，鸟类，爬虫。这些创世的思想或观念被泰姆的智慧转变成词语，当他说出这些词语时，一切创造物就出现了。[1]

在关于太阳神的神话中，语言、创造与存在同一性的观念照样占有突出地位：

克佩拉是说出自己的名字后产生的，当他需要一个立足之地时，他首先在脑中想出了那个立足之地的样子，当他给它起名，并说出那名字时，这立足之地就立即出现了。[2]

与巴比伦创世观稍有不同的是，埃及神话更加细致地表述了从无到有、从非存在到存在的语言命名过程，特别突出了前语言的思想向语言命名的发展演进：先想出样子后再起名。这就更微妙地反映出神话思维中语言创造的真相——从“无名”的混沌思维到“有名”的抽象思维乃是宇宙秩序发生的契机。这正可与老子的“天地始”“万物母”之喻对观。

印度神话中语言创世观亦占有重要地位。反映在《奥义书》中，有宇宙神发言歌颂以造水的情节：

---

[1]《埃及创世神话》，引自〔美〕奥弗编：《太阳之歌——世界各地创世神话》，毛天祜译，中国人民大学出版社，1989年，第250页。

[2]〔美〕奥弗编：《太阳之歌——世界各地创世神话》，毛天祜译，中国人民大学出版社，1989年，第267页。

太初，斯无一物也。死亡者，饥饿也；唯此遍复。

彼始作意曰：“我其有身乎！”

彼游行而歌颂焉。当其歌颂也，水始生起。则曰：“唯我之歌颂也，而有水焉。”唯此则光（火）之光明性也。

随后又一次描述宇宙神从愿望派生出语言，张口发声，创造万有：

彼遂思忖：“我若唯此之图，则作食仍将少也。”遂以彼语言，以彼自我，而创造诸有，凡此世界万物，《梨俱》，《夜珠》，《三曼》，唱赞，祭祀，人类，牲畜，皆是也。[1]

语言创世母题还以法律条文的形式写进了印度教法典《摩奴法典》之中。该书第一卷《创造》第 21 节云：

最高无上的神从太初之始即按照吠陀所言，对每一个特别物类指定名称，作用和生活方式。[2]

如日本学者中村元所说，印度的婆罗门教徒视梵语为绝对神圣的语言，认为这一语言具有特别的魔力，这也是一种语言神秘性的观念。[3] 甚至有学者认为，西方的语言神秘性观念，如《新约・约翰福音》所云：“泰初有言”，是从印度传播过来的。从语言创世神话的普遍共生性来看，这一推测难以成立。因为世界上许多彼此间并无传播影响的文化之中均可看到类似的观念。

[1]《大林间奥义书》，见徐梵澄译《五十奥义书》，中国社会科学出版社，1984 年，第 520—521 页。
[2]〔法〕迭朗善译：《摩奴法典》，马香雪转译，商务印书馆，1982 年，第 11 页。
[3]〔日〕中村元：《比较思想论》，吴震译，浙江人民出版社，1987 年，第 216 页。

图 39 西王母及其扈从（四川新繁出土汉代画像砖，现藏重庆市博物馆）
西王母是西戎极古老的女酋长，并被奉为猿猴图腾神，落日和暮月女神，大母神。东王公很可能是由她的扈从里“升格”而来并与她组成配偶神，且分司“日、月——阴、阳”，就像伏羲、女娲那样。

我国云南彝族的创世史诗《查姆》讲到创世主神仙王也是用口说的方式造天地：

神仙之王涅侬倮佐颇，
开口来指点：
地要造成簸箕样，
天要造得篾帽圆。
篾帽、簸箕才合得拢，
篾帽、簸箕合成地和天。[1]

[1]《查姆》第一章，云南人民出版社，1979 年。

由于创世神话的实质在于其哲学倾向——说明宇宙时空的发生过程[1]，所以，语言创世的神话母题很可能向哲学化的方向发展，“早期希腊思想就这样从自然哲学转到了语言哲学”[2]。卡西尔曾以赫拉克利特为例对这一转化过程做出精辟的说明。他指出，赫拉克利特仍属于“自然哲学家”，他的全部兴趣都集中在现象世界即“变”的世界上。但他并不满足于变化的单纯事实，而是力图寻出变的原则。他认为这种原则不在物质世界而在人类世界：宇宙秩序正潜藏于人类语言之中。

因此，要理解宇宙的“意义”，我们就必须理解言语的意义。如果我们不能发现这个方法——以语言为中介而不是以物理现象为中介的方法——那我们就找不到通向哲学的道路。虽然在赫拉克利特的思想中，甚至连语词、逻各斯也并非只是人类学的现象，它并不囿于我们人类世界的狭隘范围，因为它具有普遍的宇宙真理。但是，他已不把语词看成是一种巫术的力量，而是从语义功能和符号功能的意义上来理解它了。赫拉克利特写道：“不要听从我，而要听从语词——逻各斯，并且承认一切是一。”[3]

“逻各斯”这个希腊思想的最高范畴在赫拉克利特的语言哲学中已经成了语词、理性和宇宙秩序三位一体的标志。这可以视为语言创世神话观的直接抽象和理论引申。

语言创世观在文明社会中得以定型，但其远源仍可上溯至原始社会。美国人类学家保尔·拉定在《作为哲学家的原始人》中曾举出波利尼西亚群岛毛利人的创世神话，该神话把宇宙发生的第一阶段叙述为人的意识发生史；

[1] 参见叶舒宪：《中国神话哲学》，中国社会科学出版社，1992 年，第 227 页；第 246 页。

[2]〔德〕卡西尔：《人论》，甘阳译，上海人民出版社，1985 年，第 143 页。

[3]〔德〕卡西尔：《人论》，甘阳译，上海人民出版社，1985 年，第 143 页。

从概念中产生了增长，增长产生了膨胀，膨胀产生了思想，思想产生了回忆，回忆产生了愿望。第二阶段叙述万物由来，照例奉语言为创生之本。[1] 这则原始神话把客观世界的产生叙述为主观世界的自动派生，概念和语词既是创造的意愿之根又是创造的物质本源。到了《旧约·创世记》中，全知全能创世主的出现使语言创世观表现为一神教的上帝口说创世，创造的意愿和手段都统合到耶和华神的身上了。

上帝用口说命名的方式从无到有地创生出万物和人类，这位犹太教的独神无意识地体现着希伯来人对人类语言能力的极度膜拜。《创世记》的经文就这样以对象化投射的方式表达着对人类本质力量——语言的自我确证。巴比伦神话中分别存在的名称与事物在《圣经》中重新统一在神的话语之中。一种神学的语言本体论就此诞生了。《申命记》强调说：

人并不是靠食物维持生命，而是靠神口里的一切话语过活。[2]

基督教的《新约》不仅据此引出“泰初有言”的公理，而且还宣告了“上帝即是言”的圣训。随着西方文明的基督教化，语言创世观便同希腊的逻各斯主义一起，把语言和逻辑确立为思想史上的第一主题。

从语言与创造（创世）的依存关系中自然可以引申出语言与存在的依存关系，笛卡儿们“我思故我在”的著名命题也可意译为“我言故我在”。“在荷尔德林的散文中，人类相互间的谈话和人同上帝之声的谈话就像一种独特的谈话。自从开始了谈话我们才存在，才作为人类历史之一种而存在。”[3]

[1]〔美〕保尔·拉定（Paul Radin）：《作为哲学家的原始人》（*Primitive Man as Philosopher*），多佛出版公司，纽约，1957年，第293—294页。

[2]《旧约·申命记》，第8章第3节。

[3]〔德〕伽达默尔：《文化与词》，《赞美理论——伽达默尔选集》，夏镇平译，上海三联书店，1988年，第4页。

到了当代思想家如海德格尔等人那里，语言被奉为人——宇宙间孤独无依的飘泊者唯一可以安身立命的“家”。

四、老子对语言创世观的解构

中国汉族远古时代的创世神话未能完整地流传下来，所谓盘古开天辟地神话实际上是受印度佛教影响而在汉魏之际衍生的后起神话[1]。不过，种种迹象表明，上古时期也曾有过表现语言创世观的神话，尤其流行的是关于开辟之前的混沌状态的描述。虽然完整的神话叙述已不存在，但其影响和反应却留在众多上古典籍中。《淮南子》所谓“古未有天地之时，唯象无形，窈窈冥冥”；《天问》所谓“遂古之初……上下未形……冥昭瞢暗”等，都是对那种混沌未分化状态的描述。至于从混沌空无到宇宙万有的秩序存在，其间的创造中介物为何？《老子》提供了标准答案：“无名，天地始；有名，万物母。”这等于说，宇宙天地始于没有名称的无差别混沌状态；世界万物的产生是以语言命名为前提的。与巴比伦和希伯来人突出表现的语言创世观相对照，不难看出老子哲学中保存着上古失传神话的同样的语言观点。就此而言，原始的语言崇拜和文明社会中的语言创世观在西方和中国文化中都有同样的生成逻辑。

那么，为什么同样强调语言名称的创世观念在华夏文明中未能占据思想史上的统治地位，反而被“得意忘言”说排挤掉了呢？答案仍在《老子》五千言之中。原来，老子既是系铃人，又是解铃人。他一方面保留了神话时代传下来的语言创世观，另一方面又高瞻远瞩地全面解构了对语言的古老迷信。《老子》全书首句明确宣布：“道，可道，非常道；名，可名，非常名。”

[1] 参见叶舒宪：《中国神话哲学》第八章第一节，中国社会科学出版社，1992 年版。

既然可以用语言表达的“道”已经不是真正的恒常之道，那么，创造本源和宇宙本体及规律就都被注定为不可言说的了。高诱注《淮南子·汜论训》时完全因袭了老子对语言有限性的这种洞见，他写道：“常道，言深隐幽冥，不可道也。”伪托的《关伊子》一书说得更加干脆了：“不可言即道。”

国际汉学界历来认为，道在中国思想史上的地位同上帝和 Logos 在西方思想史上的地位同等重要。翻译家甚或把中国的道径直译为西文的 Logos[1]。在这种等同和对译中，两种截然不同的语言观的本质差异也就被遮蔽了。如前所述，希腊哲学中的最高范畴逻各斯既指语词、言说，又指理性和真理，这两个方面是统一为一体的。伽达默尔指出，逻各斯这个词指说话、语言、解释以及一切表达在谈话中的思想、理性等。西方思想家总是把人定义为理性动物，实质上即指语言动物。[2] 基督教神学中的至上存在“上帝即是言”，本体和语言也是合为一体的。上帝以言创造宇宙和人类，人与宇宙、上帝之间的关系当然要靠“言”来沟通。所谓“旧约”“新约”，指的正是上帝同人类所订下的神圣“约言”。礼拜日的唱赞、读经和祈祷都是凭借“言”与神交通的活动。相形之下，中国的道以其不可言说性而同西方的最高范畴代表着相反的致思方向。

老子作为最早系统阐发“道”范畴的中国思想家，在解构语言创世观的同时开辟出具有十足东方特色的非语言的悟道方式。由于道本身默默无言地自在运行着，人同宇宙本体的关系当然也不能靠语言去沟通和实现。道成为一种超能指的所指，超载体的神秘信息，并因此而被西方人视为“东方神秘主义”。又由于语言符号在道家圣人眼中贬值为“筌蹄”，人关于宇宙和人生的全部知识真谛也成了非语言所能掌握、积累和交流的东西。《老子》第

[1] 参看马克斯·缪勒（Max-Müller）主编：《东方圣书》（*Sacred Books of the East*），第3卷，英译本导言，1899年，牛津。

[2] 参见《赞美理论——伽达默尔选集》，夏镇平译，上海三联书店，1988年，第5页。

五十六章所说“知者不言，言者不知”便是这个道理。就这样，一个不可言说的“道”，一种无法传达的“知”，共同奠定了这个民族思维结构和知识结构的最大特点。

西方的传统认识论以语言和逻辑为唯一重要的工具和手段。与“言”之有无互为表里的“光与暗”之喻被奉为西方哲学形而上学的“隐喻之祖”（the founding metaphor of Western philosophy as metaphysics）[1]。如德里达所说，“它之所以是隐喻之祖，并不仅仅因为它在光学方面的意义——在这一意义上我们的全部哲学史乃是一种光学，即以光命名的历史，而且因为它是一个隐喻。隐喻通常是从一种存在转化为另一种存在，或从一种所指意义转向另一种所指意义的媒介，认可此种转化的乃是在者（Being）向存在（existent）的归顺，亦即在者的类比置换（the analogical displacement）。这正是在形而上学的话语中所发生的事情”[2]。在这种较为艰涩的表述中，德里达毕竟暗示出一个发人深省的问题：一部西方哲学史由于其隐喻之祖的作用竟可视为“光学史”，它把光照不到的一切事物统统排除在认识的范围之外，让它们永远沉默在黑暗之中了。更有甚者，是认识主体从“在者”向存在的沦落。也许正在这一惊人的认识盲点的启发之下，胡塞尔才坚决要求哲学回到柏拉图时代以前吧？[3] 继胡塞尔之后，包括德里达在内的众多思想家都殊途同归地展开了对“逻各斯中心主义”的反击战，这也许不能看作是偶然的巧合。从某种意义上可以说，20 世纪的西方哲学发展是对作为“光学史”的前代哲学史的全面叛逆与反拨。与此相应的是，类似于老子和庄子解构语言创世观的那种自觉意识的普遍流行。“那种声称语言具有真理内容的幻想业已完全

[1]〔法〕德里达（Jacques Derrida）：《力与意指》（*Force and Signification*），《文字与差异》（*Writing and Difference*），阿兰·巴思英译本，罗特累齐与凯根保尔出版公司，1978 年，伦敦，第 27 页。

[2]〔法〕德里达（Jacques Derrida）：《力与意指》（*Force and Signification*），《文字与差异》（*Writing and Difference*），阿兰·巴思英译本，罗特累齐与凯根保尔出版公司，1978 年，伦敦，第 27 页。

[3] 参见德里达：《“创世与结构”及现象学》（*“Genesis and Structure” and Phenomenology*），《文字与差异》，英译本，第 154 页以下。

破灭；所谓的真理内容只不过是一些心灵的幻影。……‘概念’又是什么东西呢？概念只不过是思维的表述，只不过是思维创造出来的东西罢了；概念根本无法向我们提供客体的真实形态，概念向我们展示的只是思维自身的形式而已。”[1]读到卡西尔的这些论述，我们好像觉得那无非是老子“道可道非常道”的超前智慧命题的现代演绎。

不是吗？老子两千多年前就在“皦”“妙”对举的同时偏重了“妙”一方面，这足以使道家哲学的历史免遭沦为“光学史”的厄运。诚然，对“妙”的偏爱也不是没有付出历史代价的。

五、思维、符号与文化

中西不同的语言观在文化结构上的印记是异常深刻的。这里仅从几个重要方面略做提示，作为本章讨论的小结。

在哲学方面，鉴于西方的逻各斯与宇宙本体的同一性，哲学思维始终贯穿着本体论和认识论的统一、知识和逻辑的统一。西方哲学凭借抽象概念符号的逻辑性构成理论和体系，纯粹理性和实践理性齐头并进，抽象思辨能力突出发展而直观理性方面则受抑制。在中国，作为本体的“道”与语言表达的分离性使哲学的本体论趋向于超验，纯粹理性被实践理性所取代。孔子所谓“天道远，人道迩”的命题标志着对宇宙论的忽略和对人生哲学的致思方向。“言不尽意”的信条使概念、逻辑和抽象思维的发展受到阻碍，同时促进了直观理性能力的培育和发展。

在道德理想方面，西方文化将善于驾驭语言来传播知识或信仰的个人奉为理想人格，如苏格拉底的街头演讲，耶稣的登山训众，西塞罗的雄辩之才，

[1]〔德〕卡西尔：《语言与神话》，于晓等译，生活·读书·新知三联书店，1988年，第35页。

都是为人景仰的楷模。在中国却因有“大智不言”的观念，能言善辩者往往并不被社会所看重。像苏秦、张仪这样的摇唇鼓舌的说客在正史中留下的是十分滑稽的形象。理想的人格追求，据《礼记》所述，是“太上立德，其次立功，再次立言！”可知立言是下等的选择。难怪孔子这样的圣人也耻于立言，后人奉为圣书的《论语》只不过是孔门弟子们杂凑起来的孔子生前语录。

在科学方面，希腊哲学的理性思维与科学的系统化建构同步前进。苏格拉底的自然哲学中的原子论和机械论都为科学思想的发展提供了基础。在文艺复兴以后，古典科学向近代科学的过渡同样借助于以思辨分析为主的逻辑理性而获得长足发展，分科之多之细，从微观生物到宏观宇宙都被纳入严密逻辑的科学观照体系。这可以说是逻各斯的一统天下。另一方面，曾经在中世纪压制科学思想的基督教言词信仰本身亦孕育着科学革命的胚芽。上帝即言的观念背后潜藏着人对自身本质力量的自觉。一旦虚幻的神的信念发生危机，在现实世界中被排除的主体必将取代上帝成为语言的主宰和反思者。随着荷尔德林“上帝退隐了”和尼采“上帝已死”的历史性宣告，原先研究上帝之言的《圣经》阐释学也就蜕变为哲学阐释学和科学哲学。研究神人交通手段的神学中也分化出一种考察主客之间相互作用方式的标记之学——符号学。[1]这种对语言、符号、逻辑的理性关注又反过来推动着科学本身的系统化发展。在中国，对符号载体的长期忽略使科学思想难以从经验上升为理论，出现了发明创造有余而传播、积累、应用不足的科学偏向。庄子所标榜的“伊挚不能言鼎，轮扁不能语斤”，恰是此种唯经验主义态度的最佳写照。就连传统医学也不免被看成超符号的经验存在：“医者，意也。脉之深奥，不可言传。”与哲学一样体现着“意”对“言”的超越。与此相应的教育学思想自然是轻言传而重“身教”，仍是实践理性和直观理性的一统天下。

---

[1] 参见〔英〕洛克：《人类理解论》，关文运译，商务印书馆，1981年，下册，第721页。

在艺术方面，中西不同的语言观所产生的作用尤为显著。因为文化的符号载体除语言外便首推艺术[1]，这两种符号之间具有某种反比关系。中国文化中对语言的轻视忽略从反面强化了艺术符号的作用。用语言难以捕捉和传达的体验性信息在艺术世界中获得了最大限度的补偿。所谓“事宁同于想象，理实阏于言筌”，说明艺术家在鄙薄言筌的同时看中思维的另一形式——想象。中国艺术讲究意境、境界，追求气和风骨、神韵等，都同这种非逻辑的直观理性的发达密不可分。此外，中国艺术的强烈的表现性和抽象特征，从符号学角度看，也都是僭越语言功能的产物。国画与西画相比，不模仿自然形，不注重对客观事物进行逼真再现，而突出主体情志——“意”的抒发。无论是即兴挥洒的泼墨山水，信笔点染的白描人物，还是龙飞凤舞般的书法造型，都是中国人传达非语言信息的独特方式的表现。“妙处难与君说”，表明了艺术符号独有的编码和解码方式全在于妙悟与兴会的直观体验之中。与此相应，中国传统美学和艺术批评也不像西方那样以理论思维和逻辑体系的形式出现，而是以感发式和“评点式”为其主流。其特征在于不完全依赖语言符号去解释和转换艺术符号中的信息含量，而是通过“不涉理路，不落言筌”[2]的直觉把握来完成艺术与主体之间的信息沟通。这种由道家哲学和佛教禅宗共同促成的艺术思维的高度发达使这个民族的文化结构带有一种潜在的审美趋向。

人类在从史前迈向文明的进程中，本来走着一条趋同的道路。从旧石器到新石器，再到铜器和铁器时代，各文化的演进遵循着共同的发展模式。文明的建立是以语言的书面符号形式——文字系统的发明和应用为标记的，不

[1] 参见〔美〕狄列（J.Deely）：《符号学导论》（*Introducing Semiotics*），印第安纳大学出版社，1982 年，第 197 页图示。

[2] 严羽：《沧浪诗话》。

同的符号系统对于人类理性的分化发展产生了难以估量的作用。在中西两大文化传统中催生出不同的语言观和符号观，又因此而反作用于文化结构。从语言观的差异入手进行比较文化研究，我们可以把中国文化看作以意为中心的文化建构，把西方文化视为以言为中心的文化建构。二者的特点同时也是各自的弱点。因而两种语言观的对话和交融具有文化互补的人类学意义。在《符号：语言与艺术》一书第八章中，笔者之一曾从符号学立场提出“艺术符号的生态意义”的命题[1]。本章则进而从比较文化的立场追问语言观与文化结构的相互作用关系，试图从根源上揭示中西的直观理性与抽象理性、审美文化与思辨文化各自的特长和偏颇，从而暗示出某种具有未来学和人类生态意义的文化互补的可能前景。

从当代立场上审视中西文化在“言”“意”之间的无意识选择，我们发现老庄的“言筌”之喻比西方当代语言哲学所乐道的“语言牢房”说整整早出 20 多个世纪。就在西方人意识到语言异化的危机而转向东方思维寻求出路的同时，东方民族则正迫不及待地从西方移植科学和理论思维。就生态意义而言，未来人类发展的一项重要内容就是在文化互补的基础上重建言意之间的平衡。理想的人性标准既要排除身陷“语言牢房”的囚徒，又要改造只能意会不能言传的圣人。这，也许意味着人脑左右半球功能的新的整合。

[1] 俞建章、叶舒宪：《符号：语言与艺术》，上海人民出版社，1988 年，第 309—323 页。

附录

APPENDICES

- "女神文明"及其现代复兴
- 道家伦理与后现代精神
- 中国神话学百年回眸

“女神文明”及其现代复兴

以老子和庄子为主要代表的中国古代道家思想，是世界思想史上非常少见的具有超前智慧的思想资源。从后现代的21世纪的立场上看，道家思想中蕴涵的一些珍贵内容才更加彰显出其长久不变的魅力。对于老子《道德经》中关于母神宗教的思想及其原型意义的理解，就是一个很好的实例。笔者在本文中希望勾勒出20世纪以来的“女神文明”与其现代复兴的概况，从而为重新认识和评价老子“守雌”“贵柔”的阴性哲学观提供新的知识背景。

一、母亲原型、盖娅假说与生态女性主义

如果我们要找出对20世纪西方思想转向东方起到决定性影响的大师级人物，那么最重要的学者也许就是心理学家荣格。如果说西方现代性所代表的社会发展方向面临难以克服的困境，需要重新确认自己的生命根脉，寻找丧失的文化灵魂，那么正是荣格的学说给出了一种有效的途径。1997年英国出版的《神秘教辞典》指出，荣格是当代思想史上对异教思想给予高度关注的大师。他在1912—1926年间悉心研究异教与早期基督教的关系，认为西方文化因为对异教思想的压制而限制了自身的活力。他在异教思想中找到了原

初的深层心理学的种子，并且希望西方知识界摆脱成见而将异教思想吸收到现代文化中来。[1]像西藏佛教、禅宗、易经、道家哲学和炼金术等，都可以成为对西方思想传统进行补充和改造的宝贵资源。[2]

在荣格为人类集体无意识界定的主要原型中，有一个叫做母亲原型。神话中的女神是其主要的形象表现。[3]这个命题给当代神话学研究带来极大的刺激，也为生态思想与女性主义的结合搭起了桥梁。由于原生态的自然被比喻为孕育了人类的母亲，所以在后工业社会物质主义狂潮中疲惫不堪的现代人和反叛父权制压迫的女性主义者，就找到了一个共同的文化归根的目标。根据比较神话学家艾利亚德的描述，母亲原型对于个体的精神分析和社会群体的文化寻根是同等重要的。这个以重返母体为旨归的原型运动早在公元前的道家思想中已有清晰的表达。

大地母亲（Earth-Mother）是一个原始意象。人类的母亲模仿和重复生命在大地的子宫孕育的行为，胎儿和出生，也就是重复着宇宙创生人类的行为，女性的生产也就是微型的宇宙生产。进入迷宫或洞穴，相当于神秘地回归到母体。在永生神话中，“回归母体”（regressus aduterum）是传播最广的主题，即返回创造的本源或象征生命之源的子宫。精神分析学认为在无意识的世界，时间是循环回归的，无意识有复归于原始的愿望。道家的复归于婴儿的理想和炼金术，就是设法将天地结合，并摄入身体，产生一种原始的混沌状态（浑敦如鸡子），回复胚胎或未有世界以前的纯真状态。道家圣人认为这种个体生命的返胎式回归是对应于“反者道之动”的宇宙韵律的。[4]

---

[1]*Dictionary of the Occult*，Geddes & Grosset，1997，p.106.

[2]Robert A.Segal，*Jung's Psychologising of Religion*，Steven Sutcliffe and Marion Bowman ed.，*Beyond New Age：Exploring Alternative Spirituality*，Edinburgh University Press，2000，p.65.

[3]C.G.Jung，*Psychological Aspects of the Mother Archetype*，*The Archetypes and the Collective Unconscious*，Routledge，1968，p.81.

[4]参看叶舒宪：《庄子的文化解析》，湖北人民出版社，1997年，第一章“道之回归”；第五章“返胎与复朴”。

只有当人类中心主义的生产观已经对人类本身的存在构成强大压迫和威胁时，现代西方人才会在道家的归根哲学中找到自己的文化认同。人类学家鲍维在《宗教人类学》中说，当代的异教主义是20世纪的一种创造（虽然许多团体声称与传统有联系），它提供了对占支配地位的西方思想模式的一种回应。现代的科学的宇宙观不能提供一种包容了人类和生态的整合性的宇宙图景，如格雷厄姆·哈维所说：

（崇奉自然的）异教的宇宙观“复魅”于世界。异教的人们谈论神与精灵，并不是因为信仰它们，而是因为他们认真看待许多文化的如下暗示：世界并非只居住着新加入进来的人类，而且也居住着动物、植物和矿物。世界是一个令人激动的、神圣的生存场所。[1]

世界的神圣性来源是什么？过去的犹太—基督教始终认为来源于上帝的创造。而英国科学家洛夫洛克（James Lovelock）的“盖娅假说”（Gaia hypothesis）则为新时代人奠定了一种新的世界观基础。洛夫洛克分别在1979年和1988年由牛津大学出版社推出两部书：《盖娅：地球生命的新观照》与《盖娅时代：我们地球生命的传记》。书中提出，我们一切生物赖以出生和存活的这个地球，不仅是宇宙之间仅有的一个发生了生命的环境，而且她自身也是一个生物有机体，一个能够自我适应和自我调节的体系，一个可以改变自身环境使之顽强存活下去的系统。这样一种全新的自组织的地球生态观，很容易让人联想古希腊神话时代的大地母神盖娅，于是借助于洛夫洛克科学著作的广泛影响，复活的“盖娅”女神成为20世纪末期西方民间崇拜的一个新的核心偶像。

[1]Fiona Bowie，*The Anthropology of Religion*，Oxford：Blackwell，2000，p.54.

在英格兰西部的新时代运动（20世纪70年代兴起于欧美的取代基督教的民间思想运动）的重要朝圣地格拉斯顿伯里（Glastonbury），大小商店里都可以看到和买到这位大地母神的塑像。在各种有关神话与新宗教的出版物里，盖娅的形象也随处可见。女性主义神话学家更是对这个新复活的女性偶像推崇备至。据《美国传统辞典》的解说："盖娅是希腊神话中的大地女神，她嫁给了天神乌拉诺斯，成为泰坦和独眼巨人库克罗普斯的母亲。（The goddess of the earth, who bore and married Uranus and became the mother of the Titans and the Cyclopes.）"在洛夫洛克看来，盖娅是一个生物性的地球生命体的象征。她过去对人类这样一种年轻而狂妄的生物是容忍和宽容的，因为她自身的调节能力足以应付人类对生态的破坏。但是她的容忍却不可能是无限度的。她不会放任人类在科学技术的怂恿下过分地犯下愚蠢的罪过。他写道：

盖娅不是一个溺爱子女的母亲，也不是一个柔弱的孩子，她是一个强有力的圣女，她已经35亿岁了，如果一个物种强大起来，她将凭借类似于一枚洲际弹道导弹中的微电脑的感觉把这个物种清除掉。[1]

可以想象，由于基督教信仰的衰微，西方人因为失去了上帝的眷顾而感到无助和迷茫，而科学技术的发展也日益暴露出双刃剑的毁灭作用。在此种境况下，盖娅女神这样一位至高无上的生命主宰的重新降临世界会意味着怎样的精神拯救和未来希望呢？如果这位异教女神果真能给人类带来出路，那么就不能再按照基督教的传统偏见来看待异教思想了。"异教"（pagan）这个词出自拉丁文pagus，意为乡村。当代新异教主义者在宽广的意义上使

[1] 转引自〔美〕比尔·麦克基本：《自然的终结》，孙晓春等译，吉林人民出版社，2000年，第154页。

用这个词，指称“尊重自然的人”。《异教欧洲史》的两位作者琼斯（P.Jones）和彭尼克（N.Pennick）指出，对异教信仰的当代定义是：“一种崇敬自然的宗教，致力于使人类的生活与季节循环所体现的宇宙韵律相和谐。”[1] 我们在这个定义中不难看到，原来作为基督教对立面的异教思想已经在今人心目中改换了价值色彩，由负面的变成了正面的。西方发达社会的新女神追求者们希望通过他们的信仰实践达到人与宇宙自然的交融状态，在僵化了的基督教之外重新找会恢复人的精神灵性的方式。

新时代文学在20世纪90年代的代表作《塞莱斯廷预言》所表达的新时代世界观，明显受到盖娅假说的影响。作者把这一全新的生态理念假托于主人公在秘鲁看到的玛雅神秘手稿中：“我知道，手稿阐述的那些真知已经融入我的大脑，变成了一个意识。我很清楚自己的生活进化的神秘方式。第一条真知揭示了这一点。我知道，整个文化也感受到了这种神秘的色彩。而我们正在建立一个新的世界观。这是第二条真知所指出的。第三、第四条向我显示，宇宙实际上是一个巨大的能量体系，人间冲突缘于能量短缺，缘于能量控制。第五条向我们揭示，只要我们从一个更高级的能源那儿接受这种能量，我们便能够结束这种种冲突。”从荣格的母亲原型到洛夫洛克的“盖娅假说”，新时代人就这样在自然母亲的怀抱中看到人类返璞归真的可能性。

二、女性主义巫师与女神崇拜

新时代观念的理论代言者，英国人类学家苏珊·格林伍德（Susan Greenwood）指出：西方传统总把巫术和巫师看做是异教信仰的一种形式[2]。

---

[1]P.Jones and N. Pennick，*A History of Pagan Europe*，London：Routledge，1995，p.1—2.

[2]Susan Greewood，Gender and Power in Magical Practices，Steven Sutcliffe and Marion Bowman ed.，*Beyond New Age：Exploring Alternative Spirituality*，Edinburgh University Press，2000，p.137—154.

而在异教思想挑战基督教的今天，女性主义巫师（feminist witchcraft）的出现则是女性主义和现代异教运动的一种结合物。其主要人物是美国的布达佩丝忒（Zsuzsanna Budapest，1940—）和丝塔霍克（Starhawk，1951—）。其思想宗旨是为了改变社会——结束父权制的压迫——而进行巫术活动。其活动方式以仪式、表演行为和写作交流为主。20 世纪 70 年代以来的女性解放运动产生了对世界宗教的批判，由此而分化出女性主义精神探求的两个支派：一派要改造正统的宗教，使其教义适应新的女性主义观念变化，如“女性主义神学”的出现；另一派则像现代巫师们所要求的那样，在正统宗教以外去探寻所谓前基督教的女神。在美国，激进的女性主义者把女巫视为反叛父权制的自由斗士。欧洲历史上被宗教法庭烧死的 900 万女巫也被重新评价为挺身反抗阶级压迫的革命战士。自父权制确立其统治以来转入地下的“妇女的灵性”（women's spirituality）终于再度浮出了水面。

女神崇拜成为妇女的黄金时代。许多女性主义者对巫师的重新解释都以美国考古学家金芭塔丝的著作为基础。她描绘出一幅女神崇拜时代的完整图景：从旧石器时代狩猎采集者到新石器时代农人的以女神为单一对象的宗教体系。按照金芭塔丝的观点，这样一个和平的女神宗教指引下的欧洲文化在公元前 4300—前 2800 年间被父权制文化的入侵者推翻和灭绝了。人类学家罗利克（Ruby Rohrlich）不同意这种外部入侵说。她认为苏美尔、埃及、印度、中国，还有印加和阿兹忒克的古文明都是渐渐地从和平、女性中心的社会变成好战的、男性中心的社会。她认为应该从社会自身的内部变化，而不是外部的入侵，来解说父权制对女神时代的取代过程。

1971 年，在美国的马里布（Malibu）出现了以“女人的神秘”（Women's mysteries）为名的女性主义者组织活动。据参与者布达佩丝忒的描述：一群妇女在咖啡桌前围坐，喝咖啡，吃鸡蛋和土豆，有说有笑地发挥幻想，意识到她们在从事某种影响世界的革命活动。布达佩丝忒是马里布女性核心团体的八人之一，自称她们继承的是有八百年历史的女巫传统。这是一种只由母亲传给女儿的秘传传统。她们创作出所谓的“狩猎女神传统”（Dianic tradition）的女性主义巫术仪式与写作，她们的经验则写入了《女人的神秘之圣经》（*The Holy Book of Women*，1989），成为在女性读者和知识分子中流行的读物。一般而言，参与该团体的女性巫师们要么是独身，要么是女性同性恋。

女性主义巫术的另一位代表是丝塔霍克，她在美国发明了一种叫做“螺旋之舞”（spiral dance）的集体仪式形式：舞者手拉手围成一个圆圈，圆圈的中央是击打着萨满之鼓的她本人。通过这种向心式旋转的雀跃舞蹈，所有的参与者都会体验到精神统一的群体联系。螺旋舞蹈仪式不同于“女人的神秘”仪式之处在于，它并不排除男性的参与，更加具有公开性和包容性。因此，这一仪式走出了美国，在其他西方国家传播开来，特别是在英国。在著名的史前文化祭坛遗址斯通亨机（Stonehenge）等地，人们常常可以看到手拉手举行仪式舞蹈的朝拜者，他们不分国籍、肤色、年龄和职业，按照自觉自愿的方式走到一起，加入探寻新的精神性和恢复人与自然环境和谐的群体仪式活动。

崇拜女神的新时代人为什么与环境主义相互认同？布鲁斯（Steve Bruce）的《新时代与世俗化》解释说：“因为新时代从印度教和佛教那里借来了整合的世界观；我们自己、物质世界和超自然世界都是一个单一的实体。这就使许多新时代人对环境主义抱有强烈兴趣。我们应该保护物质世界不受无节制的开发，不仅是为了我们自己未来的利益，因为这个星球就是一个灵性的存在。正因为如此，许多新时代人是素食主义者，还有许多醉心于用整体观方式进行身体治疗和心理治疗。”[1] 在男性上帝的价值观统治下受到伤

[1]Steve Bruce，The New Age and Secularisation，*Beyond New Age：Exploring Alternative Spirituality*，p.227.

害的心灵，希望在新的女神信仰中得到疗救。

女神复兴的思想取代男性上帝的传统宗教世界观，其实可以理解为“一种以生态伦理为基础的宇宙论”（an ecological ethical cosmology）[1]代替过去那种人类中心主义的宇宙论。女巫和女神（witch and goddess）的当代大联合并不仅仅意味着异教观念与古代迷信的重新复活，而应当理解为方兴未艾的生态学意识大觉醒和妇女运动能够相互配合的必然产物。尽管其间也自然夹杂着许多古老迷信和陋俗的成分，但是我们毕竟不能只从消极的意义上去判断和理解这些当今的民间文化复兴现象。

三、20世纪日益发达的女神研究

20世纪是神话学大发展的世纪。其中最重要的成就之一就是女性主义神话学的全面崛起。该学派的出版物引起整个知识界的振动和争论。以女性主义观点和考古学新材料为双重契机的女神再发现运动，构成了西方文化寻根思潮的一个重要表现领域。

女性主义作为一场文化思想运动，它的重大启蒙意义就在于揭示出一个过去被忽略的真相：世界上已知的几乎所有文明都是父权制的。毫无例外的是，所有的父权制文明都会在某种程度上表现出对女性存在的贬低和蔑视，对女性的社会权利的压制和遮蔽。这一方面体现为社会现实中两性不平等现象的普遍存在，另一方面通过语言文字折射为社会意识形态中被改造被扭曲的女性形象和女性声音。“男人造语言”这一学术发现，给予女性主义者充分自觉的“性别政治”的意识，开始从各个方面去揭露批判男性中心社会的种种语言积习和文化表达，试图在男性化意识形态的遮盖背后，重新寻找真

---

[1]Fiona Bowie，*The Anthropology of Religion*，Oxford：Blackwell，2000，p.129.

实的女性形象。

女性主义运动的文化批判倾向是在压抑了无数年之后第一次引发的“性别冲突”之战，与历史上常见的由阶级冲突和民族冲突引发的战争不同，这场性别之战虽看不见硝烟和鲜血，却具有摧枯拉朽的性质。20世纪结束之际，它已是波及全球的“世界大战”了。神话学是主要的战场之一。女神的发掘与研究，在过去的一百年里所取得的成果远远超过了以往的所有年月。各种文明传统的文字文本中的女神形象的研究，规模空前庞大。如1992年由英国伦敦的潘多拉出版社出版的《女性主义的神话指南》一书，由牛津大学的女教授拉灵顿（C.Larrinton）博士主编，分为6个部分，有19位学者撰文分别运用女性主义的观点重新审视近东、欧洲、亚洲、大洋州、南北美洲的神话传统，以及20世纪的女神崇拜与研究情况。拉灵顿在导言中指出，传统的神话学研究充斥着男性中心的观点和厌女症偏见，而本书则尝试完全让世界各地的知名女专家来执笔，重新书写不同时期各个文明中的神话传说遗产，由其注意女性形象和女性的作用。“对于西方人而言，我们对我们的神话遗产的解释决定着我们思考自己的方式。政治家、心理分析家和艺术家都利用神话来告诉我们：我们是谁，从何处来。于是，纳粹的意识形态就利用了德国神话，弗洛伊德主义的心理分析则把希腊神话作为他们解释人类行为的模型，画家、作曲家、雕塑家和作家也都有意或无意地模仿过去的神话模式。”[1]现在，女性用自觉的社会性别视角重新审视的古代神话，这种视角的变换会给女性带来把握自己身份的全新契机。只要神话不再是由男性成见所反射的哈哈镜，那么女性就能够从神话中找到自己真实的过去。

类似于《女性主义的神话指南》的出版物在20世纪90年代盛极一时，这表明知识女性对神话学这门新学科的兴趣与日俱增。为什么现有的西方神

[1]C.Larrinton ed.，*The Feminist Companion to Mythology*，London：Pandora Press，1992，p.IX.

话文本总是把女性放在次等的位置上呢？拉瑞·荷塔多（Larry W.Hurtado）带着这一疑问编出《宗教中的女神与现代争论》一书，期望通过对非西方的宗教传统中女神地位的考察，找到解决问题的线索。该书立论的思路很像韦伯在非西方社会中寻找不能导致资本主义精神的原因。书中共研讨了中国的道教和佛教传统中的女神，古代埃及宗教中的女神伊西丝信仰和印度教中有关女神的"撒克提"（sakti）观念。[1]与此形成对照的是纽约市立大学亨特学院的女教授贝缇娜·纳普（Bettina L.Knapp）独自撰写的大著《神话中的女性》[2]。她从世界的神话文学中选出九位女性形象——古埃及的伊西丝，巴比伦的提阿玛特，古罗马的狄多，古希腊的伊菲革妮亚，印度的悉多和中国的女娲等，逐一加以剖析，确认她们在所属社会中的价值、能力和在公众心目中的形象，讲述她们如何战斗、领导军队、建立国家、治理大地，以及她们如何经历性别的挑战和身份的危机，并且把这些神话女性同当今社会中的女性相互对比，在历史和现实的参照之中探寻女性命运的未来前景。

与神话文本的研究相比，更加引人注目的成就是文字记载以外的女神形象的再发掘与再阐释。伴随着考古学和人类学的大发展，有成千上万沉埋在漫漫黄尘之下的古老女神偶像得以重新展现在世人面前。从几万年前的旧石器时代末期，到一万年前的新石器时代，再到五千年前的铜器时代，考古学家在成文历史出现之前的神坛和圣庙中，在史前人的聚落遗址中，发现大量石制的、陶制的和骨制的女性雕像。其数量之多，持续时间之久，在整个欧亚大陆上分布之广，足以让学者们提出一种关于"女神宗教时代"或"女神文明"的宏大假说。女神的再发现运动成为反思宗教史和思想史，乃至文化进化和文明起源等一系列重大课题的新起点。

回顾19世纪的神话学，不难看出那基本是男性独占的研究领地。即使

[1]Larry W. Hurtad ed., *Goddesses in Religions and Modern Debate*, University of Manitoba, 1990.
[2]Bettina L.Knapp, *Women in Myth*, State University of New York Press, 1997.

大胆提出“母权制”假说，为后来的女性主义者奉为精神领袖的巴霍芬本人也是一位男性。女性神话学家的全面缺席如同女性哲学家的寥若晨星，正是男性中心文化的性别角色所预先规定下来的。然而这种不平等的现象在20世纪得到根本性改观。书店和图书馆中都在显著位置设立了“妇女研究”的专架，关于女神研究的新书琳琅满目，而此类著述的作者大半皆为女性。其中的佼佼者如金芭塔丝（Marija Gimbutas）、艾丝勒（Raine Eisler）、奥弗拉赫蒂（W.D.O' Flaherty）等人，她们的著作丰富而且学术水准较高，已经取得了同男性神话学家相争锋的显赫地位。她们在学界和学界以外都有广泛的读者群（后两人各有一部著作已出版中文译本：《圣杯与剑》和《印度梦幻世界》），在众多女性读者心目中更是享有崇高的威望。倘若要在女神研究方面举出两个世纪以来最有影响的学者，那么在19世纪非巴霍芬莫属，而在20世纪要首推美籍女考古学家金芭塔丝。

巴霍芬虽然生活在19世纪，实际上却是为20世纪的女神再发现运动揭开序幕的理论功臣。其1861年用德文发表的《母权论》，在思想史上的意义可与达尔文的《物种起源》相提并论。巴霍芬把人类历史的第一阶段确定为母权制阶段，相当于中国古书所说的“知母不知父”状态。巴霍芬建构其理论体系的主要材料是古典神话，他善于从性别冲突的角度给希腊神话提出新的解释，从中归纳出从母权制到父权制的演进轨迹。当代美国神话学的泰斗人物坎贝尔在为巴霍芬的文集撰写的引言中指出：20世纪的艺术家和心理学家重新发现巴霍芬的著作，并不是偶然的，因为他解说神话的高超技巧远远超出同时代的其他神话学家（如布尔芬赤）。[1]

然而，20世纪以来的人类学主流通过全球范围的田野作业并不能证实母权制的普遍性，于是对巴霍芬的这个术语弃置不用。还有人宣布史前的母权

[1]Joseph Campbell, *Myth, Religion and Mother Right*, Princeton: Princeton University Press, 1967, Introduction, p.XXV.

社会只是一个美妙的现代神话。[1]英国人类学家亚当·库伯（Adam Kuper）1988年的著作《发明原始社会》，追溯殖民主义时代的帝国霸权话语如何在人类学学科中建构出作为文化他者的“原始社会”幻象，便将巴霍芬的“母权”概念与“群婚”“图腾”等关键术语一起列为误导性的虚构概念，并详实地分析了当代人类学研究是怎样挣脱和废弃这些为假想中的“原始社会”提供伪证的概念。[2]很可惜，由于摩尔根《古代社会》、恩格斯《家庭、私有制和国家的起源》等早期人类学著作中大量引用了此类概念，它们至今仍在盲从苏联的中国当代学术话语中广为流行。

尽管职业的人类学者闭口不提母权论，但是这并不妨碍大批的女性主义学者和文史研究者，以及大众传媒继续从巴霍芬的理论中获取灵感。在巴霍芬那里，母权制被父权制所取代，是必然的历史发展，正如乱婚制被母权制所取代一样。而在女性主义者这里，母权制的存在才是真正令人向往的黄金时代，父权制的出现则代表着文化高潮的结束和社会政治的衰落。这样的期望和信念在非西方的文化中也迅速流传，尤其是那些对母系社会（不等于“母权制”）怀有清晰历史记忆的民族。例如日本，史书上说曾有过女王卑弥乎统治的时代。当今的日本学界便对巴霍芬崇敬有加，与女神相关的研究更是层出不穷，如左喜真兴英、林道义、吉田敦彦等的著述[3]。

20世纪女神研究的最重要学者金芭塔丝，生前任美国加州大学洛杉矶分校文化史博物馆主任。她以一位考古学家的身份终生从事欧洲史前考古的发掘与研究，先后著有《古欧洲的女神和男神：6500—3500BC》[4]、《女神文明：

[1]参看：C.Eller，*The Myth of Matriarchal Prehistory*，Boston：Beacon Press，2000.

[2]Adam Kuper，*The Invention of Primitive Society*，London；New York：Routledge，1988，p.35—41.

[3]参看：左喜真兴英《女人政治考》，《左喜真兴英全集》，东京，新泉社，1982年；林道义《尊与巫女的神话学》，东京，名著刊行会，1990年；以及吉田敦彦的《妖怪与美女的神话学》（1989）、《绳文土偶的神话学》（1986）和《日本人的女神信仰》（1995）等。

[4]M.Gimbutas，*The Goddesses and Gods of Old Europe*：6500—3500BC，Berkeley：University of California Press，1982.

古欧洲的世界》[1]、《女神的语言》[2]、《活的女神》[3]等一系列图文并茂的巨著。她以考古发现的实物资料为基础，提出与父权制文明相区别的“古欧洲”（Old Europe）和“女神文明”（The Civilization of the Goddesses）等概念，显然不同于巴霍芬在书房里闭门造车提出的“母权制”概念。金芭塔丝试图从时空分布上划出“女神文明”存在的大致范围和传播情况，复原出女神崇拜及其史前艺术表现的象征系统，并尝试破译这种“女神的语言”所传达的宗教信息和文化蕴涵，描述女神文明对后世欧洲主要民族神话和信仰的作用方式和遗留形态。1999年由她的助手编成的金芭塔丝遗著《活的女神》，可视为这位女学者一生研究的总结。该书尝试将从考古文物中复原的女神信仰同其在父权社会中的残余形态有机结合为一个生命整体，使被历史所遮蔽、所遗忘的“女神的语言”同后起的“男人造的语言”同样成为我们反思现代知识体系的基点。

金芭塔丝的著作目前似乎正在取代19世纪的学术明星巴霍芬，成为当代女性主义在文化历史认同方面的又一面耀眼的旗帜。

女性主义者的女神再发现运动不只具有学术方面的意义，而且更重要的是为当代女性的自尊与现实生存提供了坚实的心理依据。诚如莉萨·图特（Lisa Tuttle）在《女性主义百科全书》“女神”条下所写的：“当女性主义者说到女神时，她们可以表示她们相信一种神圣的女性存在，能够通过祈祷和仪式来体验她的显现；她们也可以表达一种自然力的象征（生育，生命和死亡）；或是意指某种女性力量的象征；或者同时表示上述三种意思。正如女性主义者祭司丝塔霍克所言：‘我感到虚弱时，她就是我的帮助者和保护者；我感到强大时，她就是我自己力量的象征；在其他的时候，我感觉到她犹如存在我体内和世界的自然的能量。’”[4]当代知识女性的这种特殊生命体验激发

[1]M.Gimbutas，*The Civilization of the Goddesses*，San Francisco：Haper & Row，1991.
[2]M.Gimbutas，*The Language of the Goddess*，San Francisco：Haper & Row，1989.
[3]M.Gimbutas，*The Living Goddesses*，*Berkeley*：*University of California Press*，1999.
[4]Lisa Tuttle，*Encyclopedia of Feminism*，New York：Facts On File Publications，1986，p.127.

着一批又一批觉悟者，她们像受到召唤一般加入到重新认识女神的运动中来。这就是女神研究出版物呈现与日俱增之势的原因。

基督教作为典型的父权制人为宗教，其排斥女神的思想倾向尽人皆知。著名的“三位一体说”教义建立在人间社会的父子关系模式上，并未给女性的神圣性留下余地。而当代女性主义的圣经研究打破了这一禁忌，试图在男性中心话语形成的背后去发现被埋没的原始基督教的女神形象。2001年各大英文书店都在显赫位置推出弗雷克和甘第合写的新著《基督与女神：原始基督教的秘传教义》[1]，认为罗马教会全然掩盖了原始基督教所信奉的女神。这部书启发人们：现存的父权制文本中除了显形的女神以外，还潜藏着一批有待发掘的隐形的女神。

在古典神话的女性主义解释方面，也是硕果累累。美国的马丽·雷佛韦兹教授《希腊神话中的女性》，探讨的是古希腊主流文学中的妇女经验的表现。她指出近来的女性主义对希腊神话的解读已经形成了固定的模式：如亚马逊被表现为母权时代的女勇士；克吕泰涅斯特拉（Clytemnestra），一个讨厌的妻子和受挫的个人主义者；安提戈涅，一个被压制的女革命者；丹纳士姊妹（Danaids），仇视男性的女人，等等。[2]她认为只有摆脱这种众口一词的模式化倾向，才能深入体察神话中表达的女性生存经验。她还发现希腊的男性的确畏惧女人，不过并不是畏惧她们的性欲，而是畏惧她们的智力。

四、女神与女巫形象的再造

20世纪后期，资本主义的现代性危机在思想文化领域产生了重要的回应。后现代主义的文化寻根便是这种反叛现代性的激进表现。像《指环王》（《魔

[1]Timothy Freke and Peter Gandy，*Jesus And the Goddess*，London：Thorsons，2001.

[2]Mary R.Lefkowitz，*Women in Greek Myth*，Bristol Classical Press，1995.

戒》）和《哈利·波特》这样流行当今世界的通俗文学作品，便可作为再造女神和女巫形象的文学标本来看。熟悉西方文学史的人很容易发现，异教想象和女神原型在这些魔法作品中发挥着重要作用。《指环王》中优美而仁慈的森林女神的形象，作为男性仇杀与血腥争斗的反衬，一定给每一位读者留下美好的记忆。如果我们了解到，罗琳自上中学起就迷上了女性主义作家杰西卡·米特福德的自传《荣誉与反抗》[1]的话，那就不难理解《哈利·波特》或隐或现地流露出的女性主义和生态主义的思想倾向。

比如魔法学校中的格兰芬多学院（Gryffindor），这个名称中就隐含了神话怪兽格莱芬（Gryphon），她又被认同为报应女神的化身[2]。在西方异教传统的神话怪物谱中，格莱芬是出现频率仅次于人面狮身女妖斯芬克斯的一个[3]。罗琳让她钟爱的男女主人公在这样一所学院里学习，的确是耐人寻味的。她给霍格沃茨学校的副校长取名叫麦格（McGonagall），这个名字影射着希腊的智慧女神雅典娜，其罗马名为密涅瓦（Minerva）。[4]

此外，隐形女神出现的另一种方式是化身为女巫。魔法世界与麻瓜世界的对立，如果从性别尺度去划分，那么魔法世界也就等同于女巫的世界，阴性的世界，而麻瓜们的世界则为阳性的世界。少年主人公们逃离麻瓜世界来到女巫的世界，在象征的意义上就是逃离了基督教的父权统治，重新回到女神的怀抱。霍格沃茨学校中典型的场景是学生们骑着扫帚飞行。熟悉西方巫术史的人一看就知道扫帚是古代女巫的标准坐骑。据女性主义的解释，扫帚与女巫的特殊关系来自现实社会中妇女打扫的职业：家庭主妇常不离扫帚，

[1] 参看〔英〕西恩·史密斯：《〈哈利·波特〉背后的天才：J.K. 罗琳传》，宋润鹃等译，时代文艺出版社，2002 年，第 46 页。

[2]〔美〕戴维·科尔伯特（David Colbert）：《哈利·波特的魔法世界》（*The Magical World of Harry Potter*），麦秸译，人民文学出版社，2002 年，第 95 页。

[3] J.E. Cirlot，*A Dictionary of Symbols*，New York：Philosophical Library，1971，p.213.

[4]〔美〕戴维·科尔伯特：《哈利·波特的魔法世界》，麦秸译，人民文学出版社，2002 年，第 147 页注 1。

那是父权社会的性别分工的产物。我们中国人在汉字“妇女”的“妇”字中，至今还可以直观地看到一把扫帚！昔日性别分工的标志如今变成了少年们逃离麻瓜世界获得自由新生的象征。

小说中最突出的反面角色是伏地魔。作者把他塑造成人类欲望和贪欲的化身，其欲望的对象主要是长生不死。这从巴比伦史诗时代开始就一直是神话英雄们追求的理想。但是在今日女作家笔下，男性的追求长生已经具有了人类罪恶的性质，因为它是违反自然的，是人类狂妄自大的表现，也是最大的物欲和最疯狂的贪婪。在托尔金和罗琳看来，希望无限延长人体自身的物质存在，当然是一切物欲的终极目标。于是，必须动员人间的一切力量去战胜我们每一个人内心深处的心魔。就像《指环王》的主人公竭力要销毁那只象征无边法力和长生不老的魔戒一样。

在前资本主义社会，人们毕竟可以指望全能的上帝和外在的魔鬼力量相抗衡，如今“上帝已死”的世界成了物欲魔鬼独大的世界。而且今日的魔鬼已不是外在的幽灵，它变成了内在于人心中的可怕驱力。商海横流和物欲横流的世界充斥着推销商声嘶力竭的叫卖，人们良知的声音微弱得几乎完全被市场的喧嚣嘈杂所湮没无闻。这种物欲之魅，难道只有靠恢复巫术之魅的办法才可以克服吗？

当代文学为什么需要再造女神？女巫和女神宗教的复活究竟能给消费社会带来一些什么？一位研究新时代运动的社会功能的学者说：“新时代认识论的最大功绩是解决了文化的多元主义问题。如果每一个人都相信同一个事物，用同一种眼光看世界，那么一个社会就很容易信仰唯一的神，唯一的真理，世上唯一的存在方式。然而，当那个单一的文化碎裂成一系列相互矛盾的景观，你可能就要面临无穷无尽的争论和冲突。一个可行的办法是改变基本的知识观，以便使我们成为相对主义者。我们承认不再有唯一的真理或唯一的通向神的方式，而是存在一整套的同样有效的方式。”[1]按照这一解释，女神的复兴与再造既是后殖民时代知识的民主化的体现，又是对这一过程的促进。

五、关于“女神文明”的学术争议

著名的罗特累齐出版公司于1998年推出的《性别考古学论集》（*Reader in Gender Archaeology*），其中帕美拉·拉塞尔的文章《旧石器时代母神：事实还是虚构》[2]对女性主义的女神研究状况表示了不满，并且尝试做出理性的批评。他首先反对旧石器时代大女神生殖崇拜说，认为是一种虚构。他回顾了自1864年发现旧石器时代人像以来，学界关于史前维纳斯的认识和解说的历史，继尤克的《拟人造型》[3]一书之后，再度向多数人认同的主流观点发难。尤克认为，不能轻易地判定旧石器时代的偶像都是女神，更无法确认这些人像的实际功能为何。所谓众口一词的母神—生殖崇拜说，其实只不过是有待于证明的理论假设。拉塞尔针对20世纪70～80年代大量非专业的女性主义写作的关于女神的著述提出批判性质疑，对“女神宗教”和“女神文明”诸观念的倡导人金芭塔丝也毫不客气。他发问：个别地点发现的女性雕像能否代表整个欧洲？女性造型之外还有一些明显是男性造型。而实际上占多数的出土造型是不明性别的。这些人像是崇拜的对象吗？或者只不过是男性的性用品、辟邪物，或者是女人助产用的巫术道具，或者干脆是儿童的玩偶，也许是守护家庭的偶像。生殖崇拜说的另一个疑点是：旧石器时代

[1]Steve Bruce, *The New Age and Secularisation*, *Beyond New Age: Exploring Alternative Spirituality*, p.229.

[2]Pamela Russell, *The Palaeolithic Mother-Goddess: Fact or Fiction*, *Reader in Gender Archaeology* ed., By Kelley Hays-Gilpin & David S.Whitley, Routledge, 1998, p.261—268.

[3]P.J.Ucko, *The Anthropomophic Figurines*, London: Andrew Szmidla, 1968.

的人都是狩猎采集者，他们不会像农业社会的人那样希望多生育孩子。虽然旧石器时代人或许有了对超自然的信仰，但是我们在假定他们的宗教与今日的一神教相似时，必须非常小心。冰河时代的大母神只是一种假设的存在，她也许纯粹出于虚构。

拉塞尔尖锐批评的另一焦点是，当今写作女性主义神话学著作的人中，不少就是从事女巫训练的人。她们写出的东西究竟有多少可信性呢？[1]至于新石器时代的大女神说同样是未经确证的假说。巴霍芬以神话为依据重写历史，实际上是一种乌托邦化的历史建构。

研究早期希腊神话的学者也确认，那时女神在整个神话谱系中的地位虽然较后来优越，但绝不像女性主义学者们声称的那样透露着母权社会的光芒。[2]克莱德·伏特的《非洲面孔的英雄：传统非洲的神话智慧》一书，主张从传统非洲文化中汲取神圣智慧。他关于社会性别的观点似乎转到中性立场。作者把男女对立视为传统二元论世界观的产物。非洲一些部落人认为神不能用人的范畴去理解。女神不只是男神的女性化面孔。比如，伦达（Lunda）人认为，神是无法言说的。神不是人形的，当然也非男非女，不老不少。舒那（Shona）人描述的神则是“父亲、母亲、儿子”。我们这些早已陷入二元对立式思维的人无法理解非洲人的这种观念。犹太教、基督教和伊斯兰教都把神视为男性，这当然是错误的。同样错误的是企图矫正历史上的男性上帝观念，使之发生性别改变，称之为女神。因为女神毕竟只是女神，无法等同于绝对的、无形的、无性别的超验之神。[3]

那么，如何看待人类学家和宗教学家在非洲发现的这种女神信仰传统

---

[1]Pamela Russell，*The Palaeolithic Mother-Goddess: Fact or Fiction*，*Reader in Gender Archaeology*，p.265.

[2] 这方面的专著可参看 Timothy Gantz，*Early Greek Myth*，vol.1，The John Hopkins University Press，1993.

[3]Clyde W. Ford，*The Hero with a African Face: Mythic Wisdom of Traditional Africa*，Bantam Books，1999，p.116.

呢？伏特提到英国学者特纳（Victor Turner）的一种观点。特纳是以仪式和象征研究而闻名的最优秀的人类学家之一。他在20世纪50年代研究中部非洲德布人（Ndembu）的男、女成年仪式后认为，该文化是建立在一种“女性或母性原则”之上的。伏特以为这一解说触及到女神信仰的实质，也许最好理解为一个原型。用比较神话学家坎贝尔的话说：“一个女人和她的孩子即是神话的基本意象。”个人通过信仰女神而参与到存在的伟大神秘之中：自我融合于宇宙、大地和社会。在那种状态下，人与自然的矛盾同人类内部的性别矛盾一样都得到相对温和的调解，不至于引发出激烈的对抗和暴力冲突。

如此看来，盖娅母神这样的信念并不光是古希腊人的独特的想象创造。非洲原住民的母性原则与中国老子的“知其雄守其雌”观念一样，都足以显示出早在父权制、男性化和攻击性的文明建立其权威统治以前，世界各地的确曾经长久地存在母神精神照耀下的天人合一智慧的源头。重新温习和领会这种非常古老的智慧观念，对于我们现代社会摆脱人类中心主义价值观的束缚，防止生态灾难和民族国家之间的冲突与仇杀，为人类未来谋求理想出路来说，是非常富有启示的。

六、结语：女神文明复兴的展望

我在《阉割与狂狷》[1]一书中曾经提出，从比较文化的视野看，中国的儒、道、佛三教都具有阴性化的倾向。从儒家君子理想的温柔敦厚说，到老子的“知雄守雌”和“上善若水”说，都在倡导一种成熟驯化的、克服了阳刚文化的攻击性和野性的人格理想。从文化渊源上看，阴性文化与女神文明有着最直

[1] 叶舒宪：《阉割与狂狷》，上海文艺出版社，1999年，第265—269页。

接的承继关系，这在道家神话的诸多女性和母性原型中表达得十分明显。[1]在全球化加速到来的当今时代，这种过去被认为落后保守的内敛的阴性化的文化价值取向，比西方那种以阳刚和征服为特色的外向的尚武文化的价值，更加适合为未来的62亿人类在这个日益变小变挤的星球上和睦相处而提供最基本的人生指导。

从这样的估价来看，女神已经重新成为现代生活的精神理念。理想的现代生活方式不应是对传统的否定，而是跨过两千多年来占统治地位的父权制文明传统，复兴更古老的女神文明的传统。这种复兴对于拯救人类减少攻击和杀戮，是非常必要的。与老子的“小国寡民”理想相对应，当代社会生物学的创始人威尔逊指出，人口的增长才是我们大地上最可怕的恶魔！1994年发生在卢旺达的数十万人灭绝性的大屠杀，媒体一般报道为种族冲突的恶果。而冲突背后更深层的问题则是人口与自然资源的紧张关系。威尔逊分析说：

1950年至1994年间，卢旺达的人口增加了三倍，从两千五百万增加到八千五百万……1992年的时候，卢旺达的人口增长率是世界上最快的，平均每个妇女有八个孩子，怀孕妇女的年龄变小，世代间隔的时间变短。虽然这一时期食品总产量的增加速度也很快，但是很快就给人口的过量增长所抵消。从1960年至20世纪90年代初，单位的粮食产量在下降。水资源急剧减少，水文学家将卢旺达列为世界上二十七个严重缺水国家之一。于是，胡图人和图西人十几岁的士兵便开始采用最直接的方法来解决人口问题。[2]

更加引人深思的是，威尔逊告诉我们“卢旺达是世界的缩影！”

---

[1] 可参看本书第四章。

[2]〔美〕爱德华·威尔逊：《论契合：知识的统合》，田名译，三联书店，2002年，第418页。

这也许就是我们今天在全新的起点上研究老子的思想，迎接女神复兴时代的真正意义所在。倘若我们既无法减少现有的世界人口，又不希望这个世界重蹈卢旺达大屠杀的覆辙，那么，消解人与自然之间的紧张以及人与人之间的紧张对立，就成了生死攸关的迫切需要。

总结本文的讨论：我们从20世纪世界性的文化寻根思潮与风起云涌的女性主义运动的新知识背景上，阐述女神复兴与女神研究空前繁荣的文化内蕴：女神为什么会被寻找失落的灵魂的现代人重新尊奉为文化的偶像。

最后，真诚地希望女神精神能够引导我们走出20世纪的屠杀阴影，带给这个生态危机中的星球以持久的和平。[1]

[1] 本文是在叶舒宪的《千面女神》（上海社会科学院出版社，2004年）一书导言部分基础上修改而成的，特此说明。

道家伦理与后现代精神

要开创一个新起点，只需打开过去的伟大哲学著作，并努力领会其精髓。曾经被长久地隐埋了的基本真理的重现，将彻底根除在近代造成灾难性后果的错误。

——莫提梅·阿德勒《哲学十大错误》

引言：韦伯问题的后现代倒置

以马克思为代表的19世纪西方社会理论试图从经济生活方面去解答现代资本主义的历史根源和历史必然性，并进而论证它注定要被新的公有制社会形态所取代。20世纪以韦伯为代表的西方社会理论在很大程度上延续了马克思的命题，但转而从精神生活和价值观念方面重新论证资本主义的历史根源及其必然性，同时也放弃了对资本主义注定要灭亡的公有制预言。1989年苏联东欧社会主义阵营的解体以及随之而来的日益高涨的全球一体化浪潮，使资本主义市场化经济成为新的国际秩序的唯一代表。美国国务院思想库（Policy Planning Staff）的代言人福山（Francis Fuknyama）适时地抛出“历史终结”论，宣称西方式的自由民主理念已经没有对手，资本主义在全球的胜利使历史的演进过程宣告完成。[1]一时间，为资本主义的合理性及其世界化进行辩护，成为当今媒体和各国主流思想的大合唱。韦伯所提出的命题“什么样的精神价值在过去数百年中为催生资本主义或现代化的制度提供了基本的动能”，不仅在西方社会学界产生广泛反响，而且也在非西方的所谓“后发展社会”的理论界引发出热烈的讨论：非基督教的其他宗教价值观可否成为现代化的又一种动力？[2]

在提出和回答此类问题的过程中，东方传统社会的某些思想和宗教遗产受到不同程度的关注，其中以儒家伦理与东亚经济现代化之关系的讨论最为热烈。相形之下，佛教伦理、道教伦理在这场价值重估运动中虽然也被涉及，但受重视的程度远不如儒家那样充分。

本文旨在从后现代主义的视角出发，对以韦伯为代表的思想史与社会史命题进行倒置，不再为既成的资本主义制度去寻找种种原因，去推进那种辩护性的历史解释学，而是从道家伦理的边缘性立场去审视所谓的现代化的不合理方面，讨论道家伦理在全球化进程明显加快的21世纪所具有的思想资源意义，它在何种程度上可以有助于我们避免由资本主义的物质主义和消费主义对人性所造成的扭曲和异化，又在何种程度上警示追逐现代化的潜在问题和潜伏危机。

换言之，本文确信道家智慧与资本主义和现代化本来是格格不入、背道而驰的。我们现在所能做的不是如何去判定“小国寡民”乌托邦在全球化现实面前的虚幻性，而是在被迫卷入现代化进程的同时保持以淡漠和节制为特色的后现代古典主义精神，尝试在道家伦理与后现代思想之间的对话与沟通，从而得出与韦伯的“新教伦理与资本主义精神”相对的“道家伦理与反资本

[1]〔美〕福山：《历史的终结》（*The End of History*），*National Interests* 1989，Summer，黄胜强等译，远方出版社，呼和浩特，1998年。

[2]参看〔日〕富永健一：《社会学原理》第十三章，严立贤等译，社会科学文献出版社，北京，1992年；又：黄绍伦编《中国宗教伦理与现代化》，香港商务印书馆，1991年。

主义精神”的后现代命题。

舍勒指出：在资本主义的企业形式占优势的地方，人肯定就自动般地生长到这一环境中去。即使他们不属于资本主义类型的人，他们迫于社会和经济的必然性也不得不沿这一方向前行。就此而言，是资本主义的组织形式促进着资本主义“精神”的继续存在。[1]目前，资本主义的组织形式借助于全球市场的力量正在世界各处蔓延，因而也到处催生着与各国族的本土传统相冲突的资本主义精神。如何保留和汲取传统的本土智慧，并使之同批判性的后现代精神相互沟通，成为每一个不愿意盲从市场社会消费主义洪流的知识人所面临的迫切选择。

文章拟从三个方面揭示道家伦理作为抗衡资本主义精神的重要思想资源，如何可能获得后现代的理解和阐发：以天人不相胜的生态观为基础的道家经济学如何抵制“增长癖”的资本主义经济学；为“增长癖”效忠的唯科学主义和技术万能论如何重新面对道家对“机事”与“机心”的尖锐诊断，西方的工具理性的现代困境及后现代超越的可能性；相对主义思想方式对于消解个体、民族的自我中心主义的现实效应。

一、从佛教经济学到道家经济学

经济学作为西方社会科学之一已经获得了长足发展。在资本主义走向全球的时代，西方的经济学也在广大的第三世界国家流传和普及，成为现代高等教育的必要知识门类。然而，发源于资本主义之西方的经济学真的是一门“客观的”科学吗？泰国佛教学者近来已对此提出全面质疑：

[1]〔德〕舍勒（M.Scheler）：《资本主义的未来》，罗悌伦等译，三联书店，北京，1997年，第8页。

从理论上讲，科学应当能够解决人类所面临的复杂的、相互交织的问题。但是由于经济学切断了它同其他学科的关联，切断了同更广阔的人类活动领域的联系，所以它在面对当今的伦理的、社会的和环境的问题时就显得无能为力。况且，它对我们的市场导向的社会施以巨大的影响，狭隘的经济学思维事实上已成为我们最紧迫的社会问题和环境危机的主要根源。

把经济学看做科学，究竟值得吗？虽然有许多人相信科学可以拯救我们，但毕竟局限甚多。科学所揭示的仅仅是有关物质世界的真相之一面。如果仅仅从物质一面去考察事物的话，便无法得到有关事物存在的全面真相了。既然世界上的万事万物都处在自然的相互关联和相互依存状态中，那么，人类的问题也必然是相互关联和相互依存的。单面的科学的解决方式注定要失败，问题和危机要蔓延开来。[1]

从经济学所关注的生产和消费的互动增长指标看，资本主义工业社会确实已将人类带入前所未有的发展之中。“消费文明下的快乐奴隶”总认为自己比祖先时代享有更多的技术优势和物质财富，却不能从终极意义上追问经济增长数字之外的发展限度问题和生存意义问题。对此，佛教经济学的倡导者们从环境伦理的背景出发，为走入死胡同的西方经济学敲响警钟。他们认为对全球环境的持续恶化，经济学所鼓励的无节制的生产和消费当然要负重要的责任。他们希望把生态学和伦理学的要素整合进来，重组经济学的学科体制，使它不仅关注分析数据，而且也关注人与自然的和谐；不再单纯鼓励增长，而要更多地强调增长的极限。

从伦理的意义上说，经济活动必须按照不伤害个人、社会与自然环境的

[1]〔泰〕佩尤托（Venerable Prayudb Payutto）：《佛教经济学》（*Buddhist Economics*），泰国曼谷佛学基金会，1994年，第16页。

方式展开。换句话说，经济活动不应该对自身造成损害或对社会造成动荡，而是应当加强这些领域中的良好秩序。如果将伦理价值作为重要因素运用到经济分析中去，那么可以说一顿便宜而营养充分的餐饭当然要比一瓶威士忌更富有价值。[1]

通过这样的对照之后，我们可以说，西方的专业化经济学与佛教经济学的根本差异来自于不同理解的“经济”概念。后者要求不只是从经济看经济，也要包含生态和伦理的、价值的视界。这种广义的“经济”似与文化人类学者的看法有不谋而合之处。

美国的著名人类学者马文·哈里斯便强调：对经济的两种界定均有其合理性。人类学者更倾向于关注由文化传统所构建出的生产、交换和消费的动机（motivations）。[2]而此种动机又往往由文化背后更深层次的生态因素所决定。在他看来，经济学家用乐观主义的态度所观照的生产力进步，如果改换长距离的文化生态眼光去看，其实是迫于人口与资源之间的矛盾而被迫选择的“生产强化”之结果。从石器时代的狩猎采集到农业革命，再到以机器生产为标志的工业革命，人类迫不得已地走上强化生产、毁坏环境的恶性循环之旅：“当代的国家社会正全力以赴强化工业生产模式。我们只不过才开始为新一轮生产强化所造成的环境资源枯竭付出代价，而且无人可以预言为了超越工业秩序的增长极限应采取什么新的控制措施。”[3]在当今最富于远见卓识的智者感到为难的地方，道家思想的真实价值也就得到凸显：自然无为的生活方式也许是避免陷入生产强化恶性循环的唯一途径。道家圣人们似

[1]〔泰〕佩尤托：《佛教经济学》，泰国曼谷佛学基金会，1994年，第26页。

[2]〔美〕马文·哈里斯（Marvin Harris）：《文化人类学》（*Cultural Anthropology*），Harper and Row Publishers，New York，1983，p.62.

[3]〔美〕马文·哈里斯：《文化的起源》（*Cannibals and Kings: The Origin of Cultures*），黄晴译，华夏出版社，北京，1988年，第3页。

乎早就独具慧眼地看到无限制扩大生产与消费对人自身的危害，特别标举出“民居不知所为，行不知所之，含哺而熙，鼓腹而游”[1]的生活理想，希望通过节制人的野心和贪欲来达到人口与自然资源间的平衡。道家思想反复强调的“恬淡寂寞无为”，“虚则无为而无不为”，“莫为则虚”，表面上看好像是讲修行的训练，从大处着眼则可以理解为一种调节物我关系、天人关系的生态伦理。从一定意义上说，我们有可能像佛教经济学的建构者那样勾勒一种道家经济学的原理轮廓。

道家经济学的逻辑起点在于摆正人与自然的关系。首先，人是自然的一分子、一部分，人与自然的关系是生死与共、唇齿相依的。所以不容忍把人自己凌驾于自然之上的狂妄态度，也就不会导致征服、劫取自然的人类中心主义暴行。老子云：

道大，天大，地大，人大。域中有四大，而王处一。人法地，地法天，天法道，道法自然。[2]

庄子云：

天地与我并生，万物与我为一。[3]

这样理解的“并生”关系是保证人类效法自然、顺应自然的理论前提。人的经济活动当然也要在这一大前提之下加以统筹，以求得朴素简单的生存需求为限度，尽量回避人为的增加生产和消费的做法。

[1]《庄子·马蹄》，见郭庆藩：《庄子集释》，中华书局，北京，1961年，第341页。
[2]《道德经》第二十五章，见朱谦之《老子校释》，中华书局，北京，1984年，第102—103页。
[3]《庄子·齐物论》，见郭庆藩：《庄子集释》，中华书局，北京，1961年，第79页。

《庄子·大宗师》所描绘的真人，可以代表道家经济学的这种自然主义理想："古之真人，其状义而不朋，若不足而不承；与乎其觚而不坚也，张乎其虚而不华也；邴邴乎其似喜乎！崔乎其不得已乎！……天与人不相胜也，是之谓真人。"[1] 真人是善守天然而拙于人为的楷模。真人式的生活将会最小限度地妨害自然，最大限度地防止生产强化，使"天与人不相胜"的淳朴和谐状态得以长久维持。

在马文·哈里斯的经济观中，导致环境资源枯竭的是人为的生产强化，而导致生产强化的又是人口的增长所带来的生存危机，他把这称为"生殖压力"。人与自然之间原始均衡状态的打破，就是由这种生殖压力所造成的。如果我们不得不承认地球的资源是有限的，众多的动植物物种是不可再生的，而人口的增长却是无止境的，那么如何限制人口增长，就成了保证天人不相胜的和谐关系的根本。对此，道家经济学已有非常充分的认识。从老子的"小国寡民"到庄子的"人民少而禽兽众"之说，都是把问题的实质落在人口的"少"这个必要条件之上。"禽兽多而人少，恰恰同今日世界人口爆炸而动物大量灭绝的现实形成鲜明对照。对于狩猎采集者来说，禽兽多便意味着食物资源的丰富供给，人少则意味着人均猎获食物的数量和时间相对要求不高，使原始生产式的分享和不争建立在优裕的物质和生态基础上。禽兽多和人少的远古现实还使人口与资源的比例处在最优状态。人们在优游卒岁的生活方式中当然也不会激发出过分追求物质利益的贪欲和奢望，那正是老庄标举的无为哲学盛行于世的地方。"[2] 如果把"增长癖"看成结束了狩猎采集式古朴生活方式的人类所患上的文明病症，那么其潜在的病根就在于人口本身的增长以及与人口增长成反比例的生存空间的负增长。老庄早在文明史的早期阶段就已经意识到这将是一个无法克服的矛盾，所以针锋相对地设想出一系

[1] 郭庆藩：《庄子集释》，中华书局，北京，1961年，第234—235页。

[2] 叶舒宪：《庄子的文化解析》，湖北人民出版社，武汉，1997年，第621页。

列应对措施：一方面控制人口总量以保持生态系统的均衡，另一方面教育个人少私寡欲，防止陷入无休止的物质追逐。

一受其成形，不化以待尽。与物相刃相靡，其行进如驰，而莫之能止，不亦悲乎！终身役役而不见其成功，薾然疲役而不知其所归，可不哀邪！[1]

这是庄子为受物欲驱使而不能自觉的世人所发出的由衷叹息。不论是对以传宗接代、增殖人口为目的的儒家信徒来说，还是对患有“增长癖”与“发展癖”的西方企业家来说，这叹息都有充分的警世效应吧。“德人者，居无思，行无虑，不藏是非美恶……财用有余而不知其所自来，饮食取足而不知其所从，此谓德人之容。”[2] 正与反两个方面的榜样就这样为道家经济学的基本原理提供了形象的说明。

二、反思唯科学主义与技术万能论

与西方经济学相呼应的另一种理性异化形式是唯科学主义。由于科学是西方近代文化的主要崇尚对象，唯科学主义的价值观也伴随着西学东渐的历史过程而传播到世界各地。科学取代神灵，成为现代生活中的救世主，技术万能的信念日益深入人心。受西方经济学思维定势左右的人们既然把增加生产作为人类进步的根本尺度，于是科学技术作为实际的生产力当然被幻想成有百利而无一害的东西。殊不知科技本身就是一把双刃剑，它在增加人的能力的同时，也会改变人性和破坏人的生存环境。最为可悲的是，人类一味追求科学技术的进步，陶醉在“人定胜天”的自我中心幻梦之中，越来越沦为

[1] 郭庆藩：《庄子集释》，中华书局，1961 年，第 56 页。
[2] 郭庆藩：《庄子集释》，中华书局，1961 年，第 441 页。

丧失本真面目的科技奴隶而不自知。

美国的后现代主义学者霍兰德指出：

现代梦想绕了一个奇怪的圆圈。在这个圆圈中，现代科学进步本打算解放自身，结果却危险地失去了它的地球之根，人类社区之根，以及它的传统之根，并且，更重要的是，失去了它的宗教神秘性之根。它的能量从创造转向了破坏。进步的神话引出了意想不到的不良后果。[1]

这就呼应了海德格尔有关科学技术正在将人类从地球上连根拔起的告诫，对科学技术的负面作用有了清醒的认识。这些负面作用究竟有多严重呢？霍兰德的描述是相当令人震惊的：

在接近20世纪末期的时候，我们以一种破坏性方式达到了现代想象（modern imagination）的极限。现代性以试图解放人类的美好愿望开始，却以对人类造成毁灭性威胁的结局而告终。今天，我们不仅面临着生态遭受到缓慢毒害的威胁，而且还面临着突然爆发核灾难的威胁。与此同时，人类进行剥削、压迫和异化的巨大能量正如猛兽一样在三个“世界”中到处肆虐横行。[2]

科学的本来目的是掌握和控制自然，把人类从自然的束缚下解放出来。现在人们终于发现，从自然束缚下解放出来的人原来是能够毁灭自然和自身的人，有如从渔夫的瓶子中放出来的魔鬼，变得不可收拾了。

---

[1]〔美〕乔·霍兰德：《后现代精神和社会观》，见：〔美〕格里芬编《后现代精神》（*Spirituality and Society: Postmodern Visions*），王成兵译，中央编译出版社，1998年，北京，第64页。

[2]〔美〕乔·霍兰德：《后现代精神和社会观》，见：〔美〕格里芬编《后现代精神》（*Spirituality and Society: Postmodern Visions*），王成兵译，中央编译出版社，1998年，北京，第64页。

这种始料不及的恶果，其实早已为道家的智者所预见过。道家千方百计地呼唤人类回归自然，效法自然，是因为充分体认到自然与人的关系是母子关系、鱼水关系。一旦人类以自己发明的技术手段反过来对付自然，也就等于实际上背叛这种母子关系。所谓“征服自然”之类的自大狂说法，在道家看来无异于弑母之罪过。《道德经》第五十七章云：

天下多忌讳，而人弥贫；人多利器，国家滋昏；人多伎巧，奇物滋起；法物滋彰，盗贼多有。故圣人云：我无为，人自化；我好静，人自正；我无事，人自富；我无欲，人自朴。[1]

可见在老子眼中的技术进步也就是灾祸的隐患、人性的毒药，因为一切人为的强化生产手段都违背自然的“朴”和“无为”状态，是和“道”相乖离的。《庄子·天地》中描绘一位抱着瓦器灌溉菜地的老农，斥责子贡向他建议采用新的灌溉机械，其言曰：“吾闻之吾师，有机械者必有机事，有机事者必有机心。机心存于胸中，则纯白不备。纯白不备，则神生不定。神生不定者，道之所不载也。吾非不知，羞而不为也。[2]

这种对“机事”与“机心”之间因果关系的洞察是非常可贵的，看上去道家好像是有意地和科技进步唱反调，实质上是坚决拒绝沦为工具理性囚牢中的奴隶。两千年后的西方理性异化批判者尼采也对“机事”的危害性有所洞悉，他说：

各位所能了解的“科学化”的世界诠释方式可能也是最愚昧的；也就是说，是所有诠释方式中最不重要的。我之所以如此说，是为了向我那些搞机械的

[1] 朱谦之：《老子校释》，中华书局，北京，1984年，第231—232页。
[2] 郭庆藩：《庄子集释》，中华书局，北京，1961年，第433—434页。

朋友们保证，今日虽然他们最爱与哲学家作融洽的交谈，并且绝对相信机械是一切生存结构的基础，是最首要和最终极的指导法则；但是机械世界也必然是一个无意义的世界！[1]

如果我们用汉字提供的信息来补充尼采的高见，那么机械世界（当然也包括当今的电脑世界和互联网世界）岂止是无意义的世界，那本来就是束缚人、拘禁人性的苦难世界。清人张金吾《广释名》指出，汉字“械”今指机械或器械，但其原有之意却是“脚镣”或“手铐”。其音符“戒”字由双手加上斧匕组成，意指警戒。英国汉学家，专门研究中国科学技术史的李约瑟引证《广释名》的这个发现去说明：机械本身和社会统治集团利益之间有密切联系，最早的机械是用以拘禁抗命农民的枷锁。而道家的反技术心理情绪，肯定代表了这样一种普遍情绪，即不管引用了什么机械或发明，都只会有利于封建诸侯；它们若不是骗取农民应得之份的量器，就是用以惩治敢于反抗的被压迫者的刑具[2]。李约瑟从阶级压迫和对立的角度阐释道家创始者的思想立场，这固然不无启发意义，但是社会政治的解说似乎不足以揭示反技术心理的更深层的根源。这一点，只要看一下庄子对伯乐治马而损失其天性的批评，就不难理会了[3]。“机事”最大的危险是戕害自然之性和造成人性的癌症——“机心”，剥夺生物与生俱来的自由真性。相比之下，它与阶级压迫的政治性关联反而是次要的。

需要特别指出的是，道家伦理中蕴涵着的对抗唯科学主义和技术万能论的宝贵思想，长久以来根本没有得到正面的理解，更不用说认识这种思想的超前性了。受人类中心主义的意识局限，人们把征服自然看成值得骄傲的功

[1]〔德〕尼采：《快乐的科学》，余鸿荣译，中国和平出版社，1986年，第285页。
[2]〔英〕李约瑟（Joseph Needham）：《中国科学技术史》第二卷，科学出版社，北京，1990年，第140页。
[3]《庄子·马蹄》，见郭庆藩：《庄子集释》，中华书局，北京，1961年，第330—341页。

绩，老庄的反科技态度当然也就被误解为保守乃至反动。拒绝“机事”的老人也就成为科学崇拜者的笑柄。然而，后现代思想对唯科学主义的抵制和批判，终于给道家伦理的合理价值提供了再认识和再评价的良好契机。如果人类不想加速走向自我毁灭的泥潭，那么道家观点同后现代科学观间的对话将会提供十分有益的借鉴。

在19世纪末，当尼采向人们呼吁警惕“科学化”带来的愚昧和无意义世界时，人们只当他是在说疯话。到了20世纪末，西方的有识之士越来越多地站到尼采的立场上来了。英国物理学家大卫·伯姆(David Bohm)写道：“在20世纪，现代思想的基石被彻底动摇了，即便它在技术上取得了最伟大的胜利。事物正在茁壮成长，其根基却被瓦解了。瓦解的标志是，人们普遍认为生命的普遍意义作为一个整体已不复存在了。这种意义的丧失是一个严重的问题，因为意义在此指的是价值的基础。没有了这个基础，还有什么能够鼓舞人们向着更高价值的共同目标而共同奋斗？只停留在解决科学和技术难题的层次上，或即便把它们推向一个新的领域，都是一个肤浅和狭隘的目标，很难真正吸引住大多数人。”[1] 他还呼吁，人们必须在现代世界彻底自我毁灭之前建立起一个后现代世界。其具体的措施同前面提到的佛教经济学的观点似乎是殊途同归的：

如果人们采取了一种非道德的态度运用科学，世界最终将以一种毁灭的方式报复科学。因而，后现代科学必须消除真理与德行的分离、价值与事实的分离、伦理与实际需要的分离。当然，要消除这些分离，就必须就我们对知识的整个态度进行一场巨大的革命。[2]

[1]〔英〕大卫·伯姆：《后现代科学和后现代世界》，见〔美〕大卫·格里芬（David Ray Griffin）编《后现代科学》（*The Reenchantment of Science*），马季方译，中央编译出版社，北京，1995年，第82页。

[2]〔英〕大卫·伯姆：《后现代科学和后现代世界》，见〔美〕大卫·格里芬（David Ray Griffin）编《后现代科学》（*The Reenchantment of Science*），马季方译，中央编译出版社，北京，1995年，第95页。

笔者确信，在人类重新看待科学技术的这场认识革命中[1]，道家伦理所体现出的超前智慧必能发挥积极作用。

三、相对主义与消解自我中心

道家伦理与后现代精神的另一个重要契合点是相对主义。

在哲学史上，相对主义一直同本质主义相对立，属于认识论方面的差异。自从20世纪的文化人类学家倡导文化相对主义以来，相对主义的问题就已经超出了传统的认识论范畴，成为在多元文化时代实现跨文化对话和理解的一种公认的伦理准则了。后现代主义在颠覆中心（decentering），反叛认知暴力（epistemic violence），消解霸权话语，揭露和对抗意识形态化的虚假知识，关注和发掘异文化、亚文化、边缘文化话语方面，大大拓展了文化相对主义的应用空间。而这一切，又恰恰同道家伦理达成某种超时空的默契。

人类学的文化相对主义原则要求一视同仁地看待世界各族人民及其文化，消解各种形形色色的种族主义文化偏见和历史成见。这是对人类有史以来囿于空间地域界限、民族和语言文化界限而积重难返的“我族中心主义”（ethnocentrism）价值取向的一次根本性改变。正如个体儿童认知发展过程就是不断消解自我中心的过程，各民族文化也只有在摆脱了“我族中心主义”的思维和情感定势之后，才有可能客观公正地面对异族人民和异族文化，建立起成熟的全球文化观。这也是21世纪摆在各个文化群体面前的共同课题。

汉语中有“党同伐异”这个成语。它指的是一种政治态度：和自己同一

[1] 关于这种革命的征兆，可参看〔美〕赫伯特·豪普特曼（H.Hauptman）《科学家在21世纪的责任》，见〔美〕保罗·库尔兹（Paul Kurtz）编《21世纪的人道主义》，肖锋等译，东方出版社，北京，1998年，第1—8页。

派系的就拥护和偏袒，不一派的就攻击讨伐。其实，从扩大的意义上说，人类与生俱来的天性中就已潜存着党同伐异的倾向。个人在社会生活中总是自发地表现出这种倾向，而特定文化的意识形态则有意地强化这种倾向。先举一个常见的例子：婴幼儿初次面对陌生人时难免会感到恐惧，产生本能的排斥反应。尤其是当他们见到与自己周围司空见惯的人完全相异的外国人时，躲避和哭叫往往是第一反应。个人是这样，一个民族或一个社会群体也是如此。我们汉语中自古就没有把外国人当作和我们自己一样的人，从“蛮夷”到“洋毛子”“鬼子”，这些措辞里体现着极其鲜明的党同伐异倾向。而儒家关于“攻乎异端”的教训代表着正统意识形态在这方面的一贯态度。

人类学家麦克杜格尔（Mcduogall）在1898年说道，“任何动物，其群体冲动，只有通过和自己相类似的动物在一起，才能感到心满意足。类似性越大，就越感到满意。……因此，任何人在与最相似的人类相处时，更能最充分地发挥他的本能作用，并且得到最大的满足，因为那些人类举止相似，对相同事物有相同的感情反应。”[1]从这种党同伐异的天性上看，人类种族之间的彼此敌视和歧视也就是顺理成章的了。人们在接受相似性的同时必然会排拒相异性。《庄子·在宥》云：“世俗之人，皆喜人之同乎己而恶人之异于己也。同于己而欲之，异于己而不欲者，以出乎众为心也。”于是，丑化、兽化、妖魔化异族之人的现象自古屡见不鲜。人类学家报告说，从某些未开化民族的古代文献和绘画艺术中，可以找到种族歧视的许多实例。在法国山洞和其他地方发现的人类粗糙画像，大概是描绘旧石器时代人类的，这些图画或者雕刻，很像近代未开化民族的艺术作品，说明了画动物比画人物容易，画动物的技术要比画人物的技术高超得多，因此，只依靠图画来描述当时存在的人类的生理特征是不可靠的，但是反映巴休人和卡菲黑人战斗的巴休人

[1]〔英〕哈登：《人类学史》，廖泗友译，山东人民出版社，1988年，第2—3页。

名画则大不相同。种族的相对尺寸、不同肤色和两个种族所使用的战争工具都特别具体。一般说来，巴休人夸大了他们自己的某些特征，弱化了其他种族。例如，对方的头部一概画得很小而没有特征，平平淡淡。在埃及，发现了许多在几个世纪中出现的大量的绘画和雕刻艺术品，它们是民族学研究的珍贵资料。三千多年前，艺术家们未受训练但并非不善于观察的民族学家用人类四大种族的画像装饰了皇墓的墙壁。第 19 朝代的埃及人认为世界只可分为：①埃及人，艺术家们把他们漆成红色；②亚洲人或闪族人，被漆成黄色；③南方人或者黑人，被漆成黑色；④西方人或北部人，被漆成白色，眼睛发蓝，胡子美丽。每一种人都有自己独特的装束和特征，能被明显地区分开来。除了这四大种族体型，古代埃及人还画了其他人类种类。它们的绝大多数至今仍能辨认出来。这种民族歧视倾向较早地出现在埃及史前和史后早期的石板彩画中。

人类学所揭示的以上事实表明，自我中心和歧视异端的心理是人类文明一开始就根深蒂固地存在的，也可以说是从史前时代带来的。要克服它当然并非易事。然而，中国上古的道家的圣人早就教导人们摆脱认识上、情感上的自我中心倾向，能够以相对的、平等的眼光来面对万事万物。老子《道德经》中充满着关于对立的事物相反相成的道理。《庄子·齐物论》更是古往今来传授相对主义思想方式的最好教材。其中齧缺与王倪对话一段，非常生动地说明为什么要提倡相对主义。

庄子借王倪之口说，人睡在潮湿处会患腰疼乃至半身不遂，泥鳅整天呆在湿处却不怕。人爬上高树就要害怕，猴子会这样吗？这三种生物到底谁懂得正确的生活方式呢？人吃饭，鹿食草，蜈蚣吃小蛇，猫头鹰爱吃死老鼠，这四者究竟谁的口味是标准的呢？[1] 庄子说到的这些情况虽然是在不同的物

[1] 郭庆藩：《庄子集释》，中华书局，北京，1961 年，第 93 页。

种之间发生的，但其弃绝偏执，防止绝对的道理同样可以适用于不同的人群、不同的文化。既然每一种文化都是自我中心和自我本位的，那么也只有站在无中心、无本位的立场上，才能够走向相异文化、相异的价值观念之间的相互理解和相互容忍。就此而言，后现代主义要求消解被意识形态绝对化的种种信念、价值、思维和感觉的方式，揭发绝对主义和本质主义话语的虚假实质，这和庄子的见解是相通的。

认识上的消解中心关系到是非之争的标准问题，《庄子·齐物论》也做出了雄辩的说明：

既使我与若辩矣，若胜我，我不若胜，若果是也？我果非也邪？我胜若，若不吾胜，我果是也？而果非也邪？其或是也？其或非也邪？其俱是也？其俱非也邪？我与若不能相知也。则人固受黮暗，吾谁使正之？使同乎若者正之，既与若同矣，恶能正之？使同乎我者正之，既同乎我矣，恶能正之？使异乎我与若者正之，既异乎我与若矣，恶能正之？使同乎我与若者正之，既同乎我与若矣，恶能正之？然则我与若与人俱不能相知也，而待彼也邪？[1]

这里所提出的是对不同主体之间争执时的是非评判标准的彻底质疑。在庄子看来，不可能有一劳永逸的固定标准，相对的标准也只能通过放弃自我中心后的交流协商去寻求，去磨合。著名的“吾丧我”命题，以及“心斋”“坐忘”之术，一方面讲的是如何悟“道”的功夫，另一方面也是摆脱自我中心的感觉和思维定势的具体训练措施。

如果扩展到跨文化交往的层面上来看，在当今的许多国际政治和外交上的争端，如人权问题，各国总是自我本位，各执一词，公说公有理，婆说婆

[1] 郭庆藩：《庄子集释》，中华书局，北京，1961 年，第 107 页。

有理。如果大家都懂一些道家相对主义，是完全能够避免冲突，展开有效对话的。像“宋人资章甫而适诸越”一类的一厢情愿的行为，也只有学会用相对主义的眼光去看事物之后，才能够从根源上得以避免。《庄子·秋水》云：“以道观之，物无贵贱；以物观之，自贵而相贱。”由此看来，相对主义的眼光也就是“道”的要求，是一视同仁的平等待物之方。当今正在走向全球化的各个民族、国家，非常需要认真考虑“道”的这种平等原则。唯有首先自觉地放弃以往那种“自贵而相贱”的传统习惯，和平共处的理念才不至于沦为空话。

综上所述，道家伦理资源中潜存着某些与后现代精神相通的要素。在21世纪的跨文化对话的世界性潮流中，回过头来重新倾听道家传统的声音，也许就像哲学家阿德勒所说的那样，能够为处在危机之中的我们“开创一个新起点”。

中国神话学百年回眸

一、作为西学东渐个案的神话学

神话学又称比较神话学，作为一门学科起源于近代欧洲。它在跨文化的比较观照之下势必会越出西方传统的界线，将东方各民族古典神话和所谓“原始民族”（无文字民族）的口传神话统统纳入总体考察的视野之中。这样，在中国知识界没有引进神话概念之前，是西方神话学家首先提出中国神话的问题，并做出先驱性的探讨。

早在1836年法国学者就发表了讨论中国神话的论文；1875年伯诺（E.Burnof）翻译了《山海经》的《西山经》，进一步引发西方学人对中国神话的兴趣。1892年俄国学者齐奥杰维斯基（S.M.Georgievskij）出版了世界上第一部研究中国神话的专著《中国人的神话观与神话》。作为研究中国先秦史的历史学博士，齐奥杰维斯基率先把西方的“神话”概念应用于中国，把中国人历来当作历史人物的远古帝王如伏羲、神农、黄帝、帝喾、尧、舜、禹等解释为在神话观念基础上形成的民间神话形象。他还认为是儒家圣人孔子利用这些神话人物，把他们改造成指导人们社会生活的历史理想人物。这种从史学角度开展的中国神话研究在20世纪初叶的西方学界较为流行。德国著名汉学家卫礼贤（R.Wilhelm）翻译的《列子》（1912）和《中国神话故事集》（1914）和倭讷编译的《中国神话和传说》（1922）分别在德语和英语世界广为流传，为向西方读书界普及中国神话知识做出了贡献。法国汉学家马伯乐(H .Maspero)的《书经中的神话传说》(1924)和《上古中国史》(1927,1959),葛兰言（M.Granet,又译“格拉耐”)的《中国古代的祭礼和歌谣》(1919)和《古代中国的舞蹈和传说》（1926）等著述都涉及中国神话的问题，二者分别从历史学和社会学的角度切入，在汉学界有较大的反响。其中有三种在20世纪30年代和80年代翻译出版了中文本，对于开展国内的神话学研究有重要的启示作用。[1]

在明治维新以后的日本，受西学浸染的人文学者亦先于中国人开展了神话学研究，一部分留学日本的中国学人借取日文中Shinwa（神话）这个词，开启了本土学人的中国神话学研究之门。20世纪初年，留日学生蒋观云在《新民丛报》(梁启超1902年创办于日本)上发表的《神话历史养成之人物》(1903)一文当为中国神话学的最早文献。这篇千字短文率先在汉语世界之中引入“神话”概念，并提出一国之神话与一国之历史，皆于人心上有莫大之影响[2]命题，认为中国古典小说一部分脱胎于历史， 如《三国》《水浒》；一部分脱胎于神话，如《封神传》《西游记》。这就不仅点明了神话特有的社会文化作用，而且揭示了神话在文学史上的源头地位。同年由日文翻译过来的一些文明史著作中也都出现有“神话”和“比较神话学”一类的术语。此后逐渐推广流行开来，由梁启超、王国维、夏曾佑、周作人、章太炎、周树人等具有留日

[1]〔法〕马伯乐：《书经中的神话》，冯沅君译，商务印书馆，1939年；〔法〕葛兰言：《古代中国的舞蹈和传说》，李璜译为《中国古代的跳舞与神秘故事》，中华书局，1933年；〔法〕格拉耐（葛兰言）：《中国古代的祭礼和歌谣》，张铭远译，上海文艺出版社，1989年。

[2]观云:《神话历史养成之人物》,《新民丛报》第36号,1903年，收入马昌仪编《中国神话学论文选萃》，中国广播电视出版社，1994年，第18—19页。

背景的学者相继著文引用，为学界所接纳为文学与文史研究的新术语。

1904年，日本学者高木敏雄发表《比较神话学》一书，成为日本神话学的奠基性著作，也是东方汉文化圈中涉及中国神话研究的第一部著作。高木敏雄在书中一方面较周密地介绍西方神话学的理论流派和观点，另一方面则结合日本、中国神话的比较分析而提出自己的观点，可视为《马氏文通》一类西学东用的首创之作。该书凡例中声言："关于日本、中国的神话传说，外国人的研究几乎都言之不足。本书中，关于日本、中国神话传说部分都是作者之创见。"细究其书，此话并非虚言。例如，书中第二章第三节"天地开辟神说"，提出日本的天地开辟神话"明显存在着一种海洋的分子"[1]，反映着日本列岛的自然地理因素；将中国的盘古神话划分为两种类型：尸体化生型与天地分离型，进而与印欧神话和南洋神话中的同类型加以比较，提出盘古神话的印度起源论。这一石破天惊的大胆见解早在中国"古史辨派"诞生之前就将古帝王谱系的头号偶像确认为神话虚构物了，其意义之深远，对于中国文史研究来说，相当于西方神话学方法引入的第一个划时代成果，为后来的疑古辨伪学术运动提供了重要的方法论启示。吕思勉在1939年撰写《盘古考》，举出汉译佛经《外道小乘涅盘论》《摩登伽经》中的尸体化生神话为证，论述盘古神话如何受印度影响，实际上是对高木敏雄论点的补充。

在日本，高木敏雄于1913年与柳田国男合作创办《乡土研究》杂志，还陆续发表《日本建国神话》（1912）、《童话研究》（1916）等，哺育了一代日本民俗学家和民间文学理论家，如折口信夫、松村武雄和关敬吾等。也间接为中国民间文学研究的起步树立了可以效仿的范式。在他之后，著名汉学家白鸟库吉（1865—1942）、小川琢治先后研究了《尚书》《山海经》

[1]〔日〕高木敏雄：《比较神话学》，东京，博文馆，明治三十八年，第149页。

和《穆天子传》的神话内容。津田左右吉、藤田丰八、出石诚彦、森三树三郎等相继发表中国神话研究的专著，积累为中国本土之外最丰厚的亚洲神话学传统。从20世纪后期来看，在神话学方面后来居上的日本学者有：侧重于考古和历史素材的林巳奈夫，著有《殷中期以来的鬼神》（1970）、《汉代的神话》（1975）；侧重于中国神话通论的贝冢茂树，著有《中国的神话》（1971）、《中国神话的起源》（1973）、《英雄的诞生》（1976）；侧重于比较研究，尤其是中国少数民族神话比较的伊藤清司，著有《日本神话与中国神话》（1979）、《南部中国的民间说话》（1967）等；侧重于神话与古文字及民俗研究的白川静，著有《中国神话》（1975）、《山海经中的鬼神世界》（1986）、《甲骨文的世界》和《中国古代民俗》等一系列专著；侧重于文学和思想方面的铁井庆纪和中钵雅量，前者著有《中国古代的鬼神信仰》（1983）、《中国古代神话传说与思想》（1984）、《试论中国古代神话传说中的圣与俗对立》(1983)，后者著有《神话与老庄》(1979)、《中国的祭祀与文学》（1985）等。

回顾20世纪初我国神话研究的发轫期。在日本学者的启发下，夏曾佑《中国历史教科书》（1905）借鉴神话学观点，把历史上第一个时代命名为“传疑时代”，怀疑盘古之说“非汉族旧有之说”，还把黄帝以上的包牺、女娲、神农等诸帝皆视为神话。王国维《屈子文学之精神》（1906）以印度、希腊神话之发达为参照，说明产生了《庄子》《列子》的南方文化在想象力上远胜过北方。蔡元培花了很大工夫翻译日本井上圆了所著《妖怪学讲义录》共六册，侧重从心理学方面解说神怪产生的原理。周作人翻译了英国人类学家根据荷马史诗创作的神怪小说《红星佚史》，至40年代又翻译了《希腊神话》《希腊的神与英雄》等，还写有《童话略论》《神话与传说》《神话的辩护》《习俗与神话》等系列文章，在传播西欧的神话学知识，改变国人对神话的蔑视和偏见方面卓有成效。《红星佚史》的作者之一安度阑（Andrew

Lang，1844—1913，后译为安德鲁·兰）为英国著名神话学理论家，著有《习俗与神话》《神话、仪式和宗教》《神话学》等论著，成为早期中国神话学译介和奠基时期影响最大的人物。谢六逸编著《神话学ＡＢＣ》、玄珠（茅盾）著《中国神话研究ＡＢＣ》、林惠祥著《神话论》，黄石著《神话研究》等均称引或依据安度阑的神话分类法。

鲁迅较早提到“神话”显然也是在日本和西欧的神话学东渐以来的大背景之下受到启发，其《破恶声论》（1908）是20世纪最初十年中率先涉及神话问题的少数文献之一，其中写道：

夫神话之作，本于古民，睹天物之奇觚，则逞神思而施以人化，想出古异，淑诡可观，虽信之失当，而嘲之则大惑也。太古之民，神思如是，为后人者，当何惊异瑰大之；矧欧西艺文，多蒙其泽，思想文术，赖是而庄严美妙者，不知几何。倘欲究西国人文，治此则其首事，盖不知神话，即莫由解其艺文，暗艺文者，于内部文明何获焉？[1]

鲁迅在此批评了“嘲神话者”的偏颇之见，还说明神话的发达与否因文化而异的现象，提出不了解神话就无法了解西方文学乃至西方文明的见解。至于中国神话为何不若西方之发达的问题，到了1923年著《中国小说史略》时再尝试给予解释。该书第二篇题为“神话与小说”，首言小说出自神话传说，中外皆然；后释“神话”之名及其实云：“昔者初民，见天地万物，变异不常，其诸现象，又出于人力所能以上，则自造众说以解释之：凡所解释，今谓之神话。”[2]这段话既对“神话”一概念做简单界定，又从而暗示出神话产生的条件和原因——初民对超于人力以外的现象（今谓超自然现象者）

[1] 鲁迅：《集外集拾遗补编》，《鲁迅全集》，人民文学出版社，1981年，第八卷，第29页。
[2] 鲁迅：《中国小说史略》，《鲁迅全集》，人民文学出版社，1981年，第九卷，第18页。

的自造解释。这一观点反映了人类学派通常的神话观点之影响。不过鲁迅似未读过高木敏雄《比较神话学》，他仍以《三五历记》所述盘古开辟说为中国本土神话之例。鲁迅在此还重申了神话对于文学的重要性，“故神话不特为宗教之萌芽，美术所由起，且实为文章之渊源。”中国古代保存神话传说较多的古籍，鲁迅特别提出《山海经》《穆天子传》《逸周书》《燕丹子》《楚辞·天问》等，可算作是国人对神话典籍的最初回顾。该篇末尾提到中国神话零星散碎的原因，乃引日本盐谷温《中国文学概论讲话》第六章的二点说法：一者华土之民，先居黄河流域，颇乏天惠，其生也勤，故重实际而黜玄想，不能更集古传以成大文。二者孔子出，以修身齐家治国平天下等实用为教，不欲言鬼神，太古荒唐之说，俱为儒者所不道，故其后不特无所光大，而又有散亡。鲁迅于此二点之外，又提出一点原因，即国人神鬼不别的现象：“天神地祇人鬼，古者虽若有辨，而人鬼亦得为神祇。人神淆杂，则原始信仰无由蜕尽；原始信仰存则类于传说之言日出不已，而旧有者于是僵死，新出者亦更无光焰也。”作为例证，鲁迅举出《搜神记》《异苑》《三教搜神大全》等书中所记生人死后为土地神、紫姑神、门神的说法，实为20世纪后半期民间文学复兴中的鬼话、仙话与神话并列说之渊源。而宗教学家谓中国最重祖先崇拜，已死之先祖得与天神同列，亦可与鲁迅所说人鬼神不分的现象相互对观补充。

与鲁迅大约同时关注到神话问题，并写出研究中国神话的专文或专著的先驱者还有茅盾、周作人、梁启超、江绍原、林惠祥、顾颉刚等，尤其以茅盾的功绩最为突出。他在1929年发表的《中国神话研究ＡＢＣ》一书是国人用汉语写成的探索中国神话的开山之作。茅盾在1980年回忆当时情形说：“二十二三岁时，为要从头研究欧洲文学的发展，故而研究希腊的两大史诗，又因两大史诗实即希腊神话之艺术化，故而又研究希腊神话。……继而又查《大英百科全书》之神话条，知世界各地半开化民族亦有其神话，但与希腊神话、北欧神话比较，则不啻小巫之与大巫。那时候，郑振铎颇思编译希腊神话，于是与他分工，我编译北欧神话。惜郑振铎后来兴趣转移，未能将希腊神话全部编译。我又思，五千年文明古国之中华民族不可能没有神话，《山海经》殆即中国之神话。因而我又研究中国神话。”[1]凡此种种，便是《中国神话研究ＡＢＣ》《希腊神话》《北欧神话ＡＢＣ》《神话杂论》等一批著作的起因。

从知识结构上看，茅盾之所以在五四以后投入神话研究，成为卓然自立、开一代风气的文学研究革新家，是同他深入钻研西方人类学和神话学的有益积累分不开的。从某种意义上说，他的这类神话研究著述也应看作是文学的人类学批评在中国学坛上最初结下的丰硕果实。没有西洋文法作为参照，汉语语法的探讨恐怕没有自发出现的可能。同样道理，茅盾对希腊、北欧神话的比较研究以及他对未开化民族神话知识的了解反过来成就了他作为中国首位神话学家的功业，毕竟是融化新知以求重新阐发中国古典文学的开创性尝试，预示着20世纪以来人文研究推陈出新的历史变革方向。

在神话理论方面，茅盾书中提到的重要问题还有中国神话的地理分布格局、神话是短篇小说之开端、先秦子书如《庄子》《韩非子》等亦保留着神话片段、少数民族神话的搜集与研究之重要性等等。关于地理分布，他提出中国神话由北、中、南三部分组成的观点，刺激了后来顾颉刚关于东、西两部分组成的新论点。在具体神话的分类和解说方面，本书由于是首创之作，没有多少先例成说可以依循，所以可以说处处闪现着独创见解。如蚩尤为巨人族之一，黄帝战蚩尤乃神与巨人族之事；夸父与夸娥是同神异名；“终北”“华胥”反映中部人民的宇宙观；大司命是主管生死寿夭的命运之神，少司命是主管爱情的命运神；帝俊为中国神话中之主神，相当于希腊之宙斯；古史和

[1] 茅盾：《神话研究》序，百花文艺出版社，1981年，第1页。

神话中的两个羿的关系："人性的羿"就是历史化了的"神性的羿"，等等。这些令人耳目一新的见解足以使中国的神话学超出单纯的译介引进层面，而进入创辟专门领域和独立学科的阶段。

相形之下，黄石的《神话研究》、谢六逸的《神话学ＡＢＣ》、林惠祥的《神话论》三部书，除了后者略涉及中国神话外，基本上仍属译介的性质。除此以外，赵景深译有哈特兰德的《神话与民间故事》（1927）、汪倜然著有《希腊神话》（1927）、方壁著《北欧神话》（1930），亦属译介之例。五四以来的传播新文化的刊物也刊发了大量神话方面的论文和作品，如《妇女杂志》《小说月报》《小说世界》《文学周报》《民间文艺》《民俗》《艺风》《史学年报》《开展》《民间月刊》《妇女与儿童》《歌谣周刊》等，其中的一些刊物还办过神话专号。时至20世纪30年代，神话、童话、民间故事等方面的研究已经普及开来，成为西学东渐以来在文学与人文研究方面最有成就的新领域之一。

新时期以来，我国的神话学在沉寂多年后获得复兴，成立了中国神话学会，举行了多次全国性的学术会议，出版了《中国神话》专集和一系列著作和译著。二十年来发表的专题论文的数量远远超过以往的七十年。[1]值得注意的是，除了古籍之中所记载的汉族古神话，许多学者还从民间采集到大量口传神话，尤其是在广大少数民族流传的神话作品，从而给中国的神话学建设带来独特的多民族跨文化的比较资料和广阔的发展前景。1995年由台北的汉学研究中心举办的"中国神话与传说学术研讨会"，聚集了当今大陆、港台和海外汉学家四十余位，分别从人类学、考古学、历史学、民俗学、宗教学和文学等角度考察中国神话的特性与传承分布，显示了中国神话学日趋多

[1] 参看中国社会科学院文学研究所编：《中国文学年鉴》（1990—1996）；〔日〕贺学君、樱井龙彦编《中日学者中国神话研究论著目录总汇》，名古屋大学国际开发研究科，1999年。

学科化和国际化的走向。[1]这次会议可以看成一个世纪以来中国神话学从无到有、由小到大蓬勃生长的一次继往开来的学术检阅，在某种程度上也预示着这门新学科在下一世纪中国的发展前景和可能的学术生长点。

以下从两个主要方面评述女性主义、比较宗教学派在当代的中国神话研究中产生的反响，及其所代表的较新的学术发展动向。

二、女性主义与中国神话研究

神话学发展到20世纪中期，迎来了一场空前的大变革，那就是女性主义神话学作为最有影响的一个学派迅速崛起，引起整个知识界的振动和热烈的学术争论。女性主义神话学的主要学术贡献是：以女性主义观点和考古学新材料为双重契机的女神再发现运动；女性主义神话学对西方文化两大源头的重新认识。

女性主义作为一场文化思想运动，它的重大启蒙意义就在于揭示出一个被忽略已久的真相：世界上已知的几乎所有文明都是父权制的。毫无例外的是，所有的父权制文明都会在某种程度上表现出对女性存在的贬低和蔑视，对女性的社会权利的压制和遮蔽。这一方面体现为社会现实中两性不平等现象的普遍存在，另一方面通过语言文字折射为社会意识形态中被改造被扭曲的女性形象和女性声音。“男人造语言”这一惊人的学术发现，给予女性主义者充分自觉的“性别政治”的意识，开始从各个方面去揭露批判男性中心社会的种种语言积习和文化表达，试图在男性化意识形态的遮盖背后，重新寻找真实的女性身份。

女神的发掘与研究，在过去的一百年里所取得的成果远远超过了以往的

[1] 参看汉学研究中心印行的《中国神话与传说学术研讨会论文集》，台北，1996年。

所有年月。各种文明传统的文字文本中的女神形象的研究，规模空前庞大。如1992年由英国伦敦的潘多拉出版社出版的《女性主义的神话指南》一书，由牛津大学的拉灵顿（C.Larrinton）博士主编，分为6个部分，有19位学者撰文分别运用女性主义的观点重新审视近东、欧洲、亚洲、大洋洲、南北美洲的神话传统，以及20世纪的女神崇拜与研究情况。

拉灵顿在导言中指出，传统的神话学研究充斥着男性中心的观点和厌女症偏见，而本书则尝试完全让世界各地的知名女专家来执笔，重新书写不同时期各个文明中的神话传说遗产，尤其注意女性形象和女性的作用。“对于西方人而言，我们对我们的神话遗产的解释决定着我们思考自己的方式。政治家、心理分析家和艺术家都利用神话来告诉我们：我们是谁，从何处来。于是，纳粹的意识形态就利用了德国神话，弗洛伊德主义的心理分析则把希腊神话作为他们解释人类行为的模型，画家、作曲家、雕塑家和作家也都有意或无意地模仿过去的神话模式。”[1]现在，女性用自觉的社会性别视角重新审视的古代神话，这种视角的变换会给女性带来把握自己身份的全新契机。只要神话不再是由男性成见所反射的哈哈镜，那么女性就能够从神话中找到自己真实的过去。

《女性主义的神话指南》讲到中国神话的部分由华裔学者刘涛涛（Tao Tao Liu）执笔。她从男性的开辟大神盘古讲起，述及黄帝、炎帝、颛顼、帝俊、尧、舜、禹等构成的神话帝系谱。强调了以孔子为代表的儒家思想的男性中心主义对神话性别角色的决定性作用。为什么女性神灵只有作为男神的配偶和亲属才得以存在和流传？“一个女人自身根本没有地位和权利。她必须学会灵巧的手艺以便充实自己，这一情况也反映在中国的神话传说中。一般而言，神话中有头有脸的女性扮演的总是母亲和妻子的角色。”[2]在介绍“神

[1]C.Larrinton，ed.，*The Feminist Companion to Mythology*，London：Pandora Press，1992，p.IX.
[2]*The Feminist Companion to Mythology*，p.230.

话与民俗中的女性”时，作者共举出女娲、嫦娥、织女、孟姜女、观音和白娘子六位流传最广的故事。从年代上看，只有前三位属于神话人物。而即使这三位神话女性的故事也显得非常简略。在“神话与民俗中的小人物”部分，我们可以看到的女性数量增加了，但是她们的面目和在男性社会中的功用却复杂化了：排在前三位的依次是褒姒、妲己、狐狸精。显而易见，父权制社会的意识形态在性别方面必然坚信所谓“女人祸水论”的偏见，这三位后出现的女性角色与女娲、嫦娥、织女相比，已经完全成了男性中心社会的图解女色亡国观念的反面教员。

类似于《女性主义的神话指南》的出版物在 20 世纪 90 年代盛极一时，这表明知识女性对神话学这门新学科的兴趣与日俱增。为什么现有的西方神话文本总是把女性放在次等的位置上呢？拉瑞·荷塔多（Larry W. Hurtado）带着这一疑问编出《宗教中的女神与现代争论》[1]一书，期望通过对非西方的宗教传统中女神地位的考察，找到解决问题的线索。该书立论的思路很像韦伯在非西方社会中寻找不能导致资本主义精神的原因。书中共研讨了中国的道教和佛教传统中的女神，古代埃及宗教中的女神伊西丝信仰，和印度教中有关女神的“撒克提”（sakti）观念。

与此形成对照的是纽约市立大学亨特学院的女教授贝缇娜·纳普（Bettina L. Knapp）独自撰写的大著《神话中的女性》。她从世界的神话文学中选出九位女性形象——古埃及的伊西丝，巴比伦的提阿玛特，古罗马的狄多，古希腊的伊菲革妮亚，印度的悉多和中国的女娲等，逐一加以剖析，确认她们在所属社会中的价值、能力和在公众心目中的形象，讲述她们如何战斗、领导军队、建立国家、治理大地，以及她们如何经历性别的挑战和身份的危机，并且把这些神话女性同当今社会中的女性相互对比，在历史和现实的参照之

[1]Larry W. Hurtado ed., *Goddesses in Religions and Modern Debate*, University of Manitoba, 1990.

中探寻女性命运的未来。关于女娲，贝缇娜·纳普综合分析了造人、补天、执（圆）规、蛇身、变形（“一日七十化”）等母题，认为她代表着父权制文明尚未确立时的全能女神信仰，那时的女神不仅是崇拜的中心，而且是宇宙秩序和自然和谐的代表。女娲补天和立地四极的情节，表明她也代表着远古时期人力工程和科学方面（包括知识、技能和经验）的最高成就。作为人类的创造者，宇宙的灾难性错误的纠正者，女娲也就相当于所谓“救世主”(the savior of universe）。[1] 至于这位女性救世主如何在后代失去了她的地位和荣耀，贝缇娜·纳普认为是在汉代以来父权制的强化，“女娲不再是完美的典范了”，对她的崇拜也就随之解体。

按照女性主义学者汤森德的划分，当代女神神话学研究主要有两种思路和方法，一种是遵循荣格的弟子纽曼的做法，把母神视为原型，其最终的根源在于人类的深层心理即所谓“集体无意识”；另一种更为基本的、历史的方法，依据考古学资料，承认在远古时期存在统一的信仰女神的宗教[2]。贝缇娜·纳普重构女娲救世主信仰的尝试显然是属于后一种方法。相信随着对文献资料和考古发现的新的透视的展开，这种重构女神宗教的研究在东方世界还会迎来更加可观的成就。历史方法最关键的环节在于实证性资料的积累，可喜的是在这方面已有西方学者捷足先登，完成了非常有分量的论著。如 1999 年在荷兰莱顿创刊的英文刊物《男女：早期中国的男人、女人和性别》（*NAN NU: Men, Women and Gender In Early and Imperial China*），就以 57 页的篇幅发表了美国加州大学伯克利分校的汉学家大卫·凯利的长文《开端：新石器与商代的女性地位》[3]，主要依据考古发掘材料和对甲骨文的记载的分析，论证上

[1]Bettina L.Knapp，*Women in Myth*，State University of New York Press，1997，p.185.

[2]J.B.Townsend，*The Goddess: Fact，Fallacy and Revitalization Movement*，in Hurtado ed.，*Goddesses in Religions and Modern Debate*，University of Manitoba，1990，p.179.

[3]David N.Keightley，*At the Beginning: The Status of Women in Neolithic and Shang China*，*NAN NU: Men，Women and Gender In Early and Imperial China*，vol.1，No.1，March，1999，pp.1—57.

古时期女性的地位并未高于男性；从新石器时代到商代的社会性质基本上是父权制的。这就使女神宗教说的现实基础问题受到某种程度的质疑，其争议性也就越发明显了。大卫·凯利还引用格林（M.Green）《凯尔特女神》（*Celtic Goddesses*）一书的观点论证说，中国东北地区新石器时代女神雕像的发现并不一定反映着当时女性社会地位的显赫，因为古希腊的雅典奉雅典娜女神为守护神，可是雅典妇女的地位却极为低下，甚至根本就算不上城邦的公民。

晚近发表的较系统的研究中国古代女神信仰的英文论文是收入《宗教中的女神与现代争论》一书首篇的《中国宗教中的女神》，作者是陈阿蓝（音译 Alan k.l. Chan）。文章指出："中国的传统文献资料并未提供一个女神崇拜的完整图景。重构每一位女神的由来将是十分困难的，考察其在上古时代的崇拜情况更是难上加难。这是因为，官方记录中的神话叙述总被历史化和道德化地处理，而保存这一记述传统的执笔人毫无例外皆为男性，他们对女神崇拜已没有什么同情。事实上，某些儒家学人还对此心存怨恨。尽管如此，可以确信的是，女神在中国宗教生活中扮演着重要角色。"[1]陈阿蓝希望能够依据传世的文献资料勾勒出一幅中国女神崇拜的历史全景。她首先追溯了商代卜辞中所反映的萨满巫教活动，确认（女）巫及其功能对于商王室礼仪活动的重要作用，如求雨、增殖和治疗的仪式。她引用汉学家谢福（E.Schafer）的说法，把这些女巫称为实际上的"二等女神"（lesser goddesses）[2]。在商周交替之际，男性的萨满巫师开始逐渐成为国家宗教活动的主角，关于仪式与神位的知识变得比巫术力量本身更加重要。然而，在周代和以后的日渐增多的文献中，有关女神崇拜的图景逐渐清晰了起来。陈阿蓝根据《楚辞》《山海经》《淮南子》等书中的线索，主要讨论创世女神女娲、日月女神羲

[1]Alan k.l.Chan, *Goddesses in Chinese Religion*, *Goddesses in Religions and Modern Debate*, University of Manitoba, 1990, p.9.

[2]Alan k.l.Chan, *Goddesses in Chinese Religion*, *Goddesses in Religions and Modern Debate*, University of Manitoba, 1990, p.10.

和的故事，描述早期文学作品中女神如何转变为“神女”（山鬼、巫山神女、湘夫人、洛神等）的情况。关于女娲，她认为直到汉代对女娲的崇拜才成熟起来，因为女娲杀黑龙和补天救世的功绩在汉代《淮南子》以前没有记载。女娲与“置婚姻”及创制音乐等母题的关联，反映的是古代增殖仪式活动的情况。也是从汉代以下，女娲的形象总伴随着伏羲，表现为造型艺术中的人首蛇身交尾形象。陈阿蓝认为这种配偶神的出现体现着汉帝国时代流行的价值观念即神圣王权。在高度父权制的社会背景之下，世界由一位女神独自创造的说法难以维系下去了。“然而，和伏羲在一起，女娲还能以‘配偶和助手’（consort and helper）的角色保持她在神灵世界的一席之地。”[1]在论述了早期文学中女神转化为神女的情形之后，陈阿蓝还描述了以西王母为主的道教神谱中的女神体系，从而使她对中国女神的历史叙述获得全景效果。尽管在资料的占有和晚近研究成果的把握方面显得不足，述而不作的性质较为明显，但陈阿蓝的论文在用女性主义观点重审中国古代女神方面，仍然能够给英语世界的读者带来新鲜的参照和重要的启发。

女性主义神话与民俗研究的另一种倾向是，批判性的解析父权制文化的意识形态如何生产适合其性别偏见的女性形象。日本学者谷口義介《褒姒传说的形成》[2]可作为这一类研究的代表。他论述说，王朝的灭亡会使人们在好奇心的驱使下创作出追溯原因的神秘传说。与西周王朝的覆灭联系在一起的褒姒传说便是一个例子。从《小雅·正月》的“赫赫宗周，褒姒灭之”，到《史记·周本纪》中的烽火一笑故事，一位美女被说成是王朝灭亡之元凶。谷口義介详细分析了上古关于褒姒的三种传说，试图追索出产生此类传说的社会心理背景方面的原因。他认为，褒姒的出生故事与后稷一样，属于“弃

[1]Alan k.l.Chan，*Goddesses in Chinese Religion*，*Goddesses in Religions and Modern Debate*，University of Manitoba，1990，p.12.

[2]〔日〕谷口義介：《褒姒传说的形成》，《熊本短大论集》第37卷，第3号（1987）。

子型”传说。后稷之母姜嫄为大地母神；褒姒为王府童妾所生，实为夏朝终结时的雌雄二龙即伏羲女娲之精所生。女娲与姜嫄一样也是大地母神。后稷和褒姒出生后都被弃于地，因为婴儿为土地生命力的产物。女娲曾用灰止淫水，灰亦意味土地。周朝的始祖神与灭周的妖女，在出生传说上几乎遥相对应。然而，周朝已是父权制确立的时代，男尊女卑观念相当流行。《大雅》对哲夫哲妇不同功能的说明，充分显示了对女性的偏见：长舌妇干政，乃国之不祥。褒姒具有男性化的个性和出众的才智，也就是干政的充分条件。典型的美女亡国传说就这样在代表民俗社会价值观的宫廷史官笔下炮制出来了。美惠的大地母神形象在父权制偏见的改造下，幻化成令人恐怖的祸害之神。谷口義介在论文的结论部分，归纳出女神变身的规律线索，或为复仇神，或为鬼女、妖女。正是以大地母神为核心的女神信仰的全面解体，为善笑的妖女褒姒的传说之产生条件。性别的价值升降就这样伴随着父权制意识的确立和展开而成为文学想象的轴心。我们在著名的日本比较神话学家吉田敦彦的著述中，可以看到类似的观点：最古的神话主人公是大地母神；大地母神系统中分化出生殖与淫邪女神。[1]可见，通过日本神话学家的努力，西方的女性主义神话学观点与方法已经在东方学术界得到相当规模的应用。

可以预期的是，女性主义理论观点在神话学和民俗学中的应用和展开尚处在初始阶段，其未来的研究空间是相当广阔的。正如《女性主义理论与民俗研究》一书的三位编者所言：“这种新的观察角度如此之大地影响着民俗学的传统范畴，以至于将民俗学这门学科本身引到一种不同的方向。”[2]在国内的神话学界，受到风起云涌的女性主义学术思潮的振动，对中国女神的发掘与研究近年来也出现了前所未有的繁荣景象，像《女神的失落》《高

[1]〔日〕吉田敦彦：《神话的展望——世界神话与日本神话》，见《比较神话学的展望》，松原孝俊等编，东京：青土社，1995年，第9—15页。

[2]S.T.Hollis，L.Pershing，and M.J.Young ed.，*Feminist Theory and the Study of Folklore*，University of Illinois Press，1993，p.XI.

唐神女与维纳斯》《女娲的神话与信仰》等一批专著的相继问世，似乎昭示着女性主义神话学在中国内地的方兴未艾之前景。

三、比较宗教学派与中国神话研究

比较宗教学派的神话研究在20世纪的神话学发展中占有重要地位，这主要是由于著名的比较宗教学大师级学者艾利亚德（M.Eliade，又译为“艾利亚德”“埃利亚德”）的卓越贡献。他著有《比较宗教学模式》《神秘主义、巫术与文化风》[1]、《圣与俗：宗教的本质》[2]、《萨满教》、《灵魂考》[3]、《永恒回归的神话》、《神话与现实》等一大批广为流传的理论著作，给神话学家坎贝尔、原型批评理论家弗莱等人以强烈的影响。艾利亚德本人的一系列著作均以视野开阔、引证广博而著称，其中也多有引用或论及中国神话的情况。他的一位美国弟子，莱海特大学宗教研究系教授吉拉道特（N.J.Girardot），运用老师的学说研究中国道家神话，著有《早期道家的神话与意义》[4]一书，成为西方汉学界引人注目的新成果。该书以道家文本中的一个神话意象“混沌”为中心主题，打破神话与哲学、汉族与少数民族、中国与外国的界限，进行语义、语源、母题、象征的系统性分析与重构，将《道德经》《庄子》《淮南子》和《列子》四部道家典籍中的共同主题做出整合性的论述。

吉拉道特在《早期道家的神话与意义》的开篇处先提出“中国神话”的问题：同其他重要的古文明相比，早期的中国是唯一缺少完整、连贯的神话系统叙事的，特别是创世神话。这一现象使某些学者宣称，恰恰由于没有创

[1]*Occultism, Witchcraft and Cultural Fashion*，宋立道等译，北京：光明日报出版社，1990年。

[2]*The Sacred and the Profane: The Nature of Religion*, *trans*. Willard R. Trask, San Diego: Harcourt, 1959.

[3]Soul：An Archaeology，宋伟航译，台北：立绪文化，1998。

[4]*Myth and Meaning in Early Taoism*, The University Press of California, 1983.

世神话，才导致了中国和西方传统之间的“宇宙论的鸿沟”（cosmological gulf）。针对这种观点，吉拉道特指出：“无疑，古代中国的世界观与其他文明传统之间有重要的差异，但是并不是因为没有创世神话才导致了宇宙论的差异，而是由于中国人对神话的创世故事的解释方式和性质，是对‘混沌’的不同态度所致。”[1] 在论证了宇宙卵、葫芦、原始父母等类型的创世母题与混沌母题的象征对应关系后，吉拉道特又从各种文本中分析同类母题的哲学化表达方式，从而得出结论：“可以说早期道家的思想和表达是‘神话的’，因为它对神话主题加以规范的运用。道家文本的‘感觉结构’基于某一创世文学和神话意象、主题的宗教诠释。”道家文本与神话世界的这种内在关联，还可以从口传文化到书写文化的变迁方面加以解说：

如果在无文字文化中神话故事可以被设想为最初的、原始的解释世界的比较方法，那么，中国书面文学则表现了第一批完全‘结构化’的对民间传统的口传神话的再解释。传统的叙事神话在中国文学中被缩简为一种内在逻辑的二元分类编码及中心假说的结论。这使早期中国文学，不论是经典还是道家文本，如果在叙述形式上不是神话的话，在结构上都有神话性。[2]

基于这种认识，吉拉道特在书中用主要篇幅去重构道家神话的象征体系。围绕着混沌这个原型主题，《老子》《庄子》《淮南子》《列子》等不断地持续讲述着关于创世、堕落和救世性的回归混沌的道家神话故事。由于这些早期文本的巨大影响力，混沌族的意象象征体系积淀出中国文化的深层象征，反复出现在后代的文本中，并且旁及少数民族神话的创造。《早期道家的神话与意义》第6章题为“卵、葫芦与洪水：朝向混沌主题的类型学”；第7

[1]N.J.Girardot，*Myth and Meaning in Early Taoism*，The University Press of California，1983，p.12.
[2]N.J.Girardot，*Myth and Meaning in Early Taoism*，The University Press of California，1983，p.14.

章题为“卵、葫芦与洪水：混沌主题的神话基型（prototype）”。作者在此将少数民族神话中的动物祖先如盘瓠（犬）、少数民族的洪水神话及葫芦形方舟母题等，同汉族文本中的混沌象征联系为一个具有转换生成性质的整体，探讨道家核心神话在中华多民族文化中的传播力度。[1]这对于我们的比较神话学研究具有一定的启发意义。

受吉拉道特影响的美国汉学家罗伯特·艾利森（Robert E.Allison）著有《精神超越的〈庄子〉：内篇解析》[2]一书。她非常赞同艾利亚德、吉拉道特等人从神话角度重审道家思想的方法，但却不是亦步亦趋地继续研究混沌神话，而是另辟蹊径地关注鱼鸟变形神话。罗伯特·艾利森引用汉学家格雷厄姆的观点，认为《庄子·应帝王》篇的混沌君寓言并非道家神话的核心故事；恰恰相反，《庄子·逍遥游》篇首的鲲化鹏神话才是“核心的神话”。[3]鱼鸟变形神话不只是化蝶故事的某种预演，而且给庄子的整个哲学幻想打开了门径。正是这种哲学幻想后来构成了道教传统的不变的灵魂，那就是“自我转化”和“自我超越”。罗伯特·艾利森虽然也强调神话对于理解道家文本的绝对必要性，但她并不像艾利亚德和吉拉道特那样关注神话与萨满——巫教的渊源关系，她只关心神话作为“隐喻”的艺术如何形成庄子特有的思想传达，启发读者自己挣脱概念思维的精神牢笼，超越到一种“开放的心灵”状态，获得更为自由和优越的认识方式，开启直觉理性的幻想空间。《精神超越的〈庄子〉》一书第二章“神话与怪物：隐喻的艺术”和第三章“神话的内容”，分别研讨神话母题在庄子文本中的结构素作用，以及庄子文风特有的认识论意义。正像吉拉道特紧紧围绕《庄子》内篇末尾的混沌君神话大做文章，罗伯特·艾利森则集中关注位于《庄子》文本开端的鲲鹏神话，提出发人深省的问题：“为什么将神话放

[1]N.J.Girardot，*Myth and Meaning in Early Taoism*，The University Press of alifornia，1983，p.169—208.

[2]*Chuang-Tzu for Spiritual Transformation*，The New York State University Press，1989.

[3]Robert E.Allison，*Chuang-Tzu for Spiritual Transformation*，The New York State University Press，1989，p.180.

在全书的开端呢？”[1]此问题的解说是：庄子试图以出奇制胜的开篇来暗示读者：书里所要表达的思想是不能直接表达的。这也就在某种程度上呼应了老子的“道可道，非常道”命题，而神话以荒唐之言的形式充当着表达不可表达的道的功用。换言之，鲲鹏神话作为开篇，旨在预示读者自己摆脱概念的和分析的思维力量，跟随神话的幻想力量进入精神的超越之旅。

日本的宗教学与神话学研究也深受艾利亚德的影响。这主要得益于译介工作的先行。久米博、前田耕作、大室干雄、宫治昭、中村恭子、立川武藏、斋藤正二等翻译了十三册的《艾利亚德全集》[2]。此外，还有别的单行译本。可以说艾利亚德所有重要著作都已译为日文。这对日本的文科研究和汉学研究所带来的刺激作用可想而知。铁井庆纪（1930—1989），御手洗胜（1924—），小南一郎（1942—），横山宏（1938—）等学者很早已应用艾利亚德“圣与俗”（the sacred and the profane），“中心象征”（centre of symbolism）和“永恒回归”（eternal return）的时间观来分析中国古典文学。这些成绩又辗转影响到台湾和香港学者。

日本驹沢大学文学部教授，宗教人类学家佐佐木宏幹的《凭灵与萨满》[3]、《萨满教的人类学》[4]，大东文化学院教师藤野岩友的《巫系文学论》[5]，佐野大和的《咒术世界的考古学——原始信仰与祭祀礼仪》[6]，樱井德太郎等的《变身》[7]，等等，都是直接受艾利亚德的萨满教理论影响的著作。集中在中国神话研究方面的论著则有：御手洗胜的《神仙传说与归墟传说》[8]；

[1]Robert E.Allison，*Chuang-Tzu for Spiritual Transformation*，The New York State University Press，1989，p.27.

[2] 东京：3/4 书房，1973—1976。

[3] 东京大学出版会，1983。

[4] 东京，弘文堂，1984。

[5] 大学书房，1969。

[6] 续群书类丛完成会，1992。

[7] 弘文堂，1974 年

[8] 见《东方学论集》2 号，1954 年 2 月，63—84 页。

铁井庆纪的《中国神话的文化人类学的研究》[1]一书，收录如下论文：《昆仑传说试论》（1975），《“中”：神话学的试论》（1980），《道家思想乐园思想》（1980），《中国古代神话传说：圣俗对立》（1983）。此外，京都大学的小南一郎著有《西王母与七夕传说》《中国神话与故事》[2]；《楚辞的时间意识——从九歌到离骚》[3]等。

御手洗胜的弟子王孝廉（1942—），原籍台湾，现任教于日本关西大学国际文化学部，专攻中国神话学。他应用艾利亚德的“原型回归”观念，研究中国神话所呈现的圆形时间结构，以及古典小说的结构模式，如《说岳全传》《水浒传》《三国演义》《红楼梦》等表现出的“原始”“历劫”“回归”的三段循环。总结为一种“原型回归”，用他自己的话来解释，“这种回归，可以说是不可抗拒的天命，来自天上的仙女，经过人神的悲恋之后再回到天上去；来自海中的龙女再回到海中；宋江等梁山泊好汉，在人间轰轰烈烈地干了一场以后，必须再回到他们命运的原点；贾宝玉完成他的爱情历劫以后再回到他的青埂峰，石头依然还是石头。”[4]晚近大陆学者研究道家思想的著述也应用了艾利亚德的“原型回归”论。如对老子和庄子思想中的“归”与“返”等中心主题的跨文化解说。[5]

在台湾，较详细介绍艾利亚德学说的著作有，台湾大学哲学系教授关永中（1945—）的《神话与时间》[6]，内容主要为神圣和世俗时间的讨论。陈炳良（1935—）《广西傜族洪水故事研究》一文，引用艾利亚德重返母胎经历两种形式（有危险和没有危险）说，来讨论洪水神话。香港大学中文系的

[1] 池田末利编，东京：平河出版社，1990。

[2] 东京：岩波书店，1984。

[3]《东方学报》，京都，58册，1986年3月。

[4] 王孝廉：《中国的神话世界》，作家出版社，1991年，第104页。

[5] 萧兵、叶舒宪：《老子的文化解读》，湖北人民出版社，1994年；叶舒宪：《庄子的文化解析》，湖北人民出版社，1997年。

[6] 台北：台湾书店，1997。

黎活仁（1950—）教授，在20世纪80年代已陆续引进当时日本汉学界的研究成果。近年引用艾利亚德的学说而写成论文多篇。如《散文诗与网的象征》，主要应用艾利亚德《比较宗教学模式》，书中有关月的神秘学部分的论述，作为分析的基础。月亮神话在跟死亡和复活、丰饶和再生、启蒙等观念相当密切。月盈月缺的不断重复，跟生命的律动相连着，而月亮的周期又是量度时间的单位，因而揭示着一种“永远的回归”。《干将莫邪故事与鲁迅的〈铸剑〉——炼金术的精神分析》，借用《打铁匠与炼金术师》（The Forge and the Crucible）书中关于炼金术的分析。《鲁迅与太阳神——〈鲁迅传〉的分析》，借用艾利亚德关于英雄下降地界的启蒙仪式，也就是回归地母体内，从而获得力量做分析。《儒家中和观与昆仑传说的发展——艾利亚德世界中心说的再探讨》，进一步引申艾利亚德世界中心说，认为以昆仑为世界中心，可以再一分为二。黎活仁的弟子，香港岭南大学翻译研究中心的郑振伟详细收集艾利亚德学说在汉语学术界的传播情况，撰有《埃利亚代的比较宗教学在两岸三地的接受过程》，文中倡导借用艾利亚德的宗教学和神话学方法，进行文学研究：“艾利亚德以为文学不论是书面或口语，都是神话的延续。文学承袭了神话中历险和在世上所发生重要事情的叙述，一切叙述，尽管是极普通的一件事，也是伟大神话（great myths）所讲述故事的延伸，它解释了世界的存在，也解释了人之所以如此存在。换言之，借用相关的神话学说作文学批评，绝对是一个合适的切入点。”[1]我们相信，随着艾利亚德和比较宗教学理论的进一步普及，中国的文史学者过去那种关起国门做自己学问的格局将大大改变，中国神话学研究会在跨文化视野的培育、理论透视的深度和广度方面将有较大的进展。

[1] 郑振伟：《埃利亚代的比较宗教学在两岸三地的接受过程》，未刊稿。